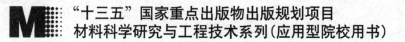

"十三五"国家重点出版物出版规划项目
材料科学研究与工程技术系列(应用型院校用书)

材料表面工程技术
Material Surface Engineering

主编 王振廷 孙俭峰 王永东

哈尔滨工业大学出版社

内容简介

材料表面工程技术是利用各种表面涂镀层及表面改性技术,赋予基体材料本身所不具备的特殊的力学、物理和化学性能。既能满足材料表面的耐磨性、耐蚀性、耐热性和装饰性,又能赋予材料表面光、电、磁、声、热、化学与生物等方面的特殊性能。本书共分 8 章,主要内容包括表面工程技术概论、材料表面工程技术基本理论、热喷涂技术、电镀和化学镀技术、气相沉积技术、表面改性技术、化学转化膜、表面分析和表面性能的检测等。

本书可作为材料科学与工程专业及相关专业本科生和研究生教材,又可作为从事材料表面技术研究人员的参考书。

图书在版编目(CIP)数据

材料表面工程技术/王振廷,孙俭峰,王永东主编.
—哈尔滨:哈尔滨工业大学出版社,2011.9(2019.9 重印)
ISBN 978-7-5603-3271-0

Ⅰ.①材… Ⅱ.①王… ②孙… ③王… Ⅲ.①金属表面处理
Ⅳ.①TG17

中国版本图书馆 CIP 数据核字(2011)第 062163 号

策划编辑	张秀华 杨 桦 许雅莹
责任编辑	张秀华
出版发行	哈尔滨工业大学出版社
社　　址	哈尔滨市南岗区复华四道街 10 号　邮编 150006
传　　真	0451-86414749
网　　址	http://hitpress.hit.edu.cn
印　　刷	哈尔滨市工大节能印刷厂
开　　本	787mm×1092mm 1/16 印张 14.75 字数 340 千字
版　　次	2011 年 9 月第 1 版 2019 年 9 月第 5 次印刷
书　　号	ISBN 978-7-5603-3271-0
定　　价	30.00 元

(如因印装质量问题影响阅读,我社负责调换)

前　言

材料表面工程技术的提出始于20世纪60年代末，近30年来得到迅猛的发展。材料表面工程技术是在不改变材料基本组成的前提下，投入较少的费用，大幅度地提高材料性能，经济效益显著，尤其在发展新型材料上起着重要作用。

随着科学技术的迅猛发展，对材料的性能提出了更高的要求，迫切需要开发出各种行之有效的表面技术极大地提高材料的使用寿命，以满足对材料的各种使用要求。

材料表面工程技术是材料科学与工程学科中的一个重要分支，是一门涉及材料学、冶金学、机械学、物理学和电化学等学科交叉、综合发展起来的新兴学科。利用各种表面涂镀层及表面改性技术，赋予基体材料本身所不具备的特殊的力学、物理和化学性能。既能满足材料表面的耐磨性、耐蚀性、耐热性和装饰性，又能赋予材料表面光、电、磁、声、热、化学与生物等方面的特殊性能。材料表面工程技术可以有效地改善材料的表面性能，极大地提高工件的使用寿命，因而具有广泛的应用前景。本书主要内容包括，表面工程技术概论、材料表面工程技术基本理论、热喷涂技术、电镀和化学镀技术、气相沉积技术、表面改性技术、化学转化膜、表面分析和表面性能的检测等。本书可作为材料科学与工程专业及相关专业本科生和研究生教材，又可作为从事材料表面技术研究人员的参考书。

本书共分8章，其中第1章、第3章由王振廷编写，第4章、第5章、第7章由孙俭峰编写，第2章、第6章、第8章由王永东编写，全书由王振廷统稿。

本书在编写过程中参阅和引用了大量文献资料，在此对本书中被引用的文献资料的作者表示衷心感谢。由于材料表面工程技术种类繁多，应用广泛，加上我们学识水平有限，本书必然存在许多不足，恳请各位专家和读者批评指正。

编　者
2011年2月

目 录

第1章 表面工程技术概论 … 1
1.1 表面技术的含义 … 1
1.1.1 表面技术地位及意义 … 1
1.1.2 与表面现象有关的一些表面技术 … 1
1.2 表面技术分类 … 3
1.2.1 表面技术的基础和应用理论 … 3
1.2.2 表面涂覆技术 … 3
1.2.3 表面改性技术 … 5
1.2.4 表面复合处理技术 … 5
1.2.5 表面加工技术 … 6
1.2.6 表面分析和测试技术 … 7
1.2.7 表面工程技术设计 … 7
1.3 表面技术应用 … 7
1.3.1 结构材料应用 … 7
1.3.2 功能材料应用 … 8
1.3.3 生活环境应用 … 9
1.3.4 新型材料开发应用 … 10

第2章 材料表面工程技术基本理论 … 13
2.1 表面晶体学 … 13
2.1.1 理想表面结构 … 13
2.1.2 清洁表面结构 … 13
2.1.3 实际表面结构 … 17
2.2 材料表面现象 … 19
2.2.1 材料表面缺陷 … 19
2.2.2 材料表面吸附 … 21
2.2.3 材料表面润湿 … 23
2.2.4 材料表面扩散 … 24
2.3 基体表面预处理 … 25
2.3.1 基体表面平整 … 25
2.3.2 基体表面清洁 … 27
2.3.3 基体表面抛光处理 … 32
2.3.4 基体表面喷砂和喷丸处理 … 33

第3章 热喷涂技术 ·· 35
3.1 概述 ··· 35
3.1.1 热喷涂及其分类 ······························· 35
3.1.2 热喷涂的特性 ·································· 36
3.2 待喷涂表面的制备 ································· 38
3.2.1 表面净化 ·· 38
3.2.2 表面预加工 ····································· 38
3.2.3 表面粗化 ·· 38
3.2.4 喷涂结合底层 ·································· 39
3.3 火焰喷涂技术 ······································ 39
3.3.1 火焰喷涂原理及特点 ························· 39
3.3.2 火焰喷涂设备 ·································· 42
3.3.3 火焰喷涂材料 ·································· 45
3.3.4 火焰喷涂工艺 ·································· 45
3.4 电弧喷涂技术 ······································ 46
3.4.1 电弧喷涂原理及特点 ························· 46
3.4.2 电弧喷涂设备 ·································· 49
3.4.3 电弧喷涂材料 ·································· 53
3.4.4 电弧喷涂工艺 ·································· 54
3.5 等离子弧喷涂技术 ································· 55
3.5.1 等离子弧喷涂原理及特点 ··················· 56
3.5.2 等离子弧喷涂设备 ···························· 57
3.5.3 等离子弧喷涂材料 ···························· 59
3.5.4 等离子弧喷涂工艺 ···························· 60

第4章 电镀和化学镀技术 ································ 62
4.1 电镀 ··· 62
4.1.1 电镀基本知识 ·································· 62
4.1.2 电镀工艺过程 ·································· 70
4.1.3 电镀金属 ·· 71
4.1.4 电镀合金 ·· 77
4.2 电刷镀 ·· 83
4.2.1 基本原理 ·· 84
4.2.2 电刷镀设备 ····································· 85
4.2.3 电刷镀溶液 ····································· 86
4.2.4 电刷镀工艺 ····································· 90
4.3 化学镀 ·· 92
4.3.1 概述 ·· 92

4.3.2 化学镀镍	95
4.3.3 化学镀铜	98

第5章 气相沉积技术 100

5.1 物理气相沉积 104
- 5.1.1 真空蒸发镀膜 105
- 5.1.2 溅射镀膜 114
- 5.1.3 离子镀 123

5.2 化学气相沉积 129
- 5.2.1 化学气相沉积基本原理 131
- 5.2.2 常用气相沉积方法 136

第6章 表面改性技术 143

6.1 金属表面形变强化 143
- 6.1.1 表面形变强化原理 143
- 6.2.2 表面形变强化的主要方法 144

6.2 感应加热表面淬火 147
- 6.2.1 感应加热表面淬火的原理 147
- 6.2.2 感应加热表面淬火的特点 148
- 6.2.3 感应加热表面淬火的工艺流程和技术要点 148
- 6.2.4 感应加热淬火设备 151
- 6.2.5 感应加热表面淬火的应用 152

6.3 火焰加热表面淬火 152
- 6.3.1 火焰加热表面淬火的特点 153
- 6.3.2 火焰加热表面淬火使用的燃料 153
- 6.3.3 火焰加热表面淬火方法 153
- 6.3.4 火焰加热表面淬火工艺 154
- 6.3.5 火焰加热表面淬火中出现的问题及其控制 155
- 6.3.6 应用实例 155

6.4 金属表面化学热处理 156
- 6.4.1 概述 156
- 6.4.2 渗硼 157
- 6.4.3 渗碳、渗氮、碳氮共渗 159
- 6.4.4 渗金属 165

第7章 化学转化膜 171

7.1 氧化处理 172
- 7.1.1 钢铁的化学氧化 172
- 7.1.2 有色金属的化学氧化 175

7.2 铝及铝合金的阳极氧化 178

7.2.1 阳极氧化膜的形成机理 ·················· 179
   7.2.2 铝及其合金的阳极氧化工艺 ·············· 180
   7.2.3 着色和封闭处理 ······················ 186
  7.3 磷化处理 ······························ 189
   7.3.1 钢铁的磷化处理 ······················ 190
   7.3.2 有色金属的磷化处理 ·················· 193
  7.4 铬酸盐处理 ···························· 194
   7.4.1 铬酸盐膜的形成过程 ·················· 194
   7.4.2 铬酸盐的组成和结构 ·················· 194
   7.4.3 铬酸盐处理工艺 ······················ 195
第8章 表面分析和表面性能的检测 ·············· 198
  8.1 表面分析 ······························ 198
   8.1.1 概述 ······························ 198
   8.1.2 表面分析分类 ························ 198
  8.2 表面分析仪器 ·························· 203
   8.2.1 显微分析仪器 ························ 203
   8.2.2 衍射分析方法 ························ 207
   8.2.3 X射线光谱仪和电子探针 ·············· 209
   8.2.4 电子能谱分析方法 ···················· 210
   8.2.5 二次离子质谱分析(SIMS) ·············· 212
   8.2.6 红外吸收光谱和拉曼光谱 ·············· 214
  8.3 表面性能检测 ·························· 215
   8.3.1 表面外观质量检测 ···················· 216
   8.3.2 覆盖层厚度的测量 ···················· 217
   8.3.3 覆盖层结合力测量 ···················· 219
   8.3.4 覆盖层硬度测量 ······················ 221
   8.3.5 覆盖层孔隙率的检测 ·················· 224
参考文献 ···································· 227

第1章　表面工程技术概论

1.1　表面技术的含义

表面工程虽然是现代科学技术给出的定义,但在古代这种技术就已经为人们所认识和使用。比如,北京城里的故宫,那些雕梁画栋,人们用鲜红的大漆进行装饰和保护,才使它们历经风雨而不失本色。我国早在战国时代就已进行钢的淬火,使钢的表面获得坚硬层。再如,马王堆出土的古代利剑,表面有一层光亮的铬膜,在地下沉睡千年而不失锋利……这些技术都属于现代人们所说的表面工程的范畴。20 世纪 60 年代,世界各发达国家开始重视表面工程技术在国防和尖端科技领域的应用。在 20 世纪 80 年代,英国伯明翰大学的汤母·贝尔教授首次提出了表面工程的概念:从材料的表面特性出发,利用表面改性技术、涂镀层技术和薄膜技术,使材料表面获得原来没有的新性能的系统工程。

表面工程的真正内涵应该是,从材料表面的实际应用出发,科学设计工艺方法,严格监控工艺过程,实际检验施工质量,并对全过程进行记录和总结,改进其中的不足,不断提高技术水平,丰富理论内涵,开发新的用途和应用领域。

1.1.1　表面技术地位及意义

表面技术在国民经济中起着不可估量的作用,表面技术作为材料科学与工程的前沿,是人类进步的里程碑,是尖端技术发展的基本条件。它促进和推动传统产业的技术进步,并引起产业结构的变化,是知识密集、技术密集、保密性强的新兴产业。

表面技术的应用,能使产品不断更新、物美价廉、占领市场并明显提高经济效益。产品的更新换代要求物美价廉,各种机件、构件、管道和设备要求延长寿命,使表面技术面临对传统技术的革新。使非金属材料金属化,金属材料非金属化,使各类产品新颖、美观、耐用且价格低廉具有竞争力。这就要求各种新技术、新材料重新组合,相互交融、交叉渗透。

表面技术涉及众多行业,如机械、军工、模具、轻化工、建筑、桥梁、航空航天、基础结构工程、化工反应系统、石油化工等。现代表面技术的兴起同时也促进了新型表面工艺材料的发展,如电镀、化学镀、热喷涂、熔覆技术等应运而生,为高科技、尖端技术提供了特殊性能的材料,如非晶态、超导、太阳能转换材料,金刚石薄膜等。

1.1.2　与表面现象有关的一些表面技术

表面技术体现在高新技术产品和先进的武器装备等各个领域,现仅介绍与表面现象有关的一些表面技术。

(1)表面湿润和反湿润技术。

湿润是一种表面现象,人们有时期望液体在固体表面上有高度润湿性或不润湿性,这就需要在各种条件下采用表面湿润或反湿润技术。例如洗涤,即除去粘在固体基质表面上的污垢,尽管固体基质和污垢是各种各样的,但是为了除净污垢,洗涤液的基本条件是:洗涤液能湿润且直接附着在基质的污垢上,继而浸入污垢与基质界面,削弱两者之间的附着力,使污垢完全脱离基质形成胶粒而飘浮在洗涤液介质中。又如,矿物浮选是借气泡力来浮起矿石的一种物质分离和选别矿物技术,所使用的浮选剂是由捕集剂、起泡剂、调节剂、抑制剂和活化剂等配制的,而其中主要成分捕集剂的加入,使浮游矿石的表面具有疏水性,从而能粘附于气泡上或由疏水性使低密度介质湿润而浮起。

(2)表面催化技术。

早在18世纪末科学家就已发现固体表面催化技术,催化技术是指固体表面能吸附某些物质,而且有的可使它们在表面上的化学反应速度大大加快。催化就是催化剂在化学反应过程中加快发生化学反应有关现象的总称。催化剂不仅能提高反应速率,加快达到化学平衡,而本身在反应终结时又不消耗。现在表面催化技术已经有了很大的发展,在工业上获得广泛而重要的应用。特别在化学工业中多相催化占有突出地位,例如,铁催化剂等用于合成氨工业,不仅实现从空气中固定氮而廉价地制得氨,并且建立了能耗低、自动化程度高和综合利用好的完整工业流程体系。催化有均相和多相两种,前者是催化剂和反应物处于同一物相,而后者是催化剂和反应物处于不同物相。多相催化在化学工业中占有十分重要的地位,是一种表面过程,例如,在固-气体系中催化反应的主要步骤是:反应物先在表面上化学吸附;吸附分子经表面扩散相遇;表面反应或键重排;反应产物脱附。微观研究证明,催化剂表面不同位置有不同的激活能,台阶、扭折或杂质、缺陷所在处构成活性中心,体现了表面状态对催化作用有显著影响。

(3)膜技术。

这里所说的"膜"是指选择渗透物质的二维材料。在生物体中有许多这类"膜",诸如细胞膜、基膜、复膜和皮肤等,它主要起着渗透、分离物质,保护机体和参与生命过程的作用。膜是把两个物相空间隔开而又使两者互相关联,是发生质量和能量传输过程的一个中间介质相。这种"膜"在结构上可以是多孔或是致密的,膜两边的物质粒子由于尺寸大小、扩散系数或溶解度的差异等,在一定的压力差、浓度差、电位差或化学位差的驱动下发生传质过程。由于传质速率的不同,造成选择渗透,因而使混合物分离。根据这样的原理,人们已能模拟生物膜的某些功能而人工合成医用膜,例如血液净化、透析、过滤、血浆分离、人工肺以及富氧膜等。医用膜通常由医用高分子制成,目前生物技术的发展已促使膜在分子水平上合成。实际上膜技术涉及的领域是广阔的,不仅在生物医学方面,而且在化工、石油、冶金、轻工、食品等许多领域都有重要应用。膜材料也不限于高分子材料,有些无机膜,特别是陶瓷膜和陶瓷基复合膜具有热稳定性和化学稳定性好、强度高、结构造型稳定及便于清洗、高压反冲等优点,在化工、冶金等领域有巨大的发展前景。

(4)表面化学技术。

表面化学技术涉及面很广,涉及固-液界面的许多电现象及过程,如电解、电镀、电化学反应、腐蚀和防腐等都是早已熟知的表面化学技术。实际上还有一些极其重要的表面电化学技术,如与许多生物现象有关的细胞膜电势和生物电流,研究发现,细胞膜内外电化学电位不等于零。如果生物体系建立了完全的热力学平衡,那么就意味着死亡。进一步研究表明,细胞电势是由膜界面区形成双电层而产生的,并且可将细胞的代谢过程描绘成一个基本的生物燃料电池。大脑中有脑电波,它有各种不同的形状,从而显示出脑随思考、各种情绪的波动、睡眠等变化所处的各种状态。这类表面电化学过程的基本机理已应用于针灸、电脉冲针灸、心电图测量及起搏器等。

综上所述,表面技术具有非常广泛的含义,广义地说,表面技术是直接与各种表面现象或过程有关的,是能为人类造福或被人类利用的技术。

1.2 表面技术分类

表面技术种类繁多,如果按照作用原理,可以分为原子沉积、颗粒沉积、整体覆盖、表面改性。实际上,表面技术有着广泛的涵义,综合来看大致可分为:表面技术的基础和应用理论;复合表面处理技术、表面改性和表面涂覆技术;表面加工技术;表面分析和测试技术;表面工程技术设计等。

现将各部分所包含的内容简略介绍如下。

1.2.1 表面技术的基础和应用理论

现代表面技术的基础理论是表面科学,它包括表面分析技术、表面物理、表面化学三个分支。表面技术的基本理论包括表面的原子排列结构,原子类型和电子能态结构等,是揭示表面现象的微观实质和各种动力学过程的必要手段。表面物理和表面化学分别是研究任何两相之间的界面上发生的物理和化学过程的科学。从理论体系来看包括微观理论和宏观理论:一方面在原子、分子尺度上研究表面的组成,原子结构和输运现象,电子结构与运动及其对表面宏观性质的影响;另一方面在宏观尺度上,从能量的角度研究各种表面现象。实际上,这三个分支是不能截然分开的,是相互依存和补充的。表面技术不仅有重要的基础研究意义,而且孕含着许多先进技术,有广泛的应用前景。

表面技术的应用理论包括表面失效分析,摩擦与磨损理论,表面腐蚀与防护技术,表面结合和复合理论等,这些理论对表面技术的发展和应用有着直接和重要的影响。

1.2.2 表面涂覆技术

表面涂覆技术是指采用表面技术,在零部件或工件表面涂覆一层或多层表面层而形成的技术,主要包括电镀和化学镀、热喷涂、化学转化膜、热浸镀、涂料涂装、气相沉积、堆焊与熔结、搪瓷和陶瓷涂覆、粘涂、溶胶-凝胶等。

1. 金属化学沉积涂镀层

电镀是利用电解作用,使具有导电性能的工件表面作为阴极与电解质溶液接触,通过外电流的作用,在工件表面沉积与基体牢固结合的镀覆层。该镀覆层主要是各种金属和合金。单金属镀层有锌、镉、铜、镍、铬、锡、银、金、钴、铁等数10种;合金镀层有锌-铜、镍-铁、锌-镍-铁等一百多种。电镀方式也有多种,有槽镀(如挂镀、吊镀)、滚镀、刷镀等,其特点是种类繁多、镀层附着力较强,在工业上使用广泛,但形状复杂的工件不易得到均匀的镀层。

电刷镀是电镀的一种特殊方法,又称接触镀、选择镀、涂镀、无槽电镀等,其设备主要由电源、刷镀工具(镀笔)和辅助设备(泵、旋转设备等)组成,是在阳极表面裹上棉花或涤纶棉絮等吸水材料,使其吸饱镀液,然后在作为阴极的零件上往复运动,使镀层牢固沉积在工件表面上。电刷镀的特点是不需镀槽,设备简单,电流密度高,沉积速度快,适用于大型、精密及复杂部件的局部不解体现场修复等。

化学镀又称"不通电"镀,即在无外电流通过的情况下,利用还原剂将电解质溶液中的金属离子化学还原在呈活性催化的工件表面,沉积出与基体牢固结合的镀覆层。工件可以是金属,也可以是非金属。镀覆层主要是金属和合金,最常用的是镍和铜。其特点是不需要外电源,对形状复杂的工件也可得到均匀、致密、孔隙率低、硬度高的镀层,但镀层的附着力比较差,成本较高。

2. 热喷涂

这是将金属、合金、金属陶瓷材料加热到熔融或部分熔融,以高的动能使其雾化成微粒并喷至工件表面,形成牢固的涂覆层。热喷涂的方法有多种,按热源可分为火焰喷涂、电弧喷涂、等离子喷涂(超音速喷涂)和爆炸喷涂等。经热喷涂的工件具有耐磨、耐热、耐蚀等性能。

3. 化学转化膜

化学转化膜的实质是金属处在特定条件下人为控制的腐蚀产物,即金属与特定的腐蚀液接触并在一定条件下发生化学反应,形成能保护金属不易受水和其他腐蚀介质影响的膜层。它是由金属基底直接参与成膜反应而生成的,因而膜与基底的结合力比电镀层要好得多。目前工业上常用的有铝和铝合金的阳极氧化、铝和铝合金的化学氧化、钢铁氧化处理、钢铁磷化处理、铜的化学氧化和电化学氧化、锌的铬酸盐钝化等。

4. 热浸镀

热浸镀是将工件浸在熔融的液态金属中,使工件表面发生一系列物理和化学反应,取出后表面形成金属镀层。工件金属的熔点必须高于镀层金属的熔点,常用的镀层金属有锡、锌、铝、铅等。热浸镀工艺包括表面预处理、热浸镀和后处理三部分。按表面预处理方法的不同,可分为熔剂法和保护气体还原法。热浸镀的主要目的是提高工件的防护能力,延长使用寿命。其特点是比电镀法效率高、成本低、浸镀层厚,可用于标准件、管道、钢丝、钢板及输电铁塔、矿井支架的防护。

5. 涂料涂装

涂料涂装是用一定的方法将涂料涂覆于工件表面而形成涂膜的全过程,涂料分为溶剂性涂料、水溶性涂料、固体分子涂料和粉末涂料。主要应用在高级轿车、机械的非工作裸露表面、家电产品、船舶、钢结构的装饰、防锈涂装。

6. 气相沉积

气相沉积包括物理气相沉积(PVD)、化学气相沉积(CVD)和等离子体化学气相沉积(PCVD)。物理气相沉积是用物理方法使镀膜材料沉积在基体表面形成覆层,有蒸镀、离子镀和溅射镀三类。沉积温度低、工件畸变小、覆层致密、结合力良好,能够沉积金属、合金、陶瓷和聚合物膜;化学气相沉积使用化学方法使气体在基体材料表面发生化学反应形成覆层,有常压、低压、激光和金属有机化合物等化学气相沉积,沉积温度高,工件畸变大,覆层结合力高,可沉积金属、合金、陶瓷和化合物等;等离子体化学气相沉积是将等离子体引入化学气相沉积形成覆层,具有 PVD、CVD 的优点,沉积温度低、沉积速率快、绕度性好,结合力高,具有广泛的用途,用于超硬膜、金刚石、硬碳膜、立方碳化硼、光导纤维及半导体元件等的沉积。

7. 堆焊和熔结

堆焊是指在金属零件表面或边缘熔焊上耐磨、耐蚀或特殊性能的金属层,修复外形不合格的金属零件及产品,以提高金属部件的使用寿命,降低生产成本。或者用堆焊涂层的技术与方法制备双金属零部件,或对一些关键零部件在使用中因摩擦、磨损等损坏后进行修复,重新再使用。

熔结与堆焊相似,也是在材料或工件表面熔敷金属涂层,但用的涂敷金属是一些以铁、镍、钴为基,含有强脱氧元素硼和硅而具有自熔性和熔点低于基体的自熔性合金,所用的工艺是真空熔敷、激光熔敷和喷熔涂敷等。

8. 搪瓷涂敷和陶瓷涂层

搪瓷涂层是一种主要施于钢板、铸铁或铝制品表面的玻璃涂层,可起良好的防护和装饰作用。搪瓷涂料通常是精制玻璃料分散在水中的悬浮液,也可以是干粉状。涂敷方法有浸涂、淋涂、电沉积、喷涂、静电喷涂等。该涂层为无机物成分,并融结于基体,故与一般有机涂层不同。

陶瓷涂层是以氧化物、碳化物、硅化物、硼化物、氮化物、金属陶瓷和其他无机物为基底的高温涂层,用于金属表面,主要在室温和高温起耐蚀、耐磨等作用。主要涂敷方法有刷涂、浸涂、喷涂、电泳涂和各种热喷涂等。有的陶瓷涂层有光、电、生物等功能。

9. 粘涂

将胶粘剂(在胶粘剂中加入填料如二硫化钼、金属粉末、陶瓷粉末和纤维等)直接涂覆于制品表面形成的涂层,工艺简便,无热影响区和变形、快速廉价。用于制品表面磨损、划伤、腐蚀的修复、密封于堵漏及铸件气孔、缩孔的修补等。

10. 溶胶-凝胶膜

将溶胶用喷涂或浸渍等方法涂于基材上,经反应形成凝胶,经干燥或烧结等处理,制成所需要薄膜层,性能好,可裁剪,适于制备多功能或大面积薄膜层,如超导薄膜、高效吸波材料、磁性薄膜等,但成本较高。

1.2.3 表面改性技术

运用现代技术改变材料表面、亚表面的成分,改变材料结构和性能的处理技术称之为表面改性技术,主要包括六大类,如图 1.1 所示。

1.2.4 表面复合处理技术

表面技术的另一个重要趋势是综合运用两种或多种表面技术的复合处理技术,随着材料使用要求的不断提高,单一的表面技术因有一定的局限性而不能满足需要。目前已开发的一些复合表面处理,如等离子喷涂与激光辐照复合、热喷涂与涂装复合、化学热处理与电镀复合、激光淬火与化学热处理复合、化学热处理与气相沉积复合、隔热涂层、防火涂层与抗烧蚀涂层复合等,其种类繁多,已经取得了良好效果。

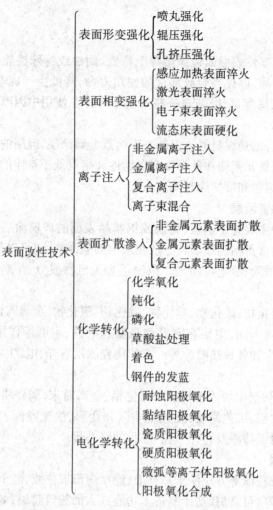

图 1.1 表面改性技术

1.2.5 表面加工技术

表面加工技术也是表面技术的一个重要组成部分，例如对金属材料而言，表面加工技术有电铸、包覆、抛光、蚀刻等，这类技术在工业上获得了较为广泛的应用，特别是表面微细加工技术，对微电子工业的发展起着十分重要的作用。目前高新技术不断涌现，层出不穷，大量先进的产品对加工技术的要求越来越高，在精细化上已从微米级、亚微米级发展到纳米级，对表面加工技术的要求越来越苛刻，其中半导体器件的发展是典型的实例。

例如集成电路的制作，从晶片、掩模制备开始，经历多次氧化、光刻、腐蚀、外延掺杂（离子注入或扩散）等复杂工序，以后还包括划片、引线焊接、封装、检测等一系列工序，最后得到成品。在这些繁杂的工序中，表面的微细加工起了核心作用。所谓的微细加工是一种加工尺度从亚微米到纳米量级的制造微小尺寸元器件或薄膜图形的先进制造技术，主要包括以下内容：

①光子束、电子束和离子束的微细加工。
②化学气相沉积、等离子化学气相沉积、真空蒸发镀膜、溅射镀膜、离子镀、分子束外

延、热氧化的薄膜制造。

③湿法刻蚀、溅射刻蚀、等离子刻蚀等图形刻蚀。

④离子注入扩散等掺杂技术。

当然还有其他一些微细加工技术，它们不仅是大规模和超大规模集成电路的发展基础，也是半导体微波技术、声表面波技术、光集成等许多先进技术的发展基础。

1.2.6　表面分析和测试技术

各种表面分析仪器和测试技术的出现，不仅为揭示材料本性和发展新的表面技术提供了坚实的基础，而且为生产上合理使用或选择合适的表面技术，分析和防止表面故障，改进工艺设备，提供了有力的手段。表面分析仪器主要有，电子显微镜（TEM）、场离子显微镜（FIM）、扫描隧道显微镜（STM）、原子力显微镜（AFM）、X射线衍射仪。表面测试仪器主要有电子衍射仪、X射线光谱仪和电子探针、质谱仪和离子探针、激光探针、电子能谱仪、弹道电子发射显微镜（BEEM）、扫描近场光学显微镜（SNOM）和光子扫描隧道显微镜（PSTM）等，进行表面形貌显微组织结构、表面成分、表面原子排列、表面原子动态和受激态、表面电子结构等分析。

在表面检测上，虽然项目繁多，种类复杂，特殊性强，但主要还是外观检测（特别是表观缺陷，即针孔、斑点、起皮、起皱、色点、霉点、残缺、波纹、色差、线道、鱼纹、疤斑；表面粗糙度，表面光亮度等）涂镀层的厚度；涂镀层与基材的结合强度（结合力）；涂镀层的硬度、耐蚀性、孔隙率；涂镀层的内应力、脆性、延展性、耐磨性、可焊性、接触电阻、耐蚀、耐热、耐湿、耐候等。

1.2.7　表面工程技术设计

随着表面技术研究的不断深入和知识与经验的积累，人们对于现代工程技术的设计力争把最优化的表面界面层设计贯穿于产品或整个工程之中，即把表面、界面作为工程整体的一部分，作为工程设计施工的整体，作为维护保养的整体，按预定的技术和经济指标进行严密的科学设计，并充分运用计算机技术，借助于数据库、知识库推理机等工具，通过演绎和归纳等科学方法，获得最佳效益的设计系统。这类设计系统主要是：

①材料表面镀涂层或处理层的成分、结构、厚度、结合强度以及各种要求的性能。

②基体材料的成分、结构和状态等。

③实施表面处理或加工的流程、设备、工艺、检验等。

④综合的管理、经济、环保等分析设计。

总之，通过优化设计，使材料"物尽其用"；通过优化组合，使表面工程技术"各展所长"。

1.3　表面技术应用

表面技术不仅用于耐蚀、耐磨、强化、修复、装饰等方面，而且应用于光、磁、声、电、热、化学、生物等方面。表面技术涉及的基体材料不仅是金属材料，也包括无机非金属材料、有机高分子材料及复合材料。

1.3.1　结构材料应用

材料根据作用大致可以分为结构材料和功能材料两大类，而结构材料主要用来制造工程建筑中的构件、机械装备中的零部件以及工具、模具等,以力学性能为主,同时许多场合又要求兼有良好的耐蚀性和装饰性。表面技术主要起着防护、强化、修复、耐磨等重要作用。

表面防腐主要是指表面防止化学腐蚀和电化学腐蚀。腐蚀是普遍存在的,给人们的生产和生活带来危害非常严重,对国民经济造成的损失十分惊人。据统计,世界现存钢铁及金属设备每年的腐蚀率约为10%,金属腐蚀的直接损失占国民经济总产值的1%,而发达国家高达2%~4%。金属腐蚀的间接损失不易计算,一般认为至少为直接损失的3~5倍。解决腐蚀的方法主要有:用廉价的金属定期替换腐蚀的件;使用表面技术或改变材料表面成分和结构,或用熔覆盖层来提高材料或制件的防护能力等。如热喷涂和渗铬技术在电站锅炉"四管"防腐中的应用,效果非常好。

耐磨主要是指材料在一定的摩擦条件下抵抗磨损的能力。同腐蚀一样,磨损也是从表面开始的,因此采用各种表面技术提高材料或制件的耐磨性是有效途径之一。如采用激光熔覆、感应熔覆、氩弧熔覆等技术制备耐磨涂层,已在生产实际中得到广泛应用。

强化与防护一样具有广泛的涵义,这里所说的"强化"主要指通过各种表面强化处理来提高材料表面抵御除腐蚀和磨损之外的能力。疲劳破坏也是从材料表面开始的,通过表面处理,如化学热处理、喷丸、滚压、激光等表面处理,可以显著提高材料疲劳强度。又如,许多制品要求表面强度和硬度高,而心部韧性好,以提高使用寿命,通过合理地选材和表面强化处理就能满足要求。

在工程上,许多零部件因表面强度、硬度、耐磨性等不足而逐渐磨损、剥落、锈蚀,使外形变小以致尺寸超差或强度降低,最后不能使用。不少表面技术如堆焊、电刷镀、热喷涂、电镀、黏结等,具有修复功能,不仅可修复尺寸精度,而且往往还可提高表面性能,延长使用寿命。

表面装饰包括光亮(镜面、全光亮、亚光、光亮缎状、无光亮缎状等)、色泽(各种颜色和多彩等)、花纹(各种平面花纹,刻花和浮雕等)、仿照(仿贵金属、仿大理石、仿花岗石等)多方面的装饰。用恰当的表面装饰技术,对各种材料表面进行装饰,不仅方便、高效,而且美观、经济,故应用广泛。

1.3.2 功能材料应用

功能材料主要指那些具有优良的物理、化学和生物等功能及其相互转化的功能,而被用于非结构目的的高技术材料。功能材料常用来制造各种装备中具有独特功能的核心部件,起十分重要的作用。功能材料与结构材料相比,除了两者性能上的差异和用途不同外,另一个重要特点是功能材料通常与元器件"一体化",即功能材料常以元器件形式对其性能进行评价。

材料的许多性质和功能与表面组织结构密切相关,因而通过各种表面技术可制备或改进一系列功能材料及其元器件,诸如:

利用表面技术制备或改进具有电学特性的功能材料及其元器件,如液晶显示器的导电玻璃,表面扩散制成的 Nb-Sn 线材,约瑟夫器件,薄膜电阻材料,绝缘涂层,半导体薄膜材料,波导管,低接触电阻开关。

利用表面技术可以制备或改进具有磁学特性的功能材料及其元器件,如通过气相沉积技术、涂装等表面技术制备出磁记录介质、磁带、磁泡材料、电磁屏蔽材料、薄膜磁阻元件等。

利用表面技术可以制备或改进具有光学特性的功能材料及其元器件,诸如通过电镀、化学转换处理、涂装、气相沉积等表面技术制备出发光材料,反射镜,防眩反射镜,激光材料增透膜,反射红外线,透过可见光的透明隔热膜,多层介质膜组成的分光镜,太阳能选择吸收膜,起偏器,薄膜光致变色材料以及各种镜头的保护膜等。

利用表面技术可以制备或改进具有声学特性的功能材料及其元器件,如利用气相沉积涂覆等表面技术制备声学振膜制成高保真喇叭、声表面波器件及吸声涂层等。

利用表面技术可以制备或改进具有化学特性的功能材料及其元器件,如利用表面技术制备出在多种介质和温度条件下的耐蚀防护涂层,各种医用器件的防沾性,餐具镀银杀菌,镀金刚石膜防菌以及各种分离膜材料、活性剂等。

利用表面技术可以制备或改进具有热学特性的功能材料及其元器件,如利用电镀、涂装、气相沉积等表面技术制备出散热材料、集热板、集热管、双金层温度计、保温材料、耐热涂层、高层建筑用的热反射镀膜玻璃、吸热材料等。

利用表面技术可以制备或改进具有功能特性的功能材料及其元器件,如光-电、电-光、热-电、电-热、光-热、A-热、A-电、磁-光、光-磁等转换功能。这类功能的转换往往通过涂装、黏结、气相沉积、等离子喷涂来制备薄膜太阳能电池、电致发光器件、电阻式温度传感器、薄膜加热器选择性涂层、电容式压力传感器、磁光存贮器、光磁记录材料等。

1.3.3 生活环境应用

表面技术在人类适应、保护和优化环境方面有着广泛应用,并且其重要性日益突出。现举例如下:

①大气净化。用涂覆和气相沉积等表面技术制成的触媒载体等是净化大气的材料,可除去人类在生产和生活中使用各种燃料、原料产生大量的 CO_2、NO_2、SO_2 等有害气体。

②水质净化。利用表面技术制成的膜材料是重要的净化水质的材料,可用来处理污水、化学提纯、水质软化、海水淡化等。

③抗菌灭菌。有些材料具有净化环境的功能,其中 TiO_2 光催化剂很引人注目。它可以将一些污染的物质分解掉,使之无害,同时又因有粉状、粒状和薄膜等形状而易于利用。过渡金属 Ag、Pt、Cu、Zn 等元素能增强 TiO_2 的光催化作用,而且有抗菌、灭菌作用,特别是 Ag 和 Cu。据报导,日本已利用表面技术开发出一种把具有吸附蛋白质能力的磷灰石生长在 TiO_2 表面而制成的高功能 TiO_2 复合材料。它能够完全分解吸附的菌类物质上,不仅可以半永久性使用,而且还可以制成纤维和纸,用作广泛的抗菌材料。

④吸附杂质。用一些表面技术制成的吸附剂,可以除去空气、水、溶液中的有害成分,以及具有除臭、吸湿等作用。例如,在氨基甲酸乙酰泡沫上涂覆铁粉,经烧结后成为除臭剂,用于冰箱、厨房、厕所、汽车内。

⑤去除藻类污垢。利用表面化学原理组合电极,用来除去发电厂沉淀池、热交换器、管道等内部的藻类污垢。

⑥活化功能。远红外光具有活化空气和水的功能,而活化的空气和水有利于人的健康。例如,在水净化器中加上能活化水的远红外陶瓷涂层装置,取得很好的效果,已经投入实际应用。

⑦生物医学。具有一定的理化性和生物相容性的生物医学材料已受到人们的高度重视,而使用医用涂层可在保持基体材料特性的基础上,或增进基体表面的生物学性质,或阻隔基材离子向周围组织溶出扩散,或提高基体表面的耐磨性、绝缘性等,有力促进了生物医学材料的发展。例如,在金属材料上涂以生物陶瓷用作人造骨、人造牙、植入装置导线的绝缘层等。目前制备医用涂层的表面技术有等离子喷涂、气相沉积、离子注入、电泳等。

⑧治疗疾病。用表面技术和其他技术制成的磁性涂层敷在人体的一定穴位,有治疗疼痛、降低高血压等功能。涂敷驻极体膜,具有促进骨裂愈合等功能。有人认为,频谱仪、远红外仪等设备能发出一定的波与生物体细胞发生共振,促进血液循环,活化细胞,治疗某些疾病。

⑨绿色能源。目前大量使用的能源往往有严重的污染,因此今后要大力推广绿色能源,如太阳能电池、磁流体发电、热电半导体、海浪发电、风能发电等,以保护人类环境。表面技术是许多绿色能源装置如太阳能电池、太阳能集热管、半导体制冷器等制造的重要基础之一。

⑩优化环境。表面技术将在人类控制自然、优化环境中起到很大作用,例如,人们正在积极研究能调光、调温的"智慧窗",即通过涂敷或镀膜等方法,使窗可按人的意愿来调节光的透过率和光照温度。

1.3.4 新型材料开发应用

新型材料又称先进材料,为高新技术的一个组成部分。具有优异性能的材料,也是新技术发展的必要的物质基础。目前表面技术在制备高 T_c(临界温度)超导膜、金刚石膜、纳米粉末、纳米多层膜、纳米晶体材料、多孔硅、碳60等新型材料中起着关键作用。

采用物理气相沉积如真空蒸发、溅射、分子束外延等方法制备超导薄膜,沉积膜为非晶态,经过高温氧化处理后转变为具有较高转变温度的晶态薄膜。用YBaCuO等高温超导薄膜可制成微波调制检测器件、超高灵敏的电磁场探测器件、超高速开关存贮器件,用于超高速计算机等。

利用热化学气相沉积(TCVD)和等离子体化学气相沉积(PVCD)等,在低压或常压条件下可以制得金刚石薄膜新材料(过去制备金刚石材料是在高温高压条件下进行)为金刚石结构材料,其硬度高达80~1 000 GPa;室温热导率达到11 W/(cm·K),是铜的2.7倍;有较好的绝缘性和化学稳定性;在很宽的光波段范围内透明;与Si、GaAs等半导体材料相比,具有较宽的禁带宽度;它在微电子技术、超大规模集成电路、光学、光电子等方面有良好的应用前景,有可能是Ge、Si、GaAs以后新一代的半导体材料。

将制备的有机高分子材料溶于某种易挥发的有机溶剂中,然后滴在水面或其他溶液上,待溶剂挥发后,液面保持恒温或被施加一定的压力,溶质分子沿液面形成致密排列的单分子膜层。接着用适当装置将分子逐渐转移,组装到固体载片,并按需要制备几层到数百层LB膜新材料。LB膜是有机分子器件的主要材料,是由羧酸及其盐、脂肪酸烷基族极易染料、蛋白质等有机物构成的分子薄膜。LB 膜在分子聚合、光合作用、磁学、微电子、光电器件、激光、声表面波、红外检测、光学等领域有广泛的应用。

利用化学气相沉积技术制备的类金刚石碳膜新材料,是一种具有非晶态和微晶结构的含氢碳化膜,类金刚石碳膜的一些性能接近金刚石薄膜,如高硬度、高热导率、高绝缘性、良好的化学稳定性,从红外到紫外的高光学透过率等。可考虑用作光学器件上保护膜和增透膜、工具的耐磨层、真空润滑层等。

利用化学气相沉积(CVD)和物理气相沉积(PVD)可以制备立方氮化硼薄膜,为立方结构。硬度仅次于金刚石,而耐氧化性、耐热性和化学稳定性比金刚石更好。具有高电阻率、高热导率,掺入某些杂质可成为半导体,目前正逐步用于半导体、电路基板、光电开关等极易耐磨、耐热、耐蚀涂层。

利用表面技术制成的尺寸小于 15 nm 的超微颗粒在高压力下压制成型,或再经一定热处理工序后制成的具有超细组织的固体材料。按其材料属性,可分为纳米金属材料、纳米陶瓷材料、纳米复合材料和纳米半导体材料等。其界面体积分数很高,界面处原子间距分布较宽,在力学、热学、磁学等性能方面与同成分普通固体材料有很大的差异。例如纳米陶瓷有一定的塑性,可进行挤压和轧制,然后退火使晶粒尺寸长大到微米量级,又变成普通陶瓷。又如纳米陶瓷有优良的导热性;纳米金属有更高的强度等,因此应用较为广泛。

利用气相沉积的方法制备超微颗粒型材料,尺寸范围大致为 1~10 nm,即小于 1 μm。大于 10 μm 的颗粒称为微粉,而小于 1 nm 的颗粒为原子团簇。由于超细颗粒的表面效应、小尺寸效应和量子效应,使超微颗粒在光学、热学、电学、磁学、力学、化学等方面有着许多奇异的特性。例如,能显著提高许多颗粒型材料的活性和催化率,增大磁性颗粒的磁记录密度,提高化学电池、燃料电池和光化学电池的效率,增大对不同波段电磁波的吸收能力等;也可作为添加剂,制成导电的合成纤维、橡胶、塑料或者成为药剂的载体,提高药效等。

利用等离子化学气相沉积、磁控溅射等技术制备纳米硅新材料,又称纳米晶,其晶粒尺寸在 10 nm 左右。它的带隙达 2.4 eV,电子和空穴迁移率都高于非晶硅两个数量级以上,光吸收系数介于晶体硅和非晶硅之间。可取代掺氢的 SiC 作非晶硅太阳电池的窗口材料以提高其转换效率,也可考虑制作异质结双极型晶体管、薄膜晶体管等。

利用表面技术制备的超微颗粒膜新材料,是将超微颗粒嵌于薄膜中构成的复合薄膜,在电子、能源、检测、传感器等许多方面有良好的应用前景。

利用等离子体化学气相沉积等方法制备非晶硅薄膜新材料,可用来制造太阳能电池、摄像管的靶、位敏检测器件和复印鼓等。

利用表面技术制备的纤维补强陶瓷基复合材料,是以各种金属纤维、玻璃纤维、陶瓷纤维为增强体,以水泥、玻璃、陶瓷等为基体,通过一定的复合工艺结合在一起所构成的复合材料。这类材料具有高强度、高韧性和优异的热学、化学稳定性,是一类新型结构材料。目前除了纤维增强水泥基复合材料、碳-碳复合材料等已获得实际应用外,还有许多重要的纤维补强陶瓷仍处于实验室阶段,但在一系列高新技术领域中有着良好的应用前景。

利用表面技术制备的多孔硅新材料,其孔隙率很大,一般为 60%~90%,可用蓝光激发它在室温下发出可见光,也能电致发光。可制成频宽带、量子效率高的光检测器,它的禁带宽度明显超过晶体硅。

利用很多表面技术如等离子喷涂、离子镀、离子束合成薄膜技术、化学气相沉积、电镀、电刷镀等制备梯度功能材料,是连续、平稳变化的非均质材料,其组织连续变化,材料的功能也随之变化。这种材料用于航空、航天领域,可以有效地解决热应力缓和问题,具有耐热性与力学强度都优异的新功能。

第 2 章　材料表面工程技术基本理论

要了解材料表面的特性和获得要求的表面性能,本质上是要了解材料表面发生的物理和化学过程,即材料表面的结构、状态与特性问题。几埃[1 埃(Å) = 0.1 nm]厚的材料表面层性质可以和基体差别很大,而各种近代表面技术,包括气相沉积、高能束表面改性等和这种表面性质密切相关,都是发生在表面的物理化学作用。因此,首先了解认识"表面"(这里主要指金属或晶体表面)对近代表面技术的学习是非常重要的。

2.1　表面晶体学

固体可分为两大类:晶体和非晶体。从固体物理学的角度看,结晶固体的表面是晶体中原子的周期性排列发生大面积突然中止的地方,或者是从晶体内部的三维周期性结构开始破坏到真空之间的整个过渡区域。一般来讲,表面区域大致包括以表面原子终结平面为基准,分别向体内和真空方向延伸 1.0~1.5 nm 的范围。因而材料不同,所需研究的表面范围会有差异,金属表面通常只涉及最外几个原子厚度。

2.1.1　理想表面结构

理想表面是一种理论结构完整的二维点阵平面。这里忽略晶体内部周期性势场在晶体表面中断的影响,同时也忽略表面上原子的热运动以及出现的缺陷和扩散现象,又忽略表面外界环境的作用等,因而把晶体的解理面认为是理想表面。

固体材料在自然界中通常是以晶态和非晶态的形态存在。因此,我们主要以晶态物质作基础,先从二维结晶学来看理想的表面结构。

由于表面界面的复杂多样性,在理论研究中近似地假设系统除固-气界面的几何限制外,其系统不发生任何变化的表面为理想表面。理想晶体表面可由二维晶格结构描述,与三维情况不同的是,此时只可能存在 5 种布拉菲格子,9 种点群和 17 种二维空间群。5 种二维布拉菲格子,属斜方、长方、正方、六角四大晶系。表 2.1 为 5 种二维布拉菲格子的符号,基矢 a 和 b 的关系。图 2.1 为 5 种布拉菲格子的示意图。表 2.2 为二维晶格 9 点群,17 二维空间群的符号。这里所说的"空间"仅是对二维点阵对称性抽象的空间表达,而不是几何上的三维空间。二维空间群全面地概括了二维晶体所有的对称性,见表 2.2。二维晶格,在表面基础理论中,也如同三维晶体结构,在认识晶体性质上,具有同样的重要意义。

2.1.2　清洁表面结构

1. 清洁表面的一般情况

固体材料有晶体和非晶体,晶体又分为单晶和多晶。目前对一些单晶材料的清洁表面研究得较为彻底,而对多晶和非晶体的清洁表面还研究得很少。

表2.1 二维布拉菲格子

名称	格子符号	基矢之间的关系	晶系
长方形	P	$\lvert a\rvert \neq \lvert b\rvert ; \gamma=90°$	长方
正方形	P	$\lvert a\rvert \neq \lvert b\rvert ; \gamma=90°$	正方
斜方形	P	$\lvert a\rvert \neq \lvert b\rvert ; \gamma=90°$	斜方
有心长方形	C	$\lvert a\rvert \neq \lvert b\rvert ; \gamma=90°$	长方
六角形	P	$\lvert a\rvert \neq \lvert b\rvert ; \gamma=120°$	六角

表2.2 二维点阵、点群及空间群

点阵符号	点群符号	空间群符号 全称	空间群符号 简称	符号
斜方 P	1	P1	P1	1
	2	P211	P2	2
正交 PC	1 m	P1m1	Pm	3
		P1g1	Pg	4
		C1m1	Cm	5
	2 mm	P2mm	Pmm	6
		P2mg	Pmg	7
		P2gg	Pgg	8
		C2 mm	Cmm	9
正方 P	4	P4	P4	10
	4 mm	P4gm	P4m	11
		P4gm	P4g	12
六角 P	3	P3	P4	13
	6	P3m1	P3m1	14
		P3m1	P3m1	15
		P6	P6	16
	6mm	P6mm	P6mm	17

晶体表面是原子排列面,有一侧无固体原子的键合,形成了附加的表面能。从热力学来看,表面附近的原子排列总是趋于能量最低的稳定状态。达到这个稳定态的方式有两种:一是自行调整,原子排列情况与材料内部明显不同;二是依靠表面的成分偏析和表面对外来原子或分子的吸附,以及这两者的相互作用而趋向稳定态,因而使表面组分与材料内部不同。

表2.3列出了几种清洁表面的情况,由此来看,晶体表面的成分和结构都不同于晶体内部,一般大约要经过4~6个原子层之后才与体内基本相似,所以晶体表面实际上只有几个原子层范围。另一方面,晶体表面的最外一层也不是一个原子级的平整表面,因为这样

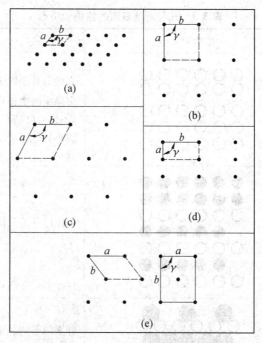

图 2.1　5 种布拉菲格子

的熵值较小,尽管原子排列作了调整,但是自由能仍较高,所以清洁表面必然存在各种类型的表面缺陷。

图 2.2 为单晶表面的 TLK 模型。这个模型是由 Styanski 和 Kossel 提出的,其中 T 表示低晶面指数平台(Terrace);L 表示单分子或单原子高度的台阶(Ledge);K 表示单分子或单原子尺度的扭折(Kink);吸附的单原子(A)和表面空位(V)。由于表面原子的活动能力大于体内,形成点缺陷的能量小,所以在表面上的热平衡点缺陷浓度远大于体内,最为普遍的是吸附原子或偏析原子。还有一种缺陷是位错,因为位错只能终止在晶体表面或晶界上,不能终止在晶体内部,因此位错往往在表面露头。位错附近的原子平均能量高于其他区域的能量,易被杂质原子所取代,若是螺型位错的露头,则在表面就形成一个台阶。TLK 表面的台阶和扭折以及各种缺陷的平台,对表面的性能都会产生显著的影响,对晶体的生长、气体的吸附、反应速度等的影响都较大。由于在吸附原子之间、吸附原子与表面原子之间存在着强烈的相互作用,因而使表面层出现二维多相性。所以二维相图分析也就成为现代表面科学技术中最受关注的基础问题之一。

制备清洁表面是困难的,在几个原子范围内的清洁表面其偏离三维周期性结构的主要特征是,表面弛豫、表面重构和表面台阶结构。

2. 表面弛豫

表面弛豫实际上是原子的位移引起的,晶体的三维周期性在表面处突然中断,表面上原子的配位情况发生变化,并且表面原子附近的电荷分布也有改变,使表面原子所处的力场与体内原子不同,因此表面上的原子会发生相对于正常位置的上、下位移以降低体系能量,表面上原子的这种位移(压缩或膨胀)称为表面弛豫。

表 2.3　几种清洁表面的结构和特点

序号	名称	结构示意图	特点
1	弛豫		表面最外层原子与第二层原子之间的距离不同于体内原子距离(缩小或增大;也可以是有些原子距离增大,有些减小)
2	偏析		表面原子是从体内分凝出来的外来原子
3	化合物		外来原子进入表面,并与表面原子键合形成化合物
4	重构		在平行基底的表面上,原子的平移对称性与体内显著不同,原子位置做了较大幅度的调整
5	化学吸附		外来原子(超高真空条件下主要是气体)吸附于表面并以化学键合
6	台阶		表面不是原子级的平坦,表面原子可以形成台阶结构

表面弛豫的最明显处是表面第一层原子与第二层之间距离的变化;体相越深弛豫效应越弱,并且随体相的加深而迅速消失。因此,通常只考虑第一层的弛豫效应。在金属、卤化碱金属化合物等离子晶体中,表面弛豫是普遍存在的。

表面弛豫主要取决于表面断键的情况,可以有压缩效应、弛豫效应和起伏效应。对于离子晶体,表层离子失去外层离子后破坏了静电平衡,由于极化作用可能会造成双电层效应。

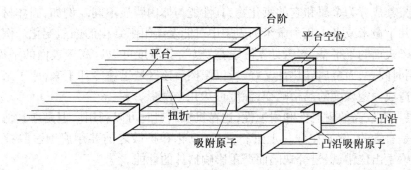

图 2.2 单晶表面的 TLK 模型

3. 表面重构

在平行基底的表面原子的平移对称性与体内显著不同,原子位置作了较大幅度的调整,这种表面结构称为重构(或再构)。

4. 表面台阶结构

清洁表面实际上不会是完整表面,因为这种原子级的平整表面的熵很小,属热力学不稳定状态,故而清洁表面必然存在台阶结构等表面缺陷。如前所述,由 Styanski 和 Kossel 等实验证实许多单晶体的表面有平台、台阶和扭折,如图 2.2 所示。电子束从不同台阶反射时会产生位差。如果台阶斑密度较高,各个台阶的衍射线之间会发生相干效应。在台阶规则分布时,表面的 LEED 斑点分裂成双重的;如果台阶不规则分布,则一些斑点弥散,另一些斑点明锐,台阶的转折处称为扭折。

2.1.3 实际表面结构

理想的表面实际上是不存在的,纯净的清洁表面是很难制备的,特别在实际应用中,经常碰到的表面现象和表面过程也直接与表面弛豫有关。实际表面存在着缺陷、杂质,其成分、浓度与体内一般也不大相同。我们把实际表面与清洁表面相比,特别是许多重要的过程都直接与表面非理想的状况和成分的变化有关。一般实际表面的情况又与许多重要过程密切相关。

1. 表面粗糙度

从微观水平看,即使宏观看来非常光滑平整的表面实际上也是凹凸不平的,即表面是粗糙的。例如,经过切削、研磨、抛光的固体表面似乎很平整,但用电子显微镜进行观察时,可以看到表面有明显的起伏,同时还可能有裂缝、空洞等。

表面粗糙度是指加工表面上具有的较小间距的峰和谷所组成的微观几何形状误差,也称微观粗糙度。它与波纹不同,相邻波峰与波谷的间距小于 1 mm,并且大体上呈周期性起伏,主要是由加工过程中刀具与工件表面间的摩擦、切屑分离工件表面层材料的塑性变形、工艺系统的高频振动以及刀尖轮廓痕迹等原因形成。

表面粗糙度对材料的许多性能有显著的影响。控制这种微观几何形状误差,对于实现零件配合的可靠和稳定、减小摩擦与磨损、提高接触刚度和疲劳强度、降低振动与噪声等有着不可低估的重要作用。表面粗糙度的测量有比较法、激光光斑法、光切法、光波干涉法、针描法、激光全息干涉法、光电扫描法等,分别适用于不同评定参数和不同粗糙度的测量。

2. 贝尔比层和残余应力

贝尔比(Beilby)层是一种在固体材料表层 5~10 nm 厚度因晶格畸变等原因而产生的

一种非晶态层,其成分为金属和它的氧化物,其性能与体内明显不同。例如,固体材料经切削加工后,在几个微米或者十几个微米的表层中可能发生组织结构的剧烈变化。例如金属在研磨时,由于表面的不平整,接触处实际上是"点",其温度可以远高于表面的平均温度,但是由于作用时间短,而金属导热性又好,所以摩擦后该区域迅速冷却下来,原子来不及回到平衡位置,造成一定程度的晶格畸变,深度可达几十微米。

贝尔比层具有较高的耐磨性和耐蚀性,这在机械制造时可以利用。但是在其他许多场合,贝尔比层是有害的,例如在硅片上进行外延、氧化和扩散之前要用腐蚀法除掉贝尔比层,因为它会感生出位错、层错等缺陷而严重影响器件的性能。

残余应力是材料加工、处理后普遍存在的,它同样影响着材料的各种性能。特别有一些表面加工处理,在材料表面产生很大的残余应力。例如,焊接、过高温度的热处理所产生的残余应力。材料只要受热不均匀,或各部分热胀系数不同,在温度变化过程中,材料内都会产生热应力,这是一种内应力。

微观内应力的作用范围较小,大致有两个层次。一种是其作用范围大致与晶粒尺寸为同一数量级,例如多晶体变形过程中各晶粒的变形是不均匀的,并且每个晶粒内部的变形也不均匀,有的已发生塑性变形,有的还处于弹性变形阶段,当外力去除后,属于弹性变形的晶粒要恢复原状,而已塑性流动的晶粒就不能完全恢复,造成了晶粒之间互相牵连的内应力,如果这种应力超过材料的抗拉强度,就会形成显微裂纹。另一种是微观内应力,其作用范围更小,但却是普遍存在的。对于晶体来说,由于普遍存在各种点缺陷(空位、间隙原子)、线缺陷(位错)和面缺陷(层错、晶界、孪晶界),在它们周围引起弹性畸变,因而相应存在内应力场。金属变形时,外界对金属作的功大多转化为热能而散失,而大约有小于10%的功以应变能的形式储存于晶体,其中绝大部分是产生位错等晶体缺陷而引起的弹性畸变(点阵畸变)。

残余内应力尽管对材料的各种性能有影响,但是在表面技术中,它也有可利用的一面。例如在沉积镀膜过程中,常因沉积镀膜层产生的是压应力,这样可显著地提高沉积膜层与基体材料的结合强度(结合力),也可提高零部件的抗疲劳强度和降低零部件的疲劳缺口敏感度。

3. 表面吸附和沾污

吸附、吸收和化学反应是固体与气体发生作用的三种表现。吸附是固体表面吸引气体与之结合,以降低固体表面能的作用。吸收是固体的表面和内部都容纳气体,使整个固体的能量发生变化。化学反应是固体与气体的分子或离子间以化学键相互作用,形成新的物质,整个固体的能量发生显著的变化。

吸附可分为物理吸附和化学吸附两类。物理吸附中固体表面与被吸附分子之间的力称范德华力,这种吸附只有在温度低于吸附物质临界温度时才显得重要。在化学吸附中,二者之间的力和化合物中原子间形成化学键的力相似,这种力比范德华力大得多。因此,两种吸附所放出的热量也大小悬殊,物理吸附的数值和液化相似,约为几千 J/mol,而化学吸附热则和化学反应热相似,一般大于 4.2×10^4 J/mol。物理吸附一般无选择性,只要条件合适,尽管吸附的多少会因吸附剂和吸附质的种类而异,但任何固体皆可吸附任何气体。而化学吸附只有在特定的固-气体系之间才能发生。物理吸附的速度一般较快,而化学吸附却像化学反应那样需要一定的活化能,所以速度较慢。化学吸附时表面和吸附质之间要形成化学键,所以化学吸附总是单分子层的,而物理吸附却可以是多分子层的。物理吸附往往很容易解吸,而化学吸附则很难解吸,即前者是可逆的,后者是不可逆的。物理吸附和化学吸附本质上是不同的,后者有电子的转移而前者没有。

人们在研究具有表面吸附的实际表面时,可以把清洁表面作为基底,然后观察吸附表面结构相对于清洁表面的变化。比如惰性气体原子在基底上往往通过范德瓦尔斯键形成有序的密堆积结构,但这种物理吸附不稳定,易解吸,也易受温度影响,对表面结构和性能影响小。其他气体原子在基底上往往以化学吸附形成覆盖层,或者形成替换式或填隙式合金型结构,对表面结构和性能影响大。对研究金属、半导体等固体表面,在一定条件下吸附原子在基底上有相应的排列结构。当吸附物、基底材料、基底表面结构、温度、覆盖度等条件发生变化,则表面吸附结构也会出现一定的变化,这与固体和气体之间发生作用的程度有关。

由此可见,固体表面与气体之间会发生作用。当固体表面暴露在一般的空气中就会吸附氧或水蒸气,甚至在一定的条件下发生化学反应而形成氧化物或氢氧化物。金属在高温下的氧化是一种典型的化学腐蚀,形成的氧化物大致有三种类型:一是不稳定的氧化物,如金、铂等的氧化物;二是挥发性的氧化物,如氧化钼等,它以恒定的、相当高的速率形成;三是在金属表面形成一层或多层的一种或多种氧化物,这是经常遇到的情况,例如铁在高于560 ℃时生成三种氧化物:外层是Fe_2O_3、中层是Fe_3O_4、内层是溶有氧的FeO。在三层氧化物中,含氧量依次递减,而厚度却依次递增。Fe_2O_3、Fe_3O_4及FeO对扩散物质的阻碍均很小,所以它们的保护性差,尤其是厚度较大的FeO,因其晶体结构不致密,保护性更差。因此,碳钢零件一般只能用到400 ℃左右。在工业环境中,客观上除氧和水蒸气外还可能有CO_2、SO_2、NO_2等各种污染的气体,它们吸附于固体材料表面也会生成各种化合物。一些污染气体的化学吸附和物理吸附中的其他物质,如有机物、盐等,与固体材料表面接触后,也会留下痕迹,造成污染。

2.2 材料表面现象

2.2.1 材料表面缺陷

前面已简要介绍了单晶体表面的TLK模型,实际单晶体的表面并不是理想的平面,而是存在很多缺陷,如台阶、弯折、位错露头、空位等,如图2.3所示。由于这些部位的原子在和外界原子作用时,表面有不同于表面上其他位置原子的结合能,因此,在表面上发生的物理、化学过程如晶体生长、蒸发、表面偏聚、表面吸附等有着重要影响。按几何特征,晶体表面缺陷分为点缺陷、线缺陷和面缺陷三类。

1. 点缺陷

在三维方向上尺寸都很小的缺陷称为点缺陷,如空位、间隙原子和置换原子等。

晶体中原子在其平衡位置上作高频率的热振动,振动能量经常变化,此起彼伏,称为能量起伏。在一定温度下,部分具有超额能量的原子有可能克服周围原子对它的束缚,而离开原来位置,于是在点阵上产生空位。离开平衡位置的原子如果跑到晶体表面,这样形成

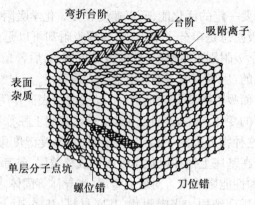

图 2.3　晶体表面缺陷

的空位称为肖脱基空位,如图2.4(a);如果跑到点阵间隙位置,则形成的空位称为弗兰克尔空位,如图2.4(b)。可见每形成一个弗兰克尔空位的同时产生一个间隙原子。由于形成弗兰克尔空位所需的能量比形成肖脱基空位大得多,所以在金属晶体中最常见的是肖脱基空位。

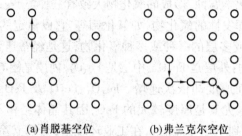

(a)肖脱基空位　　　　(b)弗兰克尔空位

图 2.4　点缺陷示意图

即使在极纯的金属中,也总会存在一定的杂质原子。杂质原子使周围的晶体发生畸变,明显地影响晶体的性质。点缺陷的存在对金属的物理和力学性能,以及热处理性能都有较大的影响。产生一个空位引起的体积膨胀约为0.5个原子体积;产生一个间隙原子引起的体积膨胀相当于一个原子体积。

2. 线缺陷

位错从几何特征来看,在一个方向上尺寸较大,而在另外两个方向上尺寸较小的缺陷叫线缺陷。但从原子尺度来看,它不是一条线,而是一个直径为3~5个原子间距,长为几千至几万个原子间距的管状原子畸变区。这种缺陷的存在对晶体的生长、相变、形变、再结晶等一系列行为,以及对晶体的物理和化学性质都有十分重要的影响。

晶体中的位错靠近自由表面时,自由表面将与此位错产生相互作用。于是位错在晶体中引起晶格畸变,产生应变能。如果位错由晶体内部运动到晶体表面,应变能将会降低,故位错由晶体内部运动到晶体表面是一种自发的过程,其结果将使表面层中位错密度降低。

当金属表面有氧化膜时,则表面对位错是相斥的,亦即表层不会产生低位错密度区。这主要是由于在各弹性模量不同材料边界附加的位错,界面也会对它产生相互作用。如果位错处于弹性模量低的介质一侧,则界面对位错给予斥力;若位错处于弹性模量高的介质一侧,则界面对位错给予吸力。金属表面常常被氧化膜覆盖,而一般金属氧化膜的弹性模量比金属大,所以氧化膜覆盖的表面对位错有排斥作用。若氧化膜厚度为 d,位错距表面距离为 L,当 $L \geq d$ 时,可忽略氧化膜的影响,按自由表面处理,若 L 与 d 的大小相当,则应按两种不同介质的界面来处理。

3. 面缺陷

晶体的缺陷若主要是沿二维方向伸展,而在另一维方向上的尺寸相对比较小,则称为面缺陷。界面就是一种二维的面缺陷,它通常仅有一个至几个原子层厚。由于界面特殊的结构和界面能量,使得界面有很多与晶体内部不同的性质,如界面吸附、界面腐蚀等,对金属材料的力学性能(如强度、韧度)以及对变形、再结晶和相变过程等都有重要影响。

由于表面原子受力的不对称性,表面原子的结构与晶体内部原子的结构发生偏差,表面晶格完整的周期性受到破坏。而且晶体表面具有表面能和表面张力,容易吸附外来原子,也容易被外部介质所腐蚀。

图 2.5(a)是一个简单立方晶体的(110)面,它与表面相截。可以看出,如果要保持表面为平面的话,则在表面以下一定距离内会产生相当大的结构畸变,其结果必然导致相当高的表面能。如果作适当变动,使表面有一些尺度的台阶,并且这些台阶本身就是由密排面 (100)和(010)组成,那么结果如下所示:

① 表面以下的晶格畸变大为减少如图 2.5(b),系统能量降低。
② 因为是密排面作为表面,本身就具有比较低的能量。

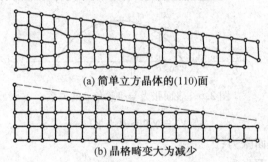

(a) 简单立方晶体的(110)面

(b) 晶格畸变大为减少

图 2.5 简单立方晶体(110)表面原子组态示意图

因此,总的效果是使那些宏观上描述为高指数的表面转变为带有一些平台和台阶的低指数面。也可以这样说,任意取向的表面为使表面能最小,总会要形成一些密排面为表面的小平台或台阶。

值得指出的是,在绝对零度时,晶体表面的台阶可能是直的,而随着温度升高,由于热扰动,有的原子可能跑向台阶处,而台阶处的原子也可能离开台阶,结果使原来是直线走向的台阶发生了突然的方向变化。结合了一个原子的位置就向外凸出一个原子,结合了一个空位的位置则向里凹入了一个原子。这种形式的缺陷是 1945 年弗仑克尔(Frenkl)提出的,所以有时称其为弗仑克尔弯折或简称弯折。这些位置最易沉淀或吸附原子,在一些与表面有关的过程中起很大作用。

2.2.2 材料表面吸附

在固态晶体表面上的原子或分子的应力场是不饱和的,清洁的固体表面处于不稳定的高能状态。如果某种物质能与表面作用降低其表面能,则这种物质就将吸附于固体表面,这便是发生表面吸附的热力学依据。吸附是固体表面最重要的性质之一,前面已经介绍固体表面上气体的吸附,这里介绍固体表面上液体的吸附及固体表面之间的吸附。

1. 固体表面上液体的吸附

固体表面对液体分子同样有吸附作用,这种吸附包括对电解质的吸附和非电解质的吸附。对电解质的吸附将使固体表面带电或者双电层中的组分发生变化,也可能是溶液中的某些离子被吸附到固体表面,而固体表面的离子则进入溶液之中,产生离子交换。对非电解质溶液的吸附,一般表现为单分子层吸附,吸附层以外就是本体相溶液。溶液吸附的吸附热很小,差不多相当于熔解热。

固体对溶液的吸附与对气体的吸附另一个不同之处是溶液中至少有两个组分,即溶剂和溶质,它们都可能被吸附,但被吸附的程度不同。倘若吸附层内溶质的浓度比本体相大,称为正吸附;反之则称为负吸附。显然,溶质被正吸附时,溶剂必然被负吸附;溶质被负吸附时,溶剂必然被正吸附。在稀溶液中可以将溶剂的吸附影响忽略不计,溶质的吸附就可以简单地如气体的物理吸附一样处理。而在浓度较大时,则必须把溶质的吸附和溶剂的吸附同时考虑。

固体表面的粗糙度及污染程度对吸附有很大影响,液体表面张力的影响也很重要。图 2.6 为表面张力和接触角的关系,显然

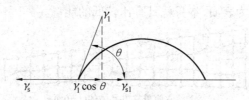

图 2.6 表面张力与接触角 θ 的关系

$$\gamma_s = \gamma_l \cos \theta + \gamma_{sl}$$

式中 γ_s —— 固体表面张力;

γ_l —— 液体表面张力;

γ_{sl} —— 固体和液体界面张力;

θ —— 接触角。

当 $\theta = 0$ 时,为完全润湿,条件是 $\gamma_s \geq \gamma_l + \gamma_{sl}$。用固体与液体的界面张力表示 γ_{sl},有

$$\gamma_{sl} \geq \gamma_l + \gamma_s - 2(\gamma_{sd}\gamma_{ld})^{\frac{1}{2}} - I'_{sl}$$

把式 $\gamma_s = \gamma_l \cos \theta + \gamma_{sl}$ 代入上式后,完全润湿的条件成为 $2(\gamma_{sd}\gamma_{sd})^{\frac{1}{2}} + I'_{sl} \geq 2\gamma_l$,假定液体是碳氢化合物,则 $I'_{sl} = 0$,$\gamma_{ld} = \gamma_{sd}$,完全润湿的必要条件是 $\gamma_{ld} \geq \gamma_l$。

一般认为,$\gamma_s \geq \gamma_l$ 是润湿的必要条件,但不是充分条件。此外,液体和固体之间的吸附黏结力 I_{12} 可用下式表示

$$I_{12} = \gamma_1 + \gamma_2 - \gamma_{12}$$

把式 $\gamma_s = \gamma_l \cos \theta + \gamma_{sl}$ 带入上式可得

$$I_{12} = \gamma_2(1 + \cos \theta)$$

可见,黏结力的大小与液体表面张力及接触角有关。例如,金属和塑料的黏结,熔融状

态塑料的接触角 θ 越小,则 I_{12} 越大。表 2.4 给出了几种情况下钢的 θ 角和环氧树脂的相对黏结强度。

表 2.4 钢和环氧树脂的相对黏结强度

洗净剂	接触角 /(°)	剪断强度(相对)	洗净剂	接触角 /(°)	剪断强度(相对)
甲苯	59	93	三氯乙烯	42	100
庚烷	51	93	醋酸乙烯	43	100
丁酮	47	94	三氯甲烷	34	113

2. 固体表面之间的吸附

固体和固体表面之间同样有吸附作用,但是两个表面必须接近到表面力作用的范围内(即原子间距范围内)。如将两根新拉制的玻璃丝相互接触,它们就会相互黏附,黏附功表示黏附程度的大小,定义为

$$W_{AB} = \gamma_A + \gamma_B - \gamma_{AB}$$

若 $W_{AB} = 3 \times 10^{-6} \text{J/cm}^2$,取表面力的有效距离为 1 nm,则相当于黏结强度为 30 MPa。两个不同物质间的黏附功往往超过其中较弱一物质的内聚力。

表面污染会使黏附力大大减小,这种污染往往是非常迅速的。据说铁片若在水银中断裂,两裂开面可以再粘合起来;而在普通空气中就不行,因为铁迅速与氧气反应,形成一个化学吸附层,表面净化一般会提高黏结强度。

固体的黏附作用只有当固体断面很小并且很清洁时才能表现出来,这是因为黏附力的作用范围仅限于分子间距,而任何固体表面从分子的尺度看总是粗糙的,因而它们在相互接触时仅为几点的接触,虽然单位面积上的黏附力很大,但作用于两固体间的总力却很小。如果固体断面相当光滑,接合点就会多一些,两固体的黏附作用就会明显。或者使其中一固体很薄(薄膜),它和另一固体容易吻合,也可表现出较大的吸附力。因此,玻璃间的黏附只有新拉制的玻璃丝才能显示出来,用新拉制的玻璃棒就不行,因为后者接触面积太小,又是刚性的,不可能粘住。

根据上述说明,材料的变形能力大小,即弹性模量的大小,会影响两个固体表面的吸附力。就是说,如果把两个物体压合,其柔软性特别重要。把很软的金属铟半球用 1 N 的压力压到钢上,则必须使用 1 N 的力才能把它们分开,而把钢球换为铜球,球就会马上松开。铝和软铁的冷焊属于这方面的例子。锻焊中,常采用高温,因黏结强度只与表面自由能有关而与温度几乎无关,高温的主要作用是降低材料的刚性,增加变形,从而增加接合面积。

2.2.3 材料表面润湿

润湿是液体与固体表面接触时产生的一种表面现象,液体对固体表面的润湿程度可以用液滴在固体表面的散开程度来说明。水滴在玻璃表面可以迅速散开,但水滴在石蜡表面却不易散开而趋于球状,如图 2.7 所示,说明水对玻璃是润湿的,对石蜡是不润湿的。

物质表面的润湿程度常用接触角(θ)来度量,接触角是在平衡时三相接触点上,如图 2.7(a)的 0 点,沿液-气表面的切线与固-液界面所夹的角。接触角的大小与三相界面张力有关,从界面张力的性质和图 2.7 可以看出,固-气表面张力 $\sigma_{固-气}$ 力图把液体拉开,使

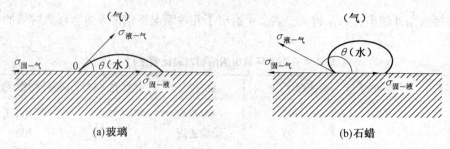

图 2.7 固体的润湿性与接触角

液体往固体表面铺开。固-液表面张力 $\sigma_{固-液}$ 则力图使液体收缩,阻止液体往固体表面铺开。液-气表面张力的作用则视 θ 的大小而定。凡是能引起任何界面张力变化的因素都能影响固体表面的润湿性。若 θ 较小或接近零,称这样的物质具有亲水性;反之,θ 较大,则称这样的物质具有疏水性。但是亲水性和疏水性的明确界限是不存在的,只是一个相对的概念,习惯上把 $\theta>90°$ 的物质叫做不润湿,$\theta<90°$ 的叫润湿。这种划分是不准确的,自然界中不存在绝对不润湿的物质,所以 $\theta=180°$ 的情况是没有的。

根据热力学最小自由能原理,若液滴表面积为 S,表面张力为 σ,则当体系处于平衡的稳定状态时,其体系的表面自由能为

$$E = \sigma S$$

微分该式为

$$dE = Sd\sigma + \sigma dS$$

当 S、σ 都可变时,为降低体系的表面自由能,应缩小界面张力大的界面,扩展界面张力小的界面。例如,一液滴在固体表面,且 $\sigma_{固-气} > \sigma_{固-液}$,则为降低体系的表面自由能,应扩展固-液表面(使液滴扩展开),这就是润湿的热力学本质。

润湿现象在表面技术中有重要作用,如金属表面覆层技术中,润湿程度对覆层与基体的黏结强度有很大影响,在液体介质化学热处理中,熔盐对金属表面的润湿性将影响传热传质过程。

2.2.4 材料表面扩散

由前述表面缺陷可知,真实表面存在很多缺陷,因此有许多不同位置可以安置表面原子,在实际表面上预计会发生如下一些扩散过程:

① 单个吸附原子会在跳跃过几个晶格常数的长度距离后跃过一个平台。
② 吸附原子会沿着一个突缘的长度方向扩散。
③ 空位会由于接连被表面原子所充填而向四周扩散。

当然更复杂的过程也可能发生,如表面扩散,即原子或分子沿着表面做二维的迁移运动。

吸附于固体表面的原子和分子,与固体的表面原子之间不断地进行能量的交换,从表面获得能量涨落。如果它们在垂直于表面的能量足够大,便能克服吸附能的势垒,而从表面脱附。如果垂直方向的动量不够大,但是却有足够大的横向的动量,则这些吸附的原子或分子就能够沿着表面做二维的运动。吸附的原子或分子要从表面上的一个吸附位置 A 迁移到另一个吸附位置 B,必须具有一定的激活能来越过这两个位置之间的势垒,即吸附

能量的差值。

吸附低能面上的原子,其结合能低而解吸率较高。但是若原子迁移到一个棱阶或弯结位置上之后,它就会被结合得较牢固,解吸概率就要降低。原子在解吸前的扩散距离为

$$X_S = \sqrt{Dt_a}$$

式中　t_a—— 平均吸附时间;
　　　D—— 扩散系数。

一些实验结果证实,边壁的生长速度要比直接碰撞在主晶面或平台上的生长速度快得多,原因在于吸附在主晶面上的原子横向迁移(扩散)到边壁上才会被牢固地俘获,在主晶面上没有原子俘获的位置。但必须指出,若在这些主晶面上有间距小于 X_S 的台阶存在,而且这些台阶棱边上有间距小于 X_S 的拐结时,那么入射到表面上的原子到达拐结的位置的概率较大。这样,晶棱不再从晶面上接受原子,晶面和晶棱都可以用于粒子直接碰撞的生长速度生长。也就是说,若表面上俘获位置的密度大于 $1/X_S$,则该俘获效果几乎与高能镜面相同。

相对晶界和体扩散而言,表面扩散所需的激活能最小,即单个原子或分子沿金属表面的扩散速度最快,主要是由于单个原子或分子在表面上可能前一运动的间隙位置相对在体内要多些或者说有"附加的自由度"。例如坪台上吸附的原子甚至可能跳过最近邻的一个原子的顶部迁移到较远的间隙位置。同时,在表面单个原子或分子的平均跳动频率高,因而他们的迁移率比在体内的大些,这两方面原因的综合最终导致了表面扩散比体内扩散要快得多。

最后指出,表面扩散不仅依赖于外界环境(温度、气压等),还取决于晶体面的化学组分、晶体结构、电子结构及与之相关的表面势。例如,表面再构和表面驰豫效应将改变晶体表面原子密度和电子密度,使表面势相应地变化,通过库伦力相互作用而影响表面原子或离子的扩散。

2.3　基体表面预处理

2.3.1　基体表面平整

表面平整一般采用磨光、滚光、抛光及刷光和振动磨光。

1. 磨光

磨光是借助粘有磨料的特制磨光轮(或带)的旋转,以磨削金属零件表面的过程。磨光可去掉零件表面的毛刺、锈蚀、划痕、焊瘤、焊缝、砂眼、氧化皮等宏观缺陷,以提高零件的平整度和电镀质量。

磨光可根据零件表面状态和质量要求高低进行一次磨光和几次(磨料粒度逐渐减小)磨光,磨光后零件表面粗糙度可达 $0.4~\mu m$,油磨效果更好。

磨光适用于加工一切金属材料和部分非金属材料。磨光效果主要取决于磨料的特性,磨料的质量,磨光轮的刚性韧性和轮轴的旋转速度。对于磨料的选用应根据加工材质而定,如表 2.5 所示。

表 2.5 常用磨料及用途

序号	磨料名称	成分	物理性质				用途
			莫氏硬度	韧性	结构形状	外观	
1	人造金刚石（碳化硅）	SiC	9.2	脆	尖锐	紫黑闪光晶粒	铸铁、黄铜、青铜、锌、锡等脆性低强度材料的磨光
2	人造刚玉	Al_2O_3	9.0	较韧	较圆	洁白至灰暗晶粒	可锻铸铁、锰青铜等高韧性高强度材料的磨光
3	天然刚玉（金刚砂）	Al_2O_3、Fe_2O_3 及杂质	7~8	韧	圆粒	灰红至黑色砂粒	一切金属的磨光
4	硅藻土	SiO_2 及杂质	6~7	韧	较尖锐	白色至灰红色粉末	通用磨光抛光材料，宜磨光或抛光黄铜、铝等较软金属
5	浮石		6	松脆	无定形	灰黄海绵状块或粉末	适用于软金属及其合金、木材、玻璃、塑料、皮革等的磨光及抛光
6	石英砂	SiO_2 及杂质	7	韧	较圆	白至黄色砂粒	通用磨料，可用于磨光、抛光、滚光及喷砂等
7	铁丹	Fe_2O_3 及杂质	6~7			黄色至黑红色粉末	用于钢、铁、铅等材料的磨光与抛光
8	抛光用石灰	CaO				白色块状	一切金属的抛光
9	氧化铬	Cr_2O_3				灰绿色粉末	不锈钢、铬等的抛光

2. 滚光

滚光是将成批零件与磨削介质一起在滚筒中作低速旋转,靠零件和磨料的相对运动进行光饰处理的过程。

常使用的湿法加工磨削介质中含磨料、化学促进剂和水。有时也用干法加工,滚筒中只有磨料和零件。零件各部位被磨削的顺序是锐角>棱边>外表面>内表面。对于复杂零件的内表面往往很难产生滚光作用。滚光设备成本低,但耗时较长,主要适用于小型零件。常用磨料有钉子头、石英砂、皮革角、铁砂、贝壳、浮石和陶瓷片等。

3. 抛光

抛光是用抛光轮和抛光膏或抛光液对零件表面进一步轻微磨削以降低粗糙度,也可用于镀后的精加工。抛光轮转速较磨光轮快(圆周速率20~35 m/s)。抛光轮分为非缝合式、缝合式和风冷布轮。一般形状复杂或最后精抛光的零件用非缝合式;形状简单或镀层用缝合式;大型平面、大圆管零件用风冷布轮,常用抛光膏及其用途见表2.6。

表2.6 常用抛光膏及其用途

抛光膏名称	用途
白抛光膏	镍、铜、铝及其合金等软金属,有机玻璃,胶木及要求低粗糙度的精抛光;
黄抛光膏	钢铁;
绿抛光膏	铬、合金钢等硬质金属;
红抛光膏	金、银等贵金属、钢铁

4. 刷光

刷光是把刷光轮装在抛光机上,用刷光轮上的金属丝(钢丝、黄铜丝等)刷,同时用水或含某种盐类、表面活性剂的水溶液连续冲洗去除零件表面锈斑、毛刺、氧化皮及其他杂物,还可用于装饰目的进行丝纹刷光和缎面刷光等。

5. 振动磨光

振动磨光是将零件与大量磨料和适量抛磨液置入容器中,在容器振动过程中使零件表面平整光洁。常用磨料有鹅卵石、石英砂、陶瓷、氧化铝、碳化硅和钢珠等。

抛磨液是表面活性剂、碱性化合物和水。振动磨光效率比滚光高得多且不受零件形状的限制,但不适宜于精密和脆性零件的加工。

2.3.2 基体表面清洁

基体表面清洁的目的是:作为前序处理工艺的一部分,为下一涂装或其他表面加工(如电镀、热喷涂等)打基础;作为一项单独表面处理技术,可提高工件寿命或恢复工件原状态或节能需要(锅炉清除水垢,提高热效率);消除工件(设备)隐患,提高安全性(如传热设备局部过热可通过清洗来解决),消毒灭菌,除放射性污染,有利于人体健康。

表面清洗主要包括除油和除锈。

1. 除油

工件上常见的油分为两类:一类是皂化性油,即不同脂肪酸的甘油酯,能与碱发生皂化反应,生成可溶于水的肥皂或甘油,如各种植物油大多属此类;另一类是非皂化性油,是各种碳氢化合物,它们不能与碱发生皂化反应,且不溶于碱溶液,各种矿物油如凡士林、柴油、机油、石蜡均属此类,这两类油均不溶于水。

除油方法可分为有机溶剂除油、化学除油和电化学除油等。使用上述各除油法的同时使用超声波场,可以大大提高除油的速度和效果。

(1) 有机溶剂除油。

有机溶剂对两类油脂有物理溶解作用。特点是除油速度快,一般不腐蚀金属,但除油不彻底,需用化学法或电化学法再补充除油。溶剂大多易燃或有毒,常用的有机溶剂有煤油、汽油、苯类、酮类、某些氯化烷烃、烯烃等。

①浸沉法。将工件浸泡在有机溶剂中并加以搅拌,油脂被溶解并带走不溶解的污物。

②喷淋法。将有机溶剂喷淋于工件表面,油脂不断被溶解,反复喷淋直至油污全部除净为止。除易挥发的溶剂,如丙烷、汽油和二氯甲烷外其他均可应用,但须置于密闭容器内操作。

③蒸汽洗法。在密闭容器内,底部装入有机溶剂,工件悬挂在有机溶剂上面。将溶剂加热,溶液蒸汽在工件表面冷凝成液体并溶解油脂,连同油污一起滴落入溶剂槽中,除去工件表面上的油污。

④联合处理法。工件若采用浸沉洗-蒸汽洗联合处理,或浸沉洗-喷淋-蒸汽洗联合处理,除油效果会更好。

三氯乙烯在光、热(>120 ℃)、氧和水的作用下,特别是在铝、镁的强烈催化下,会分解出剧毒的光气和腐蚀性的氯化氢,因此操作时应避免将水带入除油槽内,避免日光直射,及时捞出掉入槽中的铝、镁工件。

为确保溶剂稳定,一般要添加多种稳定剂,常用的有:

①氧化抑制剂(防止分解)即苯酚等。

②缩合反应抑制剂(防止变质)即醇类、酯类等。

③酸中和剂-碱性胺类等。

④设备、工件腐蚀抑制剂。

稳定剂并非绝对万能,因此要谨防混入能引起分解、变质的外部诱发因素。为防止水分混入,工件必须干燥后才能除油;除油槽的冷却管要避免过冷而使空气中的水分冷凝;同时,要防工件的脱落以及金属粉末的混入,注意避免日光直射(紫外线),以荧光灯为好。

(2) 化学除油。

化学法除油是利用碱溶液对皂化性油脂的皂化作用和表面活性物质对非皂化性油脂的乳化作用,除去工件表面上的各种油污。

①皂化作用。置于除油液中的碱起化学反应生成肥皂的过程称为皂化。一般动植物油中的主要成分是硬脂酸酯,它与氢氧化钠产生皂化反应,反应式为

$$\underbrace{(C_{17}H_{35}COO)_3C_3H_5}_{\text{硬脂酸酯}} + 3NaOH \longrightarrow \underbrace{3C_{17}H_{35}COONa}_{\text{肥皂}} + \underbrace{C_3H_5(OH)_3}_{\text{甘油}}$$

皂化反应使原来不溶于水的皂化性油脂变成能溶于水(特别是热水)的肥皂和甘油,从而易被除去。

②乳化作用。矿物油等非皂化性油脂只能通过乳化作用才能除去。非皂化性油脂与

乳化剂作用生成乳浊液的过程,称为乳化作用。乳化作用的结果是令工件表面的非皂化性油污在乳化剂的作用下变成微细油珠,与工件表面分离并均匀分布于溶液中,形成乳浊液,从而达到除油的目的。生产中因皂化时间长,除油大部分是靠乳化作用完成的。

③常用除油工艺。

a. 碱性除油。常用碱性除油只能除去工件表面的具有皂化性的动植物油,表 2.7 为钢铁材料化学除油液配方及工艺。

表 2.7 钢铁材料化学除油液配方及工艺

配方及成分/(g·L^{-1})	1	2	3	4	5
氢氧化钠(NaOH)	10~15		50~100	20	20~30
碳酸钠(Na_2CO_3)	20~30		20~40	20	30~40
磷酸三钠($Na_3PO_4 \cdot 12H_2O$)	50~70	70~100	30~40	20	30~40
水玻璃(Na_2SiO_3)	5~10	5~10	50~15	30	
OP-10 乳化液		1~30			
表面活性剂				1~2	
海鸥洗涤剂/(mL·L^{-1})					2~4
温度/℃	80~90	80~90	80~95	70~90	80~90
时间			至油除净		

b. 乳化除油。在煤油、粗汽油等物质中加入一些表面活性剂及少量的水便成了乳化除油液。这种乳化液除油速度快效果好,清除黄油及抛光膏效果最好。选择表面活性剂是决定乳化除油液的关键,常用的乳化除油液配方见表 2.8。

表 2.8 乳化除油液配方

配方及成分/%	1	2	配方及成分/%	1	2
煤油	89.0		表面活性剂	10.0	14.0
粗汽油		82.0			
三乙醇胺	3.2	4.3	水	100	100

c. 酸性除油。有机或无机酸与表面活性剂可同时除去零件表面的油污和薄氧化层。耐酸塑料酸性除油液配方:15 g 重铬酸钾($K_2Cr_2O_7$);300 mL 硫酸(H_2SO_4),相对密度 $d=1.84$;20 mL 水(H_2O)。

(3)电化学除油。

把工件挂在阴极或阳极上并放在碱性电解液中,通过直流电,令工件上油污分离下来的工艺称为电化学除油。当金属工件作为一个电极,在电解液中通入直流电时,由于极化作用,金属-溶液的界面张力下降,溶液易渗透到油膜下工件表面并析出大量氢气或氧气。这些气体从溶液中向上浮出时,产生强烈的搅拌作用,猛烈地撞击和撕裂油膜,令其碎成小

油珠,迅速与工件表面脱离进入溶液后称为乳浊液,从而达到除油的目的。各种电化学除油方法如下:

①阴极除油。阴极除油指工件接阴极。特点为阴极上析出氢气体积是阳极上析出氧气体积的两倍,故阴极除油速度快,比阳极除油效果好。基体不受腐蚀,但容易渗氢,溶液中的金属杂质会沉积在零件表面,影响镀层结合力。主要适用于有色金属,如铝、锌、锡、铅、铜及其合金的除油。

②阳极除油。阳极除油指工件接阳极。特点为基体金属不发生氢脆,能除掉零件表面的浸渍残渣和某些金属薄膜,如锌、铅、锡、铬等,但效率较阴极除油低,基体表面会受到腐蚀并产生氧化膜,特别是对有色金属腐蚀性大。主要适用于硬质高碳钢,弹性材料零件,如弹簧、弹性薄片等。但铝、锌及其合金等化学性能较活泼的材料不适用。

③阴-阳极联合除油。工件接阴极和阳极交替进行。特点为阴极电解和阳极电解交替进行,能发挥二者的优点,是最有效的电解除油法。根据零件材料的性质,选择先阴极除油后短时阳极除油;或先阳极除油后短时阴极除油,主要用于无特殊要求的钢铁件除油。钢铁工件电化学除油液配方及工艺条件见表2.9。

表2.9 钢铁工件电化学除油液配方及工艺条件

配方及成分/($g \cdot L^{-1}$)	1	2	3
氢氧化钠(NaOH)	40~60	30~50	10~20
碳酸钠(Na_2CO_3)	20~30	20~30	20~30
磷酸三钠($Na_2PO_3 \cdot 12H_2O$)	30~40	50~70	20~30
硅酸钠(Na_2SiO_3)	10~15	5~10	
温度/℃	70~80	70~80	70~80
电流密度/($A \cdot dm^{-2}$)	2~5	3~7	5~10
槽电压/V	8~12	8~12	8~12
阴极除油时间/min			5~10
阳极除油时间/min	5~10	5~10	0.2~0.5
适用范围	一般钢铁和高强度高弹性钢铁工件		形状复杂的低弹性钢铁工件

(4)超声除油。

在超声环境中的除油过程称为超声除油。实际上是将超声波引入化学或电化学除油,有机溶剂除油或酸洗过程中加强或加速清洗的过程。

在碱溶液化学除油和电化学除油过程中引入超声波振荡,可以强化过程、缩短除油时间,提高工艺质量,还可以使细孔、盲孔中的油污彻底清除。

超声波振荡可使溶液内产生许多真空的空穴,这些空穴在形成和闭合时产生强烈的振荡、对工件表面的油污产生强大的冲击作用,有助于油污脱离工件表面,加强皂化和乳化作用,从而加速除油过程并使除油更为彻底。

超声波除油溶液的浓度和温度比相应的化学除油和电化学除油为低,可减少对工件表面金属的腐蚀。在阴极电化学除油时,超声波虽然可使金属表面活化而促进渗氢,但所产生的真空空穴对吸附氢的排除极为有利,可防止渗氢。因此,合理地选择超声波场参数(频率、强度等)可以抑制渗氢,防止氢脆。

超声波除油对处理形状复杂,有细孔、盲孔和除油要求高的制品更为有效。一般形状较复杂的小制品可用高频低振幅的超声波,表面较大的制品则使用频率较低(15～30 kHz)的超声波。

超声波的振子可安装在除油液的内部或外部,频率极高的超声波是直线传播的,为使工件的凹陷及背面部位也能得到良好的除油效果,最好不断地变换工件在除油槽内的位置。

2. 除锈

钢铁工件表面铁锈最常见的有:氧化亚铁(FeO),灰色,易溶于酸;三氧化二铁(Fe_2O_3),赤色,难溶于硫酸和室温下的盐酸,结构较疏松;含水三氧化二铁($Fe_2O_3 \cdot nH_2O$),橙黄色,易溶于酸;四氧化三铁(Fe_3O_4),蓝黑色(黑皮),难溶于硫酸和室温下的盐酸。

当基体金属被溶解时,由于析出氢、三氧化二铁和四氧化三铁可被氢还原成易与酸反应的物质而被溶解掉,或通过氢气泡逸出时的机械作用,从工件表面剥离。为除去铁锈与黑皮,常用硫酸和盐酸。铁的氧化物与酸反应生成可溶于水的盐,同时生成水,反应式如下

$$FeO+H_2SO_4 \longrightarrow FeSO_4+H_2O$$

$$Fe_2O_3+3H_2SO_4 \longrightarrow Fe_2(SO_4)_3+3H_2O$$

$$Fe_3O_4+4H_2SO_4 \longrightarrow FeSO_4+Fe_2(SO_4)+4H_2O$$

$$FeO+2HCl \longrightarrow FeCl_2+H_2O$$

$$Fe_2O_3+6HCl \longrightarrow 2FeCl_3+3H_2O$$

$$Fe_3O_4+8HCl \longrightarrow FeCl_2+2FeCl_3+4H_2O$$

同时,铁与酸反应析出氢

$$Fe+H_2SO_4 \longrightarrow FeSO_4+H_2 \uparrow$$

$$Fe+2HCl \longrightarrow FeCl_2+H_2 \uparrow$$

氢的析出令高价铁还原成低价铁,有利于氧化物的溶解,还能加速黑色氧化皮的剥落。但氢容易造成氢脆,故应加缓蚀剂。

3. 除油除锈联合处理

为简化工艺提高工效,近年来发展了除油除锈"二合一"、除油除锈磷化钝化"四合一"等多种联合处理技术,但都有一定的局限性。表2.10为钢铁工件除油除锈"二合一"处理液配方及工艺条件。

表 2.10　钢铁工件除油除锈"二合一"处理液配方及工艺条件

配方及成分/%	1	2	3	4	5	6
硫酸(H_2SO_4)	70~100	100~150	120~160	120~160	150~250	
氯化钠(NaCl)				30~50		
盐酸(HCl)						900~1 000
十二烷基硫酸钠($C_{12}H_{25}SO_4Na$)	8~12	0.03~0.05		0.03~0.05		
OP乳化液						1~2
六次甲基四胺						2~3
平平加(102均染剂)				20~25	15~25	
硫脲[$(NH_2)_2CS$]		15~20	2.5~5	0.8~1.2		
温度/℃	70~90	60~70	50~60	70~90	75~85	90~沸点
时间/min			至除净为止			0.5~2

2.3.3　基体表面抛光处理

基体表面抛光处理包括机械抛光、化学抛光和电化学抛光等,这里只介绍化学抛光和电化学抛光。

1. 化学抛光

在适当的溶液中,工件仅靠化学浸蚀作用而达到抛光目的的过程称为化学抛光。其优点是不用外接电源和导电挂具,工艺简单;可抛光各种形状复杂工件,生产率高。其缺点是抛光液寿命短,溶液调整及再生困难,且抛光质量不如电化学抛光;抛光时会产生一些有害气体。

①低碳钢工件化学抛光液配方及工艺条件见表 2.11。

②铝及其合金的化学抛光,铝及铝合金化学抛光多数用磷酸基溶液化学抛光,有时也采用非磷酸基溶液化学抛光。磷酸基溶液化学抛光有两种:一种是含磷酸高于700 mL/L的溶液;另一种是含磷酸400~600 mL/L的溶液。含磷酸高的溶液对经机械抛光的表面化学抛光后与电抛光表面相当,能用于纯铝、含锌量不高于8%、含铜量不高于4%的Al-Mg-Zn和Al-Cu-Mg合金。含磷酸低的溶液抛光能力差,只适用抛光含铝量高于99.5%的纯铝。

2. 电化学抛光

电化学抛光(也称电解抛光),指在适当的溶液中进行阳极电解,令金属工件表面平滑并产生金属光泽的过程。其抛光过程是通电后,在工件(接阳极)表面会产生电阻率高的稠性黏膜,其厚度在工件表面为非均匀分布,表面微观下凹处较厚,电流密度较小,金属溶解较慢,表面微观凸出部分较薄,电流密度较大,金属溶解较快。正是由于稠性黏膜及电流密度的不均匀,工件表面微观凹处溶解慢,凸出溶解快,随着时间的推移,工件表面逐渐被抛光,表面粗糙度降低。

与机械抛光比,电化学抛光有如下特点:

①工件表面无冷作硬化层。

②适用形状复杂、薄板、线材和细小件的抛光。

③生产率高,易操作。

表2.11 低碳钢工件化学抛光液配方及工艺条件

配方及成分/(g·L^{-1})	1	2	3
双氧水(30% H_2O)	30~50		
草酸[$(COOH)_2 \cdot 2H_2O$]		35~40	70~80
氟化氢铵(NH_4HF_2)	25~40		
尿素[$(NH_2)_2CO$]		10	20
苯甲酸(C_6H_5COOH)		20	20
硫酸(H_2SO_4)	0.1	0.5~1	1~1.5
pH值		2.1	2.1
润湿剂		0.2~0.4	0.2~0.4
温度/℃	15~30	15~30	15~30
时间/min	20~30至光亮	1~2.5	0.5~2
搅拌	可以搅拌	需要搅拌	需要搅拌

2.3.4 基体表面喷砂和喷丸处理

1.喷砂

喷砂是用机械或净化的压缩空气,将砂流强烈地喷向金属制品表面,利用磨料强力的撞击作用,打掉其上的污垢物,达到清理或修饰目的的过程。喷砂的主要用途有:

①除掉零件表面的锈蚀、焊渣、积碳、旧油漆层和其他干燥了的油污。
②除去铸件、锻件或热处理后零件表面的型砂及氧化皮。
③除去零件表面的毛刺或方向性磨痕。
④降低零件表面的粗糙度,以提高油漆和其他涂层的附着力。
⑤使零件呈漫反射的消光状态。

喷砂分干喷砂和湿喷砂两种,干喷砂加工的表面比较粗糙,湿喷砂的应用与干喷砂相似,但主要用于较精密的加工,湿喷砂的优点是污染小。

(1)干喷砂。

干喷砂又分机械喷砂与空气压力喷砂两种类型,每种类型又可分为手工、半自动和自动等多种方式。采用的喷砂机有自流式、离心式、吸入式和压力式等,生产上常用的是吸入式和压力式。吸入式设备简单,但效率低,适用于小零件。压力式设备主要用于大、中型零件的大批量生产,适用性广,效率高。国内广泛使用的是手工空气压力喷砂室,适用于各种形状复杂的中小型零件。

干喷砂常用的砂料是氧化铝砂(含天然和人造两种)、石英砂(二氧化硅)、碳化硅(人造金刚砂)等。以采用铝钒土(氧化铝砂)为最好,因其不易粉化,劳动条件好,砂料还可以循环使用。碳化硅砂虽也有上述优点,但因过于昂贵很少使用。国内应用最多的还是石英砂,它虽易粉化,但不污染零件。

(2)湿喷砂。

湿喷砂是在砂料中加入定量的水,使之成为砂水混合物,以减少砂料对零件表面的冲击作用,从而减少金属材料的去除量,使零件表面更光洁。湿喷砂通常有雾化喷砂、水-气喷砂和水喷砂三种类型,喷砂方式和喷砂机的结构各不相同,生产上使用最多的是水气喷砂。

湿喷砂所用的砂料与干喷砂相同。湿喷砂的水砂比值,一般控制在 7 : 3 为宜。320～400 目的水砂粒中,应加入 10% 的膨润土作为悬浮剂,防止砂粒沉入贮存箱底。钢铁件湿喷砂时,水中可加入 0.5% 碳酸钠和 0.5% 的重铬酸钠作缓蚀剂。

双层壁的钣金焊接件,因难防腐蚀,不宜采用湿喷砂。薄截面零件,因湿喷砂工作压力比干喷砂大,水的冲击易使其变形,故也不宜采用湿喷砂。

(3) 喷砂后零件的处理。

经喷砂的零件应尽量减少触摸,并及时进行表面处理,如处理不完,钢铁零件可浸入 50 g/L 的碳酸钠溶液中贮存防锈。湿喷砂后的钢铁件应浸入含 8.66 g/L 苯甲酸钠、4.33 g/L 亚硝酸钠的热(>70 ℃)防锈溶液中处理。奥氏体不锈钢和耐热钢喷砂后应在含 HNO_3 250～300 g/L 的室温溶液中钝化 2 h 以上,然后用冷流动水清洗,热压缩空气吹干。

(4) 喷嘴与非喷砂部位的保护。

喷砂用的喷嘴一般用铸铁和陶瓷材料制成,喷砂时砂粒与压缩空气的消耗,与喷嘴口径,与压缩空气压力,与工作时间成正比。

有些零件的特殊部位不允许喷砂,必须进行适当的保护,比如曲齿、内外螺旋齿、花键、大型内外螺纹;鉴别标记;精密尺寸;光表面等,这些非喷砂表面可采用机械夹具、胶带、纸带、橡胶堵头等保护。

2. 喷丸

喷丸的原理和设备与喷砂相似,只是采用的磨料不同。它是用钢铁丸、玻璃或陶瓷取代砂子。喷丸能使零件产生压应力,而且没有含硅的粉尘污染,主要用于:

①使零件产生压应力,从而提高零件的疲劳强度和抗应力及抗腐蚀能力。

②代替一般冷热成型工艺,可对大型薄壁铝制零件进行成型加工,这样可避免零件表面残留的张应力而形成有利的压应力。

③对扭曲的薄壁零件进行校正,经喷丸后的零件使用温度不能太高,以防消除喷丸产生的压应力,使用温度范围因材料而定,一般钢铁件为 260～290 ℃,铝零件为 170 ℃。

第3章 热喷涂技术

3.1 概 述

热喷涂技术是材料表面强化与保护的新技术,在表面改性技术中占有重要地位。该项技术在我国始于20世纪50年代,至70年代末已经形成气候。目前,无论在设备、材料、工艺、科研等方面都在迅速发展与提高,成为表面技术重要组成部分。

3.1.1 热喷涂及其分类

1. 热喷涂技术

美国焊接学会于1980年对热喷涂作了如下新的定义:"细的各种金属或非金属颗粒在熔融或半熔融状态下沉积而形成涂层",显然这一定义很不完全。

一般认为,热喷涂就是利用某种热源,如电弧、等离子弧、燃烧火焰等将粉末状或丝状的金属或非金属涂层材料加热到熔融或半熔融态,然后借助焰流本身的动力或外加的高速气流雾化,并以一定的速度喷射到经过预处理的基体材料表面,与基体材料结合而形成具有各种功能的表面覆盖涂层的一种技术,其基本过程如图3.1所示。

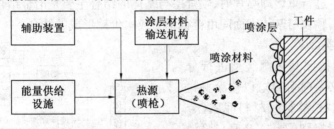

图 3.1 热喷涂基本过程示意图

喷涂材料从进入热源到形成涂层,可分成四个阶段。首先,材料被加热熔化,丝材端部被加热后熔化,形成熔滴;粉末则被熔化或软化。第二阶段,丝材的熔滴在高速气流下雾化成微粒后被加速;而粉末材料直接被气流加速。接着,高温熔融的微粒进入飞行阶段,微粒、粉末先被加速,此后随着距离的增加而减速,同时它们与周围气体发生某些反应,自身温度也要降低。最后,这些具有一定温度和速度的微粒与基材表面产生猛烈的撞击,大部分微粒会产生剧烈的变形和快速的冷却并沉积在工件表面形成涂层。

热喷涂的形成过程决定了涂层结构特征。热喷涂层是由无数个形貌不同的变形粒子组成的层状结构。涂层中存在着一定量的气孔、氧化物夹杂、纵向或横向的微裂纹。典型结构示意如图3.2所示。通过材料和工艺的调整可控制涂层结构中的某些变化,获得理想的涂层结构。如控制在涂层厚度方向的气孔分布,提高厚涂层的可靠性;控制横向裂纹,诱发纵向微裂纹的生成,以提高涂层的韧性,即所谓的"裂纹增韧";控制粒子温度,只是软化而不是熔化,同时大大提高粒子的冲击速度,使粒子获得理想变形。

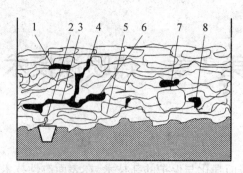

图3.2 热喷涂层的显微结构示意图
1—氧化夹杂物;2—喷砂残留砂粒;3—横向裂纹;4—纵向裂纹;5—变形不良颗粒;6—横向裂纹;7—大颗粒溶滴;8—孔隙

涂层的结合包括涂层与基体的结合和涂层内部的结合。涂层与基体表面的黏结力称为结合力,涂层内部的黏结力称为内聚力。涂层中颗粒与基体之间的结合以及颗粒之间的结合机理,目前尚无定论,通常认为有以下几种方式。

①机械结合,碰撞成扁平状并随基体表面起伏的颗粒和凹凸不平的表面相互嵌合,以颗粒的机械联锁而形成的结合(抛锚效应),一般来说,涂层与基体的结合以机械结合为主。

②冶金-化学结合,这是涂层和基体表面产生冶金反应,如出现扩散和合金化的一种结合类型,当喷涂后进行重熔即喷焊时,喷焊层与基体的结合主要是冶金结合。

③物理结合,颗粒与基体表面间由范德华力或次价键形成的结合。

2. 热喷涂分类

热喷涂一般按照其热源类型进行分类,在此基础上必要时可再冠以喷涂材料的形态(粉材、丝材、棒材)、材料性质(金属、非金属)、能量级别(高能、高速)、喷涂环境(大气、真空、负压)等,如图3.3所示。

3.1.2 热喷涂的特性

热喷涂技术由于具有适用范围广、工艺灵活、涂层厚度可调整范围大、工件受热程度可控、生产效率高等优点,已广泛应用于几乎所有工业领域以及家庭用品。但热喷涂技术也存在涂层结合力差;涂层含有一定孔隙,对腐蚀、氧化、绝缘性能有一定影响;涂层材料回收率低;劳动条件差等局限性。热喷涂与几种工业常用

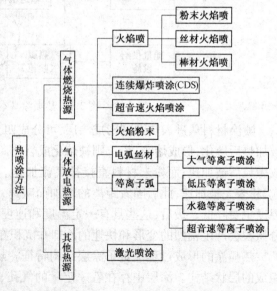

图3.3 热喷涂的分类表

表面技术的特点比较见表3.1。

表3.1 常用表面技术的特点比较

有关参数	热喷涂	堆焊	电镀
零件尺寸	几乎不受限	易变形件除外	受镀槽尺寸限制
零件几何形状	一般适用简单形状	不能用于小孔	范围广
零件的材料	几乎不受限	金属	导电材料或导电处理
表面材料	几乎不受限	金属	金属、简单合金
涂层厚度/mm	1~25	≤25	≤1
孔隙率	1%~15%	通常无	通常无
结合强度	一般	高	良好
热输入	低	通常很高	无
预处理	喷砂	机械清洗	化学清洁和刻蚀
后处理	通常不需要	消除应力	消除应力和脆性
公差	好	差	良好
可达表面光洁度	粗糙度较小	粗糙	极佳
沉积率/($kg \cdot h^{-1}$)	1~30	1~70	0.25~0.5

热喷涂涂层的应用领域如表3.2所示。

表3.2 热喷涂涂层的主要应用领域

领域	主要类型	涂层材料类型
防护涂层	阳极性防护涂层(抗大气压及浸渍腐蚀涂层)	Zn、Al、Zn-Al合金、Al-Mg合金、Al-Re;
	阴极性防护涂层(抗化学腐蚀涂层)	不锈钢、有色金属及合金、氧化物陶瓷、塑料等高分子材料;
	抗高温氧化涂层	Ni基、Co基合金、MCrAlY合金、氧化物陶瓷
强化涂层	耐磨粒磨损及冲蚀磨损	碳化物+金属、自熔性合金、氧化物陶瓷;
	耐摩擦磨损涂层	Mo或Mo+合金;有色金属及合金;自熔性合金;氧化物陶瓷
	在强腐蚀介质中耐磨涂层	自熔性合金、高合金、陶瓷
特殊功能涂层	热障涂层	氧化物陶瓷;
	可磨密封涂层	金属+非金属复合材料;
	热辐射涂层	氧化物复合材料;
	导电屏蔽及防辐射涂层	金属;
	固体润滑涂层	金属+非金属复合材料
	超导、耐电、高温塑料等特殊涂层	

热喷涂技术的发展趋势和特点是,大面积长效防护技术得到广泛应用,对于长期暴露在户外大气的钢铁结构件采用喷涂铝、锌及其合金涂层,代替传统的刷油漆的方法,实行阴极保护进行长效大气防腐;采用热喷涂技术修复与强化大型关键设备及进口零部件国产化;超音速火焰喷涂技术的应用;气体爆燃式喷涂技术进一步得到应用;高速、自动氧乙炔

火焰粉末喷涂技术发展迅速;热喷技术在化工防腐工程中得到应用;激光重熔技术开始应用。热喷涂技术在军事、水利、电力、化工、建筑、环保、生物等众多工程领域得到日益广泛的应用,热喷涂在海洋工程方面也得到广泛的应用。

3.2 待喷涂表面的制备

为提高涂层与基体间的结合强度,基材表面的预处理是一个重要的影响因素,甚至关系到喷涂工艺过程的成败,必须高度重视。所谓基材表面的制备,通常是指表面净化、预加工、粗化、喷涂底层等过程。

3.2.1 表面净化

喷涂前,首先将待喷涂表面净化,彻底清除附着在表面的油污、铁锈、油漆、氧化物等,显露出新鲜的金属表面。常用的脱脂净化方法有溶剂法、蒸汽清洗法、乳液清洗法、碱性清洗剂法、加热法等。

对于铸铁工件,由于其表面多孔又长期浸于油中,在喷涂时受到加热后,油脂会渗出表面,对喷涂层与工件的结合极为有害。因此对于铸铁工件,在进行表面去油处理后,还需要将工件加热到300 ℃左右,保温3~5 h,使油脂渗出表面,然后擦净。对于机床导轨等大的铸铁件,由于整体的均匀加热比较困难,而且高温加热又容易引起变形并使金相组织发生变化,可以在80~100 ℃低温反复烘烤,然后擦去油脂。清洗之后,工件表面要小心保护,避免污染。

3.2.2 表面预加工

表面预加工主要是预留出喷涂层的厚度。对于制造新产品工件,应在工艺文件中作出规定,在喷涂工序前的切削加工中把喷涂层的余量留出。而对于旧品修复件预加工则是为了除去工件表面的各种损伤(如疲劳层和腐蚀层等)和表面硬化层,修正不均匀的磨损表面和预留喷涂层厚度。表面预加工常用车削和磨削。

预加工量主要由设计的涂层厚度决定,维修旧件时,建议加工至零件最大磨损量以下0.10~0.20 mm,制造新产品时,建议预加工量取为0.10~0.25 mm,在工件的强度较低,而喷涂层又需要承受较大的局部压力时,因要求喷涂层的厚度较厚,故相应预加工量也应略大一些。

预加工时,要注意保证边角处的平滑过渡,防止喷涂层因在边角处产生较大的内应力而剥落。

3.2.3 表面粗化

表面粗化处理与清洗过程同样重要,工件表面经过粗化处理后,可以增大工件表面的活性和增大喷涂层的接触面积。在有些情况(如喷砂)下还可以使工件产生表面压应力,有助于增强工件的抗疲劳性能。

最常用的表面粗化方法是喷砂,喷砂材料有多角冷硬铸铁砂(适用于硬度值为HRC50左右的工件表面)、刚玉砂(Al_2O_3,适用于硬度值为HRC40左右的工件表面)和石英砂(SiO_2,适用于硬度值为HRC30左右的工件表面)等。一般情况下,喷砂后工件表面的粗糙度应达到$Rz3.2~12.5$,对于某些薄壁工件,表面粗糙度可为$Rz1.60$ 在塑料表面喷涂低熔点材料时,工件表面粗糙度最小应为 $R_z6.3$。实际工作中,常简单地用肉眼观察来判断喷砂后工件的表面粗糙度是否合格。一般认为,在较强光线下,从各个角度观察喷砂面,均无反射亮斑时为合格。

喷砂后要用压缩空气将黏附在工件表面的碎砂粒吹净。由于喷砂后的工件表面活性较强,容易发生污染和氧化,因此应尽快进行喷涂。

其他表面粗化方法有机械加工粗化法(包括车螺纹或磨削、滚花等)、电拉毛(也称镍拉毛)、喷钼和镍包铝等。需要注意的是各种粗化方法对工件的疲劳性能会产生一定的影响。

3.2.4 喷涂结合底层

结合底层也成为黏结层或打底层,在净化和粗化处理的工件有效表面上先喷涂一层金属(Mo、Ta)、合金(Ni-Cr、Ni-Cr-Al 或 M-Cr-Al-Y)或复合材料(Ni/Al、Al/Ni)等自黏结材料,以提高工作层与工件之间的结合强度或增加其功能特性。结合底层的厚度要在 0.05~0.10 mm 以下,太厚时反而会降低工作层的结合强度,而且造成喷涂工作层厚度减少,经济性也不好。

3.3 火焰喷涂技术

火焰喷涂法是以氧-燃料气体火焰作为热源,将喷涂材料加热到熔化或半熔化状态,并以高速喷射到经过预处理的基体表面上,从而形成具有一定性能涂层的工艺。火焰喷涂设备简单,是发展最早的一种喷涂工艺,现在应用仍十分广泛。

火焰喷涂依据喷涂材料的外形分为熔丝法、熔棒法和粉末法三种。熔丝法应用于能够形成丝材的各种金属与合金。该法亦可采用填充陶瓷粉(如氧化铝)的线段状塑料管作喷涂材料(热喷涂时塑料蒸发),也称线(丝)材火焰喷涂。熔棒法以陶瓷(氧化铝、氧化铅、硅酸盐等)制成棒状作喷涂,也称为棒材火焰喷涂。而那些不易制成丝材(铝锌合金、自熔合金等)的合金粉和低熔点(低于 2 500 ℃)的陶瓷粉,则以采用粉末法送入火焰为宜,称为粉末火焰喷涂。

随着社会的发展和科技的进步,现在又出现了很多种新型的火焰喷涂方法。例如爆炸火焰喷涂、超音速火焰喷涂、反应火焰喷涂等。

3.3.1 火焰喷涂原理及特点

1. 线(丝)材火焰喷涂

线材火焰喷涂原理如图 3.4 所示。喷枪通过气阀分别引入乙炔、氧气和压缩空气,乙炔和氧气混合后在喷嘴出口处产生燃烧火焰。喷枪内的驱动机构通过送丝滚轮带动线材连续地通过喷嘴中心孔送入火焰,在火焰中被加热熔化。压缩空气通过空气帽呈锥形的高速气流,使熔化的材料从线材端部脱离,并雾化成细微的颗粒,在火焰及气流的推动下,喷射到经过预处理的基体表面形成涂层。为适应不同直径和不同材质的线材,可采用不同的喷嘴和空气帽,并调节送丝速度。在特殊场合下,也常用惰性气体作雾化气流。

线材端部的熔化状态取决于火焰和材料的性质。由于熔化金属的黏性,在气流作用下,当维持到表面张力达到最大时,熔粒才脱离,因此熔粒脱离一般是周期性的发生。从雾化区出来的粒子到距喷嘴 5~30 mm 距离,随同气流被加速,粒子飞行速度一般是 60~250 m/s。随着距喷嘴距离和直径的增加,飞行速度降低,如图 3.5 所示。

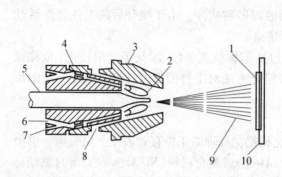 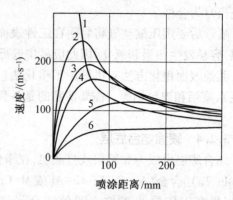

图 3.4 线材火焰喷涂原理示意图
1—涂层;2—燃烧火焰;3—空气帽;4—气体喷嘴;5—线材或棒材;6—氧气;7—乙炔;8—压缩空气;9—喷涂射流;10—基体

图 3.5 不同距离下粒子飞行速度
1—气流运动的大概速度;2—极少数粒子的运动速度;3—直径约为 10 μm 粒子速度;4—直径约为 40 μm 粒子速度;5—直径约为 100 μm 粒子速度;6—直径约为 200 μm 粒子速度

粒子的尺寸取决于燃烧时形成的气体压力、线材输送速度、喷嘴结构及雾化空气压力。在喷涂钢和铜时,全部粒子中约 50% 的粒子直径为 50~100 μm,约 35% 的粒子直径低于 50 μm,15% 的粒子直径在 100 μm 以上,接近 400 μm。喷涂锌、铝时,30% 粒子直径为 50 μm,70% 的粒子直径小于 50 μm。飞行的粒子,如钢、铜具有球形的熔粒形状,锌、铝粒子呈不规则的形状。

线材火焰喷涂操作简便,设备运转费用低,因而获得广泛应用。线材火焰喷涂的主要特点是:

①可以固定,也可以手持操作,灵活轻便,尤其适合于户外施工。
②凡能拉成丝的金属材料几乎都能用来喷涂,也可以喷涂复合丝材。
③可以适应低熔点的锡到高熔点的钼材料的喷涂。
④空气雾化和推动熔粒,射流较集中,沉积效率及涂层结合强度较高。
⑤工件表面温度低,不会发生变形,甚至可以在纸张、织物、塑料上喷涂。

2. 棒材火焰喷涂

图 3.6 为陶瓷棒火焰喷涂原理简图。陶瓷棒火焰喷涂是利用氧乙炔燃烧的热源,将连续、均匀送入火焰中的陶瓷棒加热、熔融,再通过高压气体雾化成微粒状,直接喷射到预先处理过的工件表面,连续沉积形成涂层。常用陶瓷材料为 Cr_2O_3、Al_2O_3、$ZrSiO_4$、ZrO_2 等。

陶瓷棒材火焰喷涂具有涂层质量好、结合强度高、孔隙率低、涂层硬度高等优点;能够生产不同的耐磨、耐蚀、耐高温、抗黏结涂层;能够精确控制涂层的厚度和表面特性;对基体热影响小;涂层的覆盖性强,无死角;操作简单,便于携带,便于现场施工。广泛应用于零部件耐磨损、耐冲刷、耐高温、耐腐蚀涂层及绝缘涂层的制备。

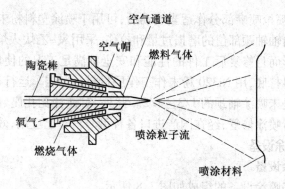

图 3.6 陶瓷棒火焰喷涂原理简图

3. 粉末火焰喷涂

粉末火焰喷涂是利用预混氧气及乙炔在喷嘴外燃烧产生的热能加热粉末材料,依靠焰流的推力,将加热熔化的粉末喷射到预处理表面形成涂层。由于工艺操作简便以及粉末喷涂材料品种的增多,该方法的应用相当广泛。喷涂原理如图 3.7 所示。喷枪通过气阀分别引入乙炔和氧气,经混合后,从喷嘴环形孔或梅花孔喷出,产生燃烧火焰。喷枪上设有粉斗或进粉管,利用送粉气流产生的负压抽吸粉斗中的粉末,使粉末随同气流从喷嘴中心喷出进入火焰,被加热熔化或软化,焰流推动熔粒以一定速度喷到工件上。为了提高熔粒速度,有的喷枪设有压缩空气喷嘴,压缩空气对熔粒产生推力。对于与喷枪分离的送粉装置,借助压缩空气或者是惰性气体,通过软管将粉末送入喷枪。

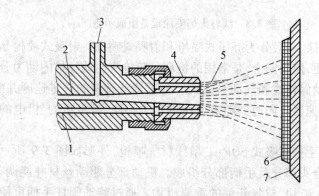

图 3.7 粉末火焰喷涂原理示意图
1—氧-乙炔混合气体;2—送粉气;3—喷涂粉末;
4—喷嘴;5—燃烧火焰;6—涂层;7—基体

根据燃烧火焰焰流速度及燃烧方式,粉末火焰喷涂可以分为普通火焰粉末喷涂、高速火焰喷涂和爆炸喷涂。

氧-乙炔火焰粉末喷涂是较普遍采用的方法,与其他热喷涂方法相比,主要有设备简单、轻便、投资少;操作工艺简单,容易掌控,现场施工方便,便于普及;适于机械部件的局部修复和强化,成本低,效益高;涂层的气孔率较高,涂层的残余应力较小等特点。

由于以上特点,火焰粉末喷涂方法广泛用于在机械零部件和化工容器、辊筒表面制备耐蚀和耐磨涂层。在无法采用等离子喷涂的场合(如现场施工),用火焰粉末喷涂法可方便地喷涂粉末材料,对喷枪喷嘴部分作适当变动后,可用于喷涂塑料粉末。

如汽车发动机曲轴轴颈部位的磨损过量和拉伤,采用氧-乙炔火焰粉末喷涂方法修复,不仅能防止工件变形而且修复后工件的性能和安全都满足工况的使用要求。用镍包铝或铝包镍粘结底层材料打底,用 Ni320 粉末作工作层材料。经装车运行 20 000 km 后检测,喷涂过的轴颈磨损量是未喷涂轴颈的 $1/3 \sim 1/2$。此外,对连杆瓦孔座、凸轮轴、半轴、转向节及多种零件也能进行喷涂修复,经在国产进口各种型号汽车上应用,效果很好。

3.3.2 火焰喷涂设备

1. 线材火焰喷涂设备

典型的线材火焰喷涂设备的组成如图 3.8 所示。

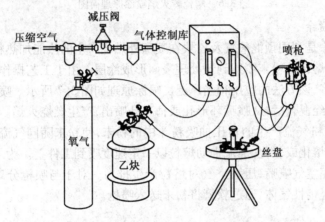

图 3.8 线材火焰喷涂设备组成示意图

喷枪是主要的喷涂工具,分为等压式喷枪和射吸式喷枪。射吸式喷枪是通过载气气流吸入乙炔气,操作方便,使用安全,是常用的枪型。喷枪中驱动丝材的动力分气动式和电动式,气动式又分为气动涡轮式和气动马达式。为了调节丝材的送进速度并能自动稳定,喷枪有自身或附加的调速器。调速器随着采用的动力不同,有机械的、机电的、电子的、风动的等。

国内目前仅生产手持射吸式 SQP-1 型线材气喷枪,外形如图 3.9 所示。该喷枪从结构上由机动部分、混合头部分及手柄部分组成。机动部分驱动丝材并能调节送丝速度,混合头部分是控制氧气、乙炔、空气开关的重要机构。通过旋动阀杆手柄可使三种气体按所需要的顺序配气,以达到确保点火和正常喷涂的目的。

SQP-1 型气喷枪分高速、低速两种规格,前者用于喷涂锌、铝等低熔点金属;后者用于喷涂钼、钢等高熔点金属。

氧气及乙炔系统由气源、压力及流量调节装置、回火防止器以及输气管道等组成。对于火焰喷涂,供给喷枪的氧气和乙炔的压力和流量应能在规定的工作参数范围内连续调节,并能有参数指示和确保操作安全的装置。通过调节阀能方便地调节气体压力和流量,并通过串接回火防止器确保喷涂过程中的安全。

为了确保涂层质量,供给喷枪的压缩空气除了有压力和流量的要求外,还必须是干燥和洁净的,即无水无油。因此压缩空气供给系统应该包括空气压缩机和空气净化装置。

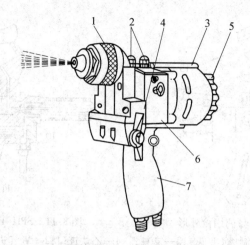

图 3.9 SQP-1 型气喷枪外形
1—混合头部分；2—送丝滚轮压帽；3—导丝管；
4—阀杆旋钮；5—调速旋盘；6—机动部分；7—手柄部分

2. 粉末火焰喷涂设备

氧-乙炔火焰粉末喷涂设备的组成与线材火焰喷涂一样，也是由氧气及乙炔供给系统、压缩空气供给系统、喷枪等部分组成。气体供给系统与线材火焰喷涂完全相同，气体控制屏可以通用，所不同的是喷枪，当喷枪不需要附加压缩空气时，则不需要压缩空气供给设备。在枪外供粉的情况下，需要附加送粉装置。

氧-乙炔火焰粉末喷枪的种类较多，但都是由火焰燃烧系统和粉末供给系统组成，由于在结构上的差异和特点，形成了一系列枪型，下面介绍国内常用的两种型号。

(1) SPH-E 型两用枪。

所谓两用枪是既可喷涂，又可用于自熔性合金喷焊的喷枪。

SPH-E 型两用枪的外形结构如图 3.10 所示，枪内结构如图 3.11 所示。喷枪有四个控制阀：氧气控制阀（O 阀）；乙炔控制阀（A 阀）；送粉气体控制阀（T 阀）；粉末流量控制阀（P 阀）。氧气进入喷枪后，分成两路，一路经 T 阀进入送粉体喷射孔，产生射吸作用抽吸粉末；另一路经 O 阀进入射吸室产生负压抽吸乙炔，两种气体在混合室混合后从喷嘴环孔喷出，产生燃烧火焰。P 阀和 A 阀可分别控制送粉量和乙炔流量。该枪还设置有快速安全阀和备用进气接口。在喷涂完毕后，只要向后扳动快速安全阀，就立即切断各路气体。当再次喷涂时，只要向前扳动，点火后，火焰的气体参数和送料量均不变。备用进气接口可以在需要时接入压缩空气或惰性气体，以提高粉末在火焰中的流速。

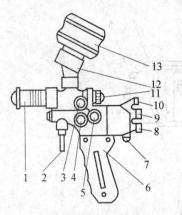
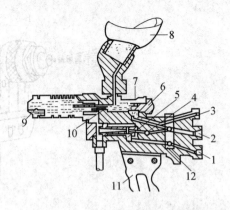

图 3.10　SPH-E 型两用枪外形　　　　图 3.11　SPH-E 两用枪内部结构
1—喷嘴;2—送粉气体控制阀(T 阀);3—支柱;　1—乙炔进口;2—氧气进口;3—备用进气口;4—
4—乙炔控制阀(A 阀);5—氧气控制阀(O 阀);　氧气控制阀;5—乙炔控制阀;6—粉末流量控制
6—手柄;7—快速安全阀;8—乙炔进口;9—氧气　阀;7—送粉气体控制阀;8—粉罐;9—喷嘴;10—
进口;10—备用进气口;11—粉末流量控制阀(P　送粉气体喷射孔;11—手柄;12—快速安全阀
阀);12—粉斗座;13—粉罐

SPH-E 型两用枪使用的喷嘴有环形和梅花形两种,结构如图 3.12 所示。梅花形喷嘴有 12 个 $\phi 0.8$ mm 或 8 个 $\phi 1$ mm 的小孔,特点是火焰功率大,但速度较低,一般用于喷涂。环形喷嘴功率较小,但速度较高,不易回火,适应性宽,可用于喷涂和喷焊。SPH-E 型两用枪可使用 JOG 50 型接长管,用于内孔喷涂。使用接长管时,先拆下喷枪上的喷嘴,然后在喷嘴位置装上接长管即可。

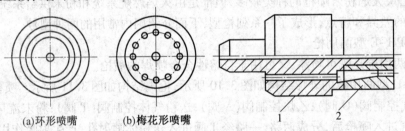

图 3.12　环形喷嘴和梅花形喷嘴
1—喷嘴体;2—喷嘴套

(2)SPH-E2000 型喷涂枪。

SPH-E2000 型喷涂枪是 20 世纪 90 年代国际先进水平的枪型。该枪在枪体结构上和 SPH-E 型枪相同,但在喷嘴和送粉结构上比 SPH-E 型枪有更优异的性能。喷嘴系统内有三种火焰喷嘴和三种空气喷嘴,压缩空气接管直接通往喷嘴部分,在空气喷嘴作用下形成气帘。环形喷嘴与相应的收敛型空气喷嘴配套使用时,形成锥形气帘,对火焰具有"压缩效应",提高了热流密度,因而在同等功率下,热焓值较高,粉末熔化较充分,故沉积效率提高,如喷涂镍基自熔性合金时,沉积效率高达 90%以上。梅花形喷嘴与相应的空气喷嘴配套使用时,火焰功率大,有最高的喷涂速率和沉积效率。如喷涂自熔合金时,喷涂速率达 9 kg/h,沉积效率达 90%以上。当送粉速率最大时,空气帘可冲淡粉末蒸发的烟雾,从而保证了涂层质量。锥形梅花喷嘴与相应的加速空气喷嘴配套使用时,可将粉末强迫送入火焰的焰心内,延长了粉末在火焰中的停留时间,熔融的粉末微粒喷出后,又被空气加速。这套喷嘴最适用于喷涂陶瓷等高熔点材料,如喷涂 $Al_2O_3+13\%TiO_2$ 陶瓷粉末时,沉积效率也高达80%以上,这些特点是一般粉末火焰喷枪所无法比拟的。该枪的另一个特点是在粉斗座内设有平衡过滤系统。在正常工作情况下,过滤网阻止粉末漏出。当粉斗内形成负压时,平衡过滤系统自动供气,保持粉斗内的压力,因此在喷涂微细粉末时,不加振动器也能保证送粉畅通。

3.3.3 火焰喷涂材料

1. 火焰喷涂材料

火焰喷涂可以喷涂的材料很多,可以使用其他方法进行喷涂的材料都可以进行火焰喷涂。喷涂的材料主要包括:

①各种金属及合金线材。如锌及锌合金线材、铝及铝合金线材、铜及铜合金线材、钼及其合金喷涂丝等。

②复合喷涂线材。复合喷涂线材是把两种或两种以上的材料复合而制成的喷涂线材。复合喷涂线材中大部分是增效复合喷涂线材,即在喷涂过程中不同组元相互发生热反应生成化合物,反应热与火焰热相叠加,提高了熔粒温度,从而提高了涂层的结合强度。常用的复合方法有五种。即丝-丝复合法,将多种不同组分的丝铰轧成一股;丝-管复合法,将一种或多种金属丝穿入某种金属管中压轧而成;粉-管复合法,将一种或多种粉末装入某种金属管中加工成线材;粉-皮压结复合法,将粉末包覆在金属丝外;粉-胶黏剂复合法,把多种粉末用胶黏剂混合挤压成线材。

③合金粉末。包括自熔性合金粉末,如镍基自熔性合金粉末、钴基自熔性合金粉末和铁基自熔性合金粉末,以及复合粉末,如镍-铝复合粉末。

④陶瓷粉末。包括氧化物、碳化物、氮化物、硼化物及硅化物粉末,常用的热喷涂陶瓷粉末主要有 Al_2O_3、ZrO_2、TiO_2、WC、Cr_2O_3 等。

⑤塑料。塑料涂层具有美观耐蚀的性能,若在塑料粉末中添加硬质相,还可使涂层具有一定的耐磨性。例如,聚乙烯涂层可耐250℃温度,在常温下耐稀硫酸、稀盐酸腐蚀,具有耐浓盐酸、磷酸腐蚀的性能,而且具有绝缘性和自润滑性。常用的塑料有尼龙、环氧树脂等。

2. 火焰喷涂燃料

火焰喷涂法常用的燃料有乙炔、氢气、液化石油气和丙烷。火焰喷涂法燃料的发展趋势是使用液体燃料,例如重油和氧作热源,粉末与燃料油混合,悬浮于燃料油中。此法与其他方法相比,粉末在火焰中有较高的浓度并分布均匀,热传导性更好。很多氧化物材料(例如氧化铝、氧化硅、富铝红柱石-$Al_6Si_2O_{13}$)宜采用火焰喷涂法进行喷涂。

3.3.4 火焰喷涂工艺

火焰喷涂工艺包括工件表面准备、预热、喷涂底层、喷涂工作层和涂后处理。

表面制备包括表面清理及表面粗糙两个工序。

预热有利于熔粒的变形和相互咬合,提高沉积率,降低涂层的内应力,去除工件表面的水分。预热温度不宜过高,对于普通钢材一般控制在100~150℃为宜。可直接用喷枪预热,但要使用中性焰或轻微碳化焰,也可采用电阻炉等预热。工件预热是安排在表面准备工艺之前还是之后对涂层的结合强度也有很大影响。条件允许时,最好将预热安排在表面准备之前,防止预热不当产生表面氧化膜与涂层结合强度降低。

工件表面处理好之后,为增加涂层和基材的结合强度,一般在喷涂工作之前,先喷涂厚度约 0.10~0.15 mm 的放热型的镍包铝或铝包镍粉末作为打底层。喷涂镍-铝复合粉末时,应使用中性焰或者是微碳化焰。另外,选取的粉末粒度以 180~250 目为宜,以避免产生大量的烟雾及其沉积导致结合强度下降。喷涂时,要掌握和控制喷涂材料的性质、火焰的性质以及热源的功率、喷涂材料的供给速度、雾化参数、喷涂距离、喷涂角度和喷涂的移动速度等,以获得高质量的涂层。

火焰喷涂层是有孔结构,在腐蚀条件下工作时,需要将空隙密封。常见的封孔剂有石蜡、酚醛树脂、环氧树脂等。密封用的石蜡是指有明显熔点的微结晶石蜡,其中美国 Metco 185 密封剂具有耐盐、淡水和几乎所有酸、碱性能。酚醛树脂封孔剂适用于密封金属及陶瓷涂层的孔隙,这种封孔剂具有良好的耐热性,在 200 ℃ 以下可连续工作,且除强碱外,可耐大多数有机化学试剂的腐蚀。

3.4 电弧喷涂技术

电弧喷涂是将两根被喷涂的金属丝作为自耗性电极,利用其端部产生的电弧作为热源来熔化金属丝材,再用压缩空气穿过电弧和熔化的液滴使之雾化,以一定的速度喷向基体(零件)表面而形成连续的涂层。电弧喷涂可分为直流电弧喷涂和交流电弧喷涂,其中直流电弧喷涂操作稳定,涂层组织致密,效率高。电弧喷涂是很早就已采用的喷涂方法,随着不断完善和发展,其应用正在不断扩大。

3.4.1 电弧喷涂原理及特点

电弧喷涂时,两根丝状金属喷涂材料用送丝装置通过送丝轮均匀、连续地分别送进电弧喷涂枪中的导电嘴内,导电嘴分别接电源的正、负极,并保证两根丝之间在未接触之前的可靠绝缘。当两金属丝材端部由于送进而互相接触时,在端部之间短路并产生电弧,使丝材端部瞬间熔化,压缩空气把熔融金属雾化成微熔滴,以很高的速度喷射到工件表面,形成电弧喷涂层,如图 3.13 所示。

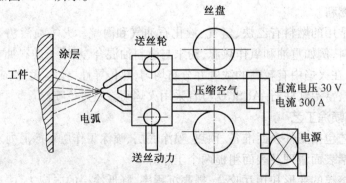

图 3.13 电弧喷涂原理示意图

在喷涂过程中,在电弧的作用下,两电极丝的端部频繁地产生金属熔化—熔化金属脱离—熔滴雾化成微粒的过程,如图 3.14 所示。金属丝端部熔化过程中,极间距离频繁地发生变化,在电源电压保持恒定时,由于电流的自调节特性,电弧电流跟随发生频繁的波动,自动维持金属丝的熔化速度,如图 3.15 所示,电弧电流亦随着送丝速度的增加而增加。

电弧形态	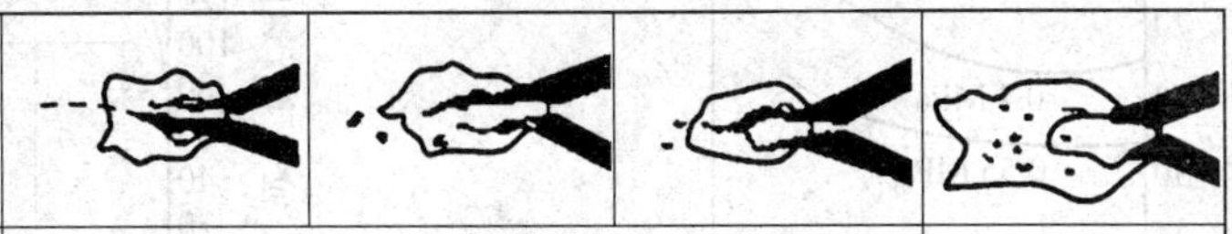			
电压/V	30			40
阳极速度 m/min	4	6		6
阴极速度 m/min	6			

图 3.14 喷涂不锈钢的融化过程

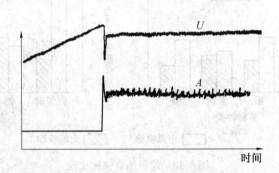

图 3.15 喷涂过程中电弧电流的变化

电弧喷涂最关心的问题之一是涂层粗糙度,它取决于雾化后微粒的粗细。影响雾化微粒粗细的因素较多,主要有雾化气流的压力、电弧电压、金属丝间的夹角等。随着雾化气流压力的增高,微粒变细;电弧电压愈高微粒愈粗,如图 3.16 所示;两根金属丝间的夹角小,微粒要细些;低熔点金属比高熔点金属雾化微粒要细。除以上因素外,喷嘴的结构也影响雾化微粒的粗细,采用封闭式喷嘴比敞开式喷嘴能产生更细的雾化微粒。雾化后的粒子在压缩气流的推动下飞行,粒子飞行速度初始被加速,而后随着喷射距离的增加而减速,如图 3.17 所示。

电弧喷涂涂层也是典型的层状结构。与线材火焰喷涂相比,由于电弧喷涂熔粒度高,粒子变形量大,提高了涂层结合强度。电弧喷铝还可在钢基材界面上产生微区的扩散结合组织。两种喷涂涂层结合强度的比较,如图 3.18 所示。另外,由于电弧热源温度高,造成一些元素的蒸发量和在氧化气氛中烧损量增大。

与火焰喷涂技术相比,电弧喷涂技术具有如下特点。

①热效率高。火焰喷涂时热能的利用率只有 5% ~15%,而电弧喷涂热能利用率高达 60% ~70%。

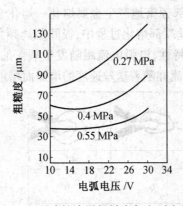
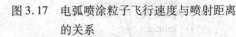

图 3.16 电弧喷锌涂层粗糙度与电弧电压及雾化气流压力的关系　　图 3.17 电弧喷涂粒子飞行速度与喷射距离的关系

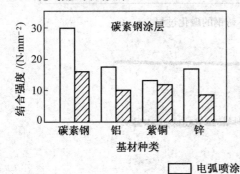
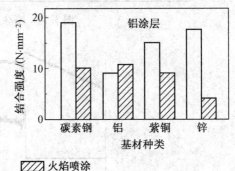

图 3.18 涂层结合强度比较

②涂层结合强度高。电弧喷涂时,粒子在 6 000 K 高温的电弧区得到了充分的加热,且飞行速度很高,所以电弧喷涂具有较高的结合强度与自身强度。应用电弧喷涂技术,可以在不需要提高工件表面温度和不用贵金属打底的情况下,涂层结合强度可达 20 MPa,是火焰涂层结合强度的 2.5 倍。镍-铝合金丝、铝青铜、管状丝材在电弧喷涂时呈现自黏结性能,其结合强度可达 25~50 MPa。

③生产效率高。电弧喷涂的生产率与喷涂电流成正比,由表 3.3 可知,当喷涂电流为 300 A 时,每小时可喷各种钢丝约 15 kg、喷锌 30 kg,相当于火焰喷涂的 4~5 倍。如美国某公司曾使用一台电弧喷涂设备代替以前使用的四台火焰喷涂设备,对管子和钢制电线杆用直径 3.2 mm 的锌丝连续喷锌,生产效率达 80.8 kg/h,材料总消耗反而降低 15%。

④喷涂成本低。电弧喷涂是热喷涂方法中能源利用率最充分的方法,其利用率可达 57%,而火焰丝材喷涂为 13%,等离子喷涂为 12%。电弧喷涂时的电费只相当于火焰喷涂时氧气、乙炔费用的 1/20~1/15。

⑤喷涂质量稳定。电弧喷涂时,所有粒子均由丝材经电弧熔化雾化而成,粒子得到充分而均匀的加热。电弧喷涂不仅移动方便,操作简单,还可以在较宽容的喷涂条件下得到可靠的涂层质量。

表3.3 各种材料的电弧喷涂生产率

喷涂材料	每100 A的生产率/(kg·h^{-1})	喷涂材料	每100 A的生产率/(kg·h^{-1})
锌	10	钢	4.7~5.1
铝	2.7	80/20CrNi	5.4
巴氏合金	20~28	钼	3
青铜	6.2~6.8		

⑥可以利用两根不同类型的金属丝制备出"假合金"涂层。电弧喷涂只需要使用两根成分不同的金属丝就可以制备出假合金涂层,以获得独特的综合性能。例如,铜-钢"假合金"涂层具有良好的耐磨、减摩和导热性能,是制造刹车盘的好材料。

⑦电弧喷涂技术仅使用电和压缩空气,不用氧气、乙炔等易燃气体,安全性高。设备及原材料国产化达100%,工艺简单易行。与热浸锌相比,电弧喷涂灵活方便,一套设备能对不同形状和尺寸的零件进行防腐施工,便于流动施工。

⑧环保。采用专门配套、价格低廉的除尘设备,能使排放物均达国家环保标准。而刷漆及热浸锌的除锈酸液及热浸锌生产的锌蒸气均无环保措施。

由于电弧喷涂具有上述特点,使其在近20年间获得迅速发展。据有关资料统计,到20世纪末,在所有热喷涂技术中,电弧喷涂的市场占有率为第三位,但电弧喷涂只能使用金属,对不能导电的陶瓷材料难以进行喷涂,从而限制了电弧喷涂的应用范围。主要热喷涂方法的市场占有率见表3.4。

表3.4 主要热喷涂方法的市场占有率

热喷涂方法	1960年/%	1980年/%	2000年/%
丝材火焰喷涂	70	11	4
粉末火焰喷涂	—	28	8
丝材电弧喷涂	15	6	15
等离子弧喷涂	15	55	48
高速火焰喷涂	—	—	25

3.4.2 电弧喷涂设备

电弧喷涂设备主要由电源、送丝系统、电弧喷枪、控制系统等组成,图3.19为CMD-AS3000型电弧喷涂设备系统。电源提供喷涂过程所需的能量,并维持电弧稳定燃烧。送丝系统将丝材从丝盘中拉出,通过送丝软管进入喷枪,在喷枪内通过导电嘴接触带电而引燃电弧。供气系统提供纯净的压缩空气用来雾化与加速已雾化的微粒。控制系统控制与调整全部喷涂程序。电弧喷涂设备按送丝方式不同分为推丝式与拉丝式,按喷枪夹持方式分为手持式与固定式。

1. 电源

喷涂电源是向电弧供电的系统。电弧吸收电能通过能量交换释放热能以满足喷涂过程丝材的熔化与沉积。电源性能影响电弧燃烧稳定性、喷涂过程稳定性及涂层的质量。电弧喷涂通常采用变压器-整流器式直流电源,以硅二极管作整流器元件。直流电弧喷涂的优点是效率高,熔覆率高,喷涂时噪声小,涂层组织致密。电源主电路由降压变压器、硅整

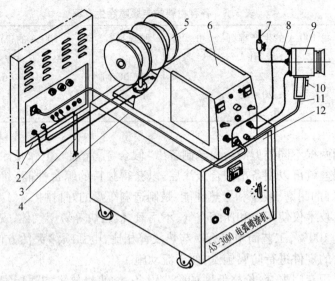

图 3.19 电弧喷涂设备系统

1—电源控制箱后板;2—电缆线 50 mm²(两根);3—三相绝缘导线;4—遥控导线;5—丝盘;
6—送丝机构;7—高压胶管(内径 15 mm);8—送丝软管(2~3 mm);9—电弧喷枪;
10—手柄开关;11—开关导线;12—电源控制箱

流器、外特性调节机构等组成。专用的喷涂电源具有恒压特性,即在稳定状态下其输出电压基本上与输出电流无关,也称平特性电源,如图 3.20 所示。实际使用的平特性电源外特性一般不大于 5 V/100 A。

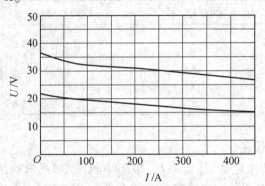

图 3.20 电弧喷涂电源外特性

喷涂电源采用抽头式主变压器,通过抽头换挡有级调节所需的空载电压。空载电压一般分八级,电压为 22~40 V。设定空载电压后,在喷涂过程中只需改变送丝速度便可调节喷涂电流,因此对不同的金属丝材与工艺需要,可以方便地、单独地对电弧电压及电流加以调节。为适应喷涂不同的金属材料和工艺上的选择,电流的输出电压应在一定范围内调节,因此在电源的设计上应有输出电压调节装置。输出电压的调节方式一般有两种,一种是改变变压器副边的线圈匝数;另一种是改变变压器原边的线圈匝数。逆变电源动态响应速度快,电弧的动特性好,喷涂时产生的飞溅小,而且逆变电源也可以十分方便地做局部改动,使其既可以输出直流,又可以输出高频交流方波或高频脉冲直流波形。喷涂时,不但电弧稳定,还可以利用阴极的雾化作用,去除铝丝表面的氧化膜,从而顺利地喷涂铝丝,也可以改成高频脉冲直流输出(这种电弧则可以利用脉冲的高压去除铝表面的氧化膜),因此逆变电源取代传统的变压器抽头式主电源是必然趋势。

2. 喷枪

喷涂枪一般由壳体、导电嘴、喷嘴、雾化气帽、遮弧罩等组成。电弧喷涂枪可分为手持式与固定式两类。手持式操作灵活,万能性强;固定式常用于喷涂生产线,其外形如图3.21所示,结构原理如图3.22所示。

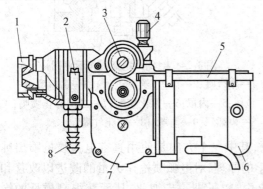
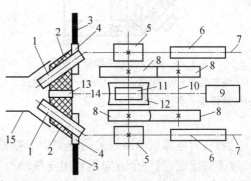

图3.21 电动固定式电弧喷枪外形
1—雾化头;2—接电块;3—送丝滚轮;4—压紧螺帽;5—导丝管;6—电动机;7—变速箱;8—压缩空气接管

图3.22 电弧喷枪结构原理
1—导电嘴;2—绝缘块;3—电缆;4—接电块;5—送丝滚轮;6—导丝管;7—金属丝;8—齿轮;9—电机;10—减速齿轮;11—蜗杆;12—蜗轮;13—空气喷嘴;14—压缩空气;15—弧光罩

导电嘴与喷嘴是喷涂枪的关键零件,直接影响喷涂层质量与过程稳定。金属丝材在导电嘴中既要导电又要减少送丝阻力,导电嘴要有合适的孔径及长度。孔径过小,送丝阻力大;孔径过大,导电性能不稳定,丝材稳定居中性差,甚至在导电嘴内引发电弧产生粘连。导电嘴内壁要保持清洁,油污与氧化物会影响丝材导电性能,导电嘴受到金属丝材的正常磨损应定期更换。两导电嘴的夹角常在30°~60°。

喷嘴对熔化金属起到有效雾化作用。引入喷枪的两根金属丝在送丝滚轮的带动下,通过导丝管和导电嘴成一定角度汇交于一点。在导电嘴上紧固接电片,通过电缆软线连接电源。金属丝与导电嘴接触而带电。引入的压缩空气通过空气喷嘴形成高速气流雾化熔化金属。由导电嘴、空气喷嘴、绝缘块和弧光罩等组成的雾化头是喷枪的关键部分。

早期的敞开式喷枪结构简单,如图3.23所示,对电弧熔化的雾化效果差,喷射粒子速度只有50~100 m/s,几经改进,加装空气帽,将弧区适当封闭,并将雾化气流分为两路,汇同辅助的二次雾化气流将弧区适当压缩,构成了封闭喷嘴,如图3.24所示。这种结构增加了弧区的压力,提高了空气流的喷射速度和电弧温度,使喷射的金属粒子的速度可达200 m/s,加强了对熔化金属的雾化效果,使喷出的粒子更加细微,提高了涂层与基体的结合强度。

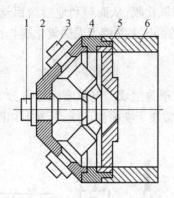 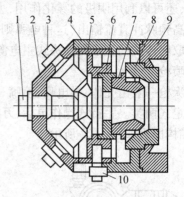

图 3.23 敞开式电弧喷枪示意图	图 3.24 封闭式电弧喷枪示意图
1—空气嘴;2—后盖(绝缘电木);3—送丝嘴; 4—枪体;5—雾化喷嘴;6—电弧罩	1—空气嘴;2—后盖(绝缘电木);3—送丝嘴;4—枪体;5—内罩;6—雾化喷嘴;7—二次雾化喷嘴;8—电弧罩;9—前罩;10—雾化气嘴

当前,对电弧喷涂系统的研究集中于喷枪,其中一个方向是使用真空电弧喷枪喷出纯净、致密的涂层;另一个方向是利用空气动力学的原理,对电弧喷枪作大量的改进以改善和提高熔滴的雾化效果,使喷涂粒子束流更加集中,粒子进一步细化,从而获得高质量的涂层。这些新型喷枪提高了涂层性能,但由于加装了附件,喷枪的体积和质量大幅度提高,从而影响了电弧喷涂的适应性,并增加了操作劳动强度,因此目前普通喷枪的使用更为广泛。

3. 送丝系统

送丝系统通常由送丝机构(包括直流伺服电机、减速器、送丝轮、压紧机构)、送丝软管、丝盘等组成。根据驱动金属丝的动力源不同,电弧喷枪的送丝装置分为电动式、空气马达式和气动涡轮式。电动式适于固定式喷枪,空气马达式适于手持式喷枪。按推动金属丝的方式不同,电弧喷枪的送丝装置分为推式、拉式及推拉式。推式是送丝机构与喷枪分开,适于手持式喷枪,由喷枪外的动力装置将金属丝推向喷枪,枪体的体积小、质量轻、操作灵活、适应性强,但涂层的均匀性受操作者影响,送丝的距离不能大于 5 m;拉式是由喷枪上的动力带动金属丝,这种设计送丝距离远,涂层均匀,但喷枪笨重,常常安装在导轨上进行操作,适应性较差,成本高,适用固定喷枪,送丝机构与喷枪设计为一体,推拉式采用上述两者的综合设计,送丝采用推拉设计,但在喷枪中的拉丝机构很小,仅仅起辅助作用,推拉式设计成本高,应用并不多。送丝方式如图 3.25 所示。

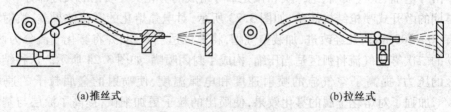

(a)推丝式　　　　　　　　　　(b)拉丝式

图 3.25 送丝方式示意图

4. 控制系统

电弧喷涂设备的控制系统具体构成虽因设备而异,但均应包含压缩空气减压器、压力表、空气过滤器、油水分离器、电流表、电压表、喷涂开关、电流调节钮、电压调节钮、电路安全装置。

近年来电弧喷涂发展较快,除在大气下喷涂的设备外,又出现了真空电弧喷涂设备。国内出售的真空喷涂设备主要有上海喷涂机械厂生产的 D4-400A、D5-100、D4-400B、SCDP-3,沈阳工业大学研制的 XDP Ⅰ、Ⅱ 等。

3.4.3 电弧喷涂材料

电弧喷涂丝材主要包括有色金属线材(铝、锌、铜、铝、镍等金属及其合金)、黑色金属线材(碳钢、不锈钢等)。国内外试用 2~3 mm 的粉芯丝材,在粉芯丝内填充所需的合金粉末,以获得合金喷涂层。

1. 锌及锌合金

锌为银白色金属,在大气中或水中具有良好的耐腐蚀性,并对钢铁基材有电化学保护作用。而在酸、碱、盐中不耐腐蚀,当水中含有二氧化硫时,它的耐腐蚀性能很差。在锌中加入铝可以提高喷涂后的耐腐蚀性能,因此目前大量使用 Zn-Al 合金作喷涂材料。锌喷涂层已广泛应用于室外露天的钢铁构件,如水门、桥梁、铁塔和容器等。

2. 铝及铝合金

铝用作防腐蚀喷涂层时作用与锌相似,它与锌相比,比重轻,价格低廉,在含有二氧化硫的气体中耐腐蚀效果比较好。在铝及铝合金中加入稀土不仅提高涂层的结合强度而且降低孔隙率。铝还可以用作耐热喷涂层。铝在高温作用下能在铁基体上扩散,与铁发生作用形成抗高温氧化的 Fe_3Al,从而提高了钢材的耐热性。铝喷涂层已广泛用于贮水容器、硫磺气体包围中的钢铁构件、食品贮存器、燃烧室、船体和闸门等。

3. 铜及铜合金

纯铜主要用作电器开关和电子元件的导电喷涂层及人像、工艺品、水泥等建筑表面的装饰喷涂层。黄铜喷涂层广泛用于修复磨损及加工超差的零件,修补有铸造砂眼、气孔的黄铜件,也可作为装饰喷涂层使用。铝青铜涂层的结合强度高,抗海水腐蚀能力强,并具有很好的耐腐蚀疲劳和耐磨性,主要用于喷涂水泵叶片、气闸阀门、活塞、轴瓦表面,也可以用喷涂青铜铸件及装饰件。

4. 镍及镍铬合金

镍合金中用作喷涂材料的主要为镍铬合金,这类合金具有非常好的抗高温氧化性能,可在 880℃ 高温下使用,是目前应用很广的热阻材料。镍铬合金还可耐水蒸气、二氧化碳、一氧化碳、氨、醋酸及碱等介质的腐蚀,因此镍铬合金被大量用作耐腐蚀及耐高温喷涂层。例如,美国采用 45CT(45% Cr、4% Ti,其余为 Ni)丝材电弧喷涂锅炉管道取得了良好效果。不锈钢丝材电弧喷涂能够获得良好的耐磨防腐涂层。

5. 钼

钼在喷涂中常作为结合底层材料使用,还可以用作摩擦表面的减摩涂层,如活塞环、刹车片、铝合金气缸等。

6. 碳钢和低合金钢

碳钢和低合金钢是被广泛应用的电弧喷涂材料,具有强度较高、耐磨性好、价格低廉等特点。电弧喷涂过程中碳和合金元素易烧损,易造成涂层多孔和氧化物夹渣,使涂层性能下降,因此采用碳元素较高的碳钢,以弥补碳元素的烧损。

7. 粉芯焊丝

国内外已采用粉芯丝材作为电弧喷涂材料,我国已应用 3Cr13、4Cr13、7Cr13 等粉芯丝材做为耐磨喷涂材料,并且具有良好的抗高温稳定性。

3.4.4 电弧喷涂工艺

电弧喷涂工艺过程与火焰喷涂工艺过程基本相似,包括三个过程,基体表面制备;喷涂;封闭或加工等涂层后处理。

电弧喷涂工艺参数包括,丝材直径、电弧电压、电弧电流、送丝速度、压缩空气压力、喷涂距离等。

电弧喷涂用金属丝的直径一般为 0.8~2.0 mm。表 3.5 为钢和锌的直流电弧喷涂的工艺参数。

表 3.5　钢和锌的直流电弧喷涂工艺参数

喷涂材料	线材直径/mm	电弧电压/V	电弧电流/A	送丝速度/($kg \cdot h^{-1}$)
钢	1.6	35	185	8.5
锌	2	35	85	13

电弧电压的选择主要取决于喷涂材料的性质,低熔点金属选择较低的电弧电压,一般情况下不能低于 15~25 V。若电弧电压过低时,丝材端部则会出现闪光,电弧不连续;但电弧电压过高会出现断弧现象。

为维护电弧的长度和稳定性,需准确地调节电流,以保证丝材熔化速度和进丝速度的平衡。如果使用平特性电源,可实现电弧电流随着送丝速度的增减自行调节,使电弧功率和喷涂速度处于平衡状态。在直流电弧喷涂中,由于阳极热量大,它的熔化速度要比阴极快,所以有必要使阳极线料的输送速度快一些,但实际上,两线料的输送速度往往是相同的。

电弧喷涂的送丝速度决定了电弧喷涂速率。送丝速度的选择取决于电参数和丝材的性质,恰当的送丝速度应使熔化、雾化处于良好的动平衡状态。

压缩空气的压力会影响电弧喷涂对熔化材料的雾化和对熔融颗粒的速度。压缩空气的压力提高,可提高熔融颗粒的飞行速度,增加雾化效果;但压力过大,则会使电弧温度下降并影响电弧的稳定性;所以要选择合适的压力和流量。

电弧喷涂时,根据电弧功率的大小,喷枪与工件表面的距离应控制在 100~200 mm,同时喷涂角不应小于 45°。为了防止变形,喷涂时工件表面的温度一般控制在 150℃ 以下。电弧喷涂的涂层厚度通常为 0.5~1 mm。

电弧喷涂的材料有碳素钢、不锈钢、铝、铜、锌等金属及其合金。表 3.6 为 $\phi 3$ mm 常用丝材电弧喷涂工艺参数。

表 3.6 常用丝材电弧喷涂工艺参数

丝材名称	丝材直径/mm	电弧电压/V	工作电流/A	压缩空气/MPa
铝	3	34	150	>0.55
锌	3	28	120	>0.5
铝青铜	3	35	200	>0.5
碳钢	3	35	200	>0.5

3.5 等离子弧喷涂技术

等离子弧喷涂是采用刚性非转型等离子弧为热源,以喷涂粉末材料为主的热喷涂方法。气体电离(电弧放电、辉光放电、高频放电、光致电离等)成为离子态(正、负离子)即成为等离子体。等离子体有很强的导电性、电准中性与磁场的可作用性。等离子喷涂技术中所叙述的等离子体是指气体经过压缩电弧后形成的高温等离子体,亦称热等离子体。等离子弧的压缩效应来源于三个方面。

①机械压缩效应,等离子是通过等离子喷枪的喷嘴喷射出来,因此水冷紫铜喷嘴孔径的大小限制了等离子弧弧柱的直径大小,喷嘴孔径越小,孔道越长,对弧柱的压缩越强。

②热压缩效应,由于水冷紫铜喷嘴孔道内壁温度很低,流经喷嘴内壁附近的气体受到冷却,形成薄层冷气膜,其电离度很低,导电性差,迫使等离子弧集中流过电离度高的中心部位。

③自磁压缩效应,电弧电流有一定的流向,弧柱相当于一束电流方向相同的平行导体。由于平行导体间电磁力的相互作用结果,使弧柱各部位都受到指向弧柱轴线的压缩力作用。由于这三种压缩效应,使得等离子弧具有温度高、能量集中、焰流速度高、稳定性好、可调节性好等优点。图 3.26 是对 400 A 非转移型等离子弧温度的测量结果(氩气流量为 10 L/min)。表 3.7 为各种火焰、电弧和等离子弧的最高温度。表 3.8 为各种热源的能量密度。由图可见,在喷嘴出口处中心温度已达到了 20 000 K。

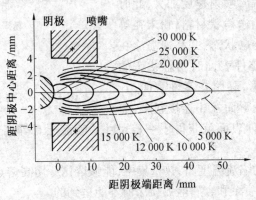

图 3.26 等离子弧温度分布

表 3.7 各种热源最高温度

热源种类	最高温度/℃	热源种类	最高温度/℃
城市煤气和空气燃烧火焰	1 550	高压水等离子压缩弧	50 000
氢氧焰	2 960	氢气等离子弧	4 000 ~ 8 000
氧-乙炔焰	3 100	氮气等离子弧	7 500
空气中碳弧	4 000	氩气等离子弧	15 000
氩气中碳弧	15 000 ~ 20 000	氦气等离子弧	20 000

表 3.8 各种热源的能量密度

热源	平均最低能量密度/($W \cdot cm^{-2}$)	最高能量密度/($W \cdot cm^{-2}$)
乙炔焊炬	10^{-2}	$10^3 \sim 10^4$
电弧	10^{-3}	$10^4 \sim 10^5$
等离子	10^{-3}	$10^5 \sim 10^6$
电子束	10^{-7}	$\approx 10^9$

等离子弧温度高、能量集中的特点有很大的应用价值,在喷涂或焊接、堆焊时,它可以熔化任何金属或非金属;可以获得高的生产率,可以减少工件变形,减少热影响区。

3.5.1 等离子弧喷涂原理及特点

图 3.27 是等离子弧喷涂原理示意图,图的右侧是等离子体发生器又叫等离子喷枪。根据工艺需要经进气管通入氮气或氩气,也可以再通入 5% ~ 10% 的氢气。这些气体进入弧柱区后,将发生电离,成为等离子体。由于钨极与前枪体有一段距离,故在电源的空载电压加到喷枪上以后,并不能立即产生电弧,还需在前枪体与后枪体之间并联一个高频电源。高频电源接通使钨极端部与前枪体之间产生火花放电,于是电弧便被引燃。电弧引燃后,切断高频电路。引燃后的电弧在孔道中受到三种压缩效应,温度升高,喷射速度加大,此时往前枪体的送粉管中输送粉状材料,粉末在等离子焰流中被加热到熔融状态,并高速喷涂在零件表面上。当撞击零件表面时熔融状态的球形粉末发生塑性变形,黏附在零件表面,各粉粒之间也依靠塑性变形而互相连接起来,随着喷涂时间的增长,零件表面就获得了一定尺寸的喷涂层。等离子弧喷涂技术有如下特点。

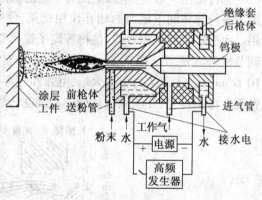

图 3.27 等离子弧喷涂原理示意图

①等离子喷涂时的焰流温度高,热量集中,能够熔化一切高熔点和高硬度的粉末材料,这是一般氧-乙炔火焰喷涂和金属电弧喷涂所不能达到的。

②零件无变形,不改变基体金属的热处理性质,对一些高强度钢材以及薄壁零件、细长零件都可以使用。

③由于等离子喷涂时的焰流喷射速度高,粉末微粒能获得较高的动能,所以喷涂后的

涂层致密度高,一般为88%~99%,结合强度高达30~80 MPa。

④喷涂后涂层平整、光滑,并可精确地控制涂层厚度,因此切削加工涂层时,可直接采用精加工。

⑤等离子喷涂采用惰性气体作为工作气体时,能可靠地保护工件表面和粉末材料不受氧化,从而获得含氧化物少杂质少的涂层。

⑥在等离子喷涂过程中,工件表面不带电、不熔化,再加上粉末的喷射速度高,工件与喷枪的相对位移速度快,所以对工件表面的热影响区很小。

⑦由于等离子喷涂时的粉末具有高速度的特点,所以粉末的沉积率很高。在采用高能等离子弧喷涂时,每小时粉末的沉积量为8 kg,充分显示了等离子喷涂的高效性。

⑧喷涂工艺规范稳定,调节性能好,容易操作。

但是等离子喷涂也存在一些缺点,如等离子喷涂设备投资大、成本较高(工作气体纯度要求高);小孔径孔内表面难以喷涂(这是因为喷枪尺寸及喷距的限制);高速等离子焰流产生的剧烈噪声、强光辐射、有害气体(如臭氧、氮氧化合物等)、金属蒸气、粉尘等对人体有害,需采取防护措施。

3.5.2 等离子弧喷涂设备

等离子弧喷涂设备主要有:电源、控制柜、喷枪、送粉器、循环水冷却系统、气体供给系统等,它们之间的相互配置如图3.28所示。另外,等离子喷涂需要的辅助设备有,空气压缩机、油水分离器和喷砂设备等。

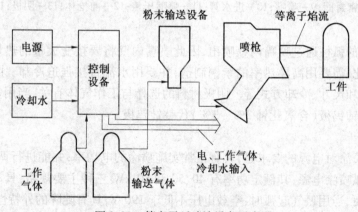

图3.28 等离子弧喷涂设备示意图

1. 等离子喷枪

根据用途的不同可将等离子喷枪分为外圆喷枪和内孔喷枪两大类。外圆喷枪主要用于零件外圆表面的喷涂,也可用于直径较大的浅内孔表面的喷涂;内孔喷枪用于较深内孔表面的喷涂。

等离子喷枪的结构一般由前枪体、后枪体及绝缘体三部分组成。前、后枪体均由黄铜制造,绝缘体由玻璃纤维、绝缘棒等绝缘材料制成。前枪体中密封固定着由紫铜制成的喷嘴,接电源的正极;后枪体固定着由铈钨合金制成的钨极,接电源的负极,其结构如图3.29所示。

等离子喷枪中最关键的部件是喷嘴,其次是钨极(阴极)。喷嘴是非转移型等离子弧的

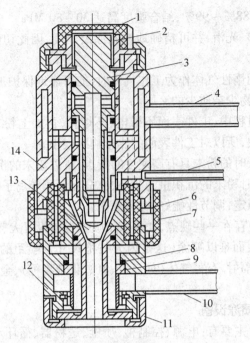

图 3.29 等离子弧喷枪结构示意图

1—拼帽;2—调节螺母;3—阴极杆;4—出水管;5—离子气管;6—隔热环;7—绝缘体;8—O 形密封圈;9—喷嘴;10—进水管;11—喷嘴压盖;12—前枪体;13—阴极;14—后枪体

阳极,温度很高的弧柱通过喷嘴内壁喷出,因此喷嘴内壁将要接受大量的热量。为了不使喷嘴过热及熔化,需要用高导热率的紫铜制造,并要用水流直接强迫冷却。阴极应考虑材料的选择、形状和尺寸、冷却方式等。阴极材料的选择与工作气体有关,当用氩、氮、氢等工作气体时,多用铈钨极(含氧化铈 2% ~3%)代替钍钨极。

2. 电源

等离子弧喷涂对电源的要求是,具有正常实施喷涂的电功率,并能进行调节,目前我国生产的等离子弧喷涂电源,其额定功率有 40、50 和 80 kW 三种主要规格;具有一定的空载电压使起弧方便,当用氮气起弧时,空载电压不低于 190 V,具有陡降的外特性。

3. 控制柜

等离子弧喷涂控制柜的主要作用是向等离子喷枪供应冷却水、工作气、送粉气、工作电流及高频电流,能方便地调节水、气和电,并加以显示。控制柜中还备有各种保护装置,保证全套设备正常安全地工作。该装置还带有误操作保护环节,可有效地防止由于误操作而可能引起的事故。为了提高生产效率和保证涂层质量稳定,该装置在自动操作时,能保证喷枪在最好条件下起弧和灭弧,参数稳定,重复性好,能很好地满足喷涂工艺要求,并为实现全自动化喷涂提供有利条件。

4. 送粉器

送粉器是储存喷涂粉末并能按工艺要求连续而均匀地向喷枪输送粉末的装置,等离子喷涂过程能否顺利进行与送粉器的性能有密切关系。常用的送粉器有刮板式送粉器、转盘汽动式送粉器、电磁振动式送粉器和鼓轮式送粉器。

刮板式送粉器适于粒度为200~350目的各种球形粉末。送粉量通过更换不同孔径的漏嘴或调整漏嘴与粉盘距离,以及改变粉盘转速来控制。有三个储粉筒可同时装两种不同的粉末,在喷涂过程中,根据工艺需要随时选用其中任何一种,更换方便。

转盘汽动式送粉器是为输送非流态微细粉末而设计的,如MU35型、Plasmadyne公司设计的1250型、咸阳纺织机械厂设计九江等离子喷涂厂生产的B5同步锤击式都属于这一类型。

电磁振动式送粉器是一种较新型的送粉器,如图3.30所示。在储粉料斗的壁上设有螺旋槽。当电磁振动器振动时,料斗中粉末沿螺旋槽向上源源不断地运动,并从位于料斗上部的出口流出,再由送粉器将粉末送入喷枪。送粉量决定于电磁振动器的输入电压,调节振动电压能非常精确和平滑地连续改变送粉量,这样就容易对送粉进行程序控制。其不足之处是不适用于密度不同和颗粒度相异的混合物。

鼓轮式送粉器是粉末由储存粉斗经漏孔流至鼓轮上,如图3.31所示。调整好漏孔的直径和距离鼓轮的间隙,使得在鼓轮不转动时,粉末不会自动流下。而当鼓轮一转动,粉末便随着鼓轮的转动方向流至出粉口。送粉量决定了鼓轮的转速,只要调节鼓轮的转速就能精确控制送粉量,而且送粉比较均匀。鼓轮式送粉器最大的优点是适用于混合粉的输送,不会造成或增加不同密度和颗粒度粉末的分层,减少涂层成分的偏析。

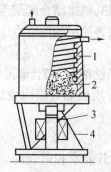

图3.30 电磁振动式送粉器
1—粉斗;2—粉末;3—振动器;4—弹簧片

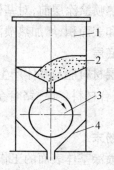

图3.31 鼓轮式送粉器
1—粉筒;2—粉末;3—鼓轮;4—漏斗

3.5.3 等离子弧喷涂材料

1. 等离子弧喷涂用粉末

按粉末成分、特性可将喷涂用粉末分为纯金属粉末、合金粉末、自熔性合金粉末、陶瓷粉末、复合粉末、塑料粉末等。涂层材料虽有几百种,但常用的只有几十种。涂层材料分类如图3.32所示。

2. 等离子弧喷涂用气体及其选择

等离子弧喷涂的工作气体和送粉气体应根据所用的粉末材料,选择费用最低,传给粉末的热量最大,与粉末材料有害反应最小的气体。最常用的气体有氮、氩气,有时为了提高等离子弧焰流的焓值,在氮气或氩气中可分别加入5%~10%的氢气。喷涂所用的气体要求具有一定的纯度,否则钨极很容易烧损,氮和氢要求纯度不低于99.9%,氩气不低于99.99%。

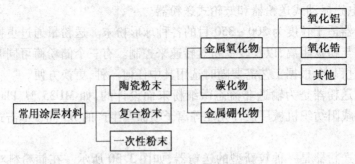

图 3.32 常用涂层材料分类

空气等离子弧喷涂装置已达到成熟阶段,只要在喷涂材料上解决氧化问题,则可使喷涂成本大大降低。此外,近年来用水对等离子弧压缩的水稳等离子弧喷涂装置也有较快的发展,如捷克的水稳等离子弧喷涂装置送粉量可比气体等离子弧喷涂提高 10~15 倍,而成本只是气体等离子弧喷涂的十分之一。

3.5.4 等离子弧喷涂工艺

等离子弧喷涂的涂层质量不仅取决于喷涂设备和喷涂材料,更重要的是取决于所采用的喷涂工艺。合理地选择等离子喷涂工艺是确保涂层质量的关键环节之一。

1. 喷涂前的表面处理

在制备热喷涂涂层前,对基体表面进行清理、粗化、预热、喷涂结合底层等,可提高基体表面的活性和表面积,增加热喷涂层与基体的结合强度,改善涂层的内应力分布。

2. 结合底层

结合底层材料能与基体产生良好的结合,具有"自粘结性能"。结合底层材料一般选用钼、镍包铝复合材料。镍-铬合金虽不是自粘结材料,也常用做如高温陶瓷涂层的粘结底层。

3. 喷涂粉末

根据被喷涂基体表面的工作条件和技术要求,选择与其要求相适应的具有耐磨、耐高温、耐腐蚀、导电、绝缘、绝热和抗辐射等不同性能的粉末材料。所选择粉末的热膨胀系数要尽可能与基体相近,熔点要低,流动性要好,球形好,粒度分布均匀。

4. 工艺参数

等离子喷涂工艺的可变参数很多,这些参数都会影响到涂层质量。工艺参数包括工件的温度、应力控制、冷却速度;涂层性质、厚度等;粉粒形状和粒度分布、成分均匀性;在等离子焰流中停留时间、送粉位置、送粉气流;喷枪与工件相对运动、喷枪至工件距离;等离子体的气体成分、热焓、温度、速度、环境等。

①工作气体一般选用高纯氮或高纯氮加 5%~10% 的氢,不仅便宜、热焓高、传热快,而且传给喷涂粉末的热量和动能都较大。对于碳化物,如碳化铬、碳化钨、碳化钛、碳化锆等,为了防止脱碳,选用氩气是适宜的;氩弧较短,也适用于小件和薄件的喷涂。

②合理选择工作气体流量,在电弧功率一定的情况下,如果工作气体流量过大,则降低了等离子射流的焓值,导致粉末颗粒熔化不均匀、不充分,涂层组织疏松,气孔率增加。工作气体流量过小,不仅降低熔粒的动能,甚至不能维持等离子弧的稳定工作,且容易烧坏

喷嘴和阴极。一般工作气流量为 30~50 L/min，在实际中根据需要进行调整。

③送粉气体一般选择价格便宜的氮气。送粉气体流量要与工作气体流量相适应，避免相互干扰，若两者匹配不当，会堵塞喷嘴，严重时将烧坏喷嘴和阴极。一般送粉气体流量为 6~14 L/min。

④电参数很重要，功率一般为 30~60 kW。选择高电压和低电流可以减小喷嘴与阴极的烧损，同时提高热效率；但是在喷涂高熔点材料和粗粒度粉末时，电流应选高一些，以利于粉末的充分加热熔化。在喷枪结构一定、工作气体流量一定的情况下，可通过电流调节器、氢气流量和两极间的距离调节。

⑤喷涂距离对涂层质量和沉积效率有明显影响，喷涂一般自熔性合金粉末时，喷涂距离为 100~160 mm；喷涂陶瓷粉末时，其距离为 50~100 mm。

⑥喷涂角度的选择一般在 45°~90°内选择，最佳角度为 90°。

⑦喷枪移动速度一般选用 5~15 m/min。

⑧工件温度和涂层应力控制，在喷涂过程中，必须控制工件的温升以减少涂层和工件的氧化，防止工件变形，控制涂层应力。

综上所述，要获得高质量的涂层，则必须考虑上述工艺参数的最佳配合，表 3.9 为几种材料的等离子喷涂工艺参数。

表 3.9 几种材料的等离子喷涂工艺参数

喷涂材料	功率/kW	工作气体流量/($m^3 \cdot h^{-1}$)	送粉气体流量/($m^3 \cdot h^{-1}$)	送粉率/($kg \cdot h^{-1}$)	粉末粒度/mm
Al_2O_3	20~25	$N_2$2.5;$H_2$0.3	$N_2$0.5	1~1.5	0.071
ZrO_2	22~28	$N_2$2.0;$H_2$0.3	$N_2$0.6	1	0.090
Fe-Cr-B-Si	25~26	$N_2$2.6	$N_2$0.5	2.5	0.071
Ni-Cr-B-Si	22~24	$N_2$1.6;$H_2$0.1	$N_2$0.6	2.4	0.071
W	22~28	$N_2$2.25;$H_2$0.3	$N_2$0.6	3~5	0.071~0.045
METCO404（Ni/Al）	24~26	$N_2$2.2;$H_2$0.2	$N_2$0.6	0.8~1.2	0.090~0.050
Mo	15~20	Ar1.8;$N_2$0.2	$N_2$0.45		0.090~0.045
耐磨铸铁	10~15	Ar1.8;$N_2$0.15	$N_2$0.5		0.090~0.045
Cr	电压:40 V 电流:300 A	Ar1.8;$N_2$0.2	$N_2$0.4		0.090~0.045
Fe	电压:40 V 电流:300 A	Ar1.8;$N_2$0.2	$N_2$0.45		0.090~0.045

第4章 电镀和化学镀技术

腐蚀从表面开始,磨损在表面进行,疲劳因表面损伤而加速,这些现象均离不开表面。表面镀覆技术就是在工件表面施加各种涂层,其作用就在于:

①提高材料或零件的耐蚀性、抗高温氧化性,提高其对周围环境和工作环境抗浸蚀能力。

②提高耐热、导热、隔热、吸热、热反射的性能。

③赋予材料特定的物理特性,如导电、绝缘、半导体特性、超导、存储记忆、电磁屏蔽、发光、消光、光反射、光选择吸收、雷达波"隐身"、红外"隐身"、亲油、亲水、亲某种涂层、可焊、粘着、传感等。

④赋予材料特定的化学特性,如耐酸、耐碱、耐特种液体、催化等。

⑤赋予制件表面装饰特性,如鲜艳的色彩、图文、非金属制件表面金属化、光化、抗老化等。

⑥提高材料制件表面完整性,降低表面粗糙度,提高抗疲劳、抗腐蚀疲劳的能力。

现代表面镀覆技术主要包括槽镀、电刷镀、摩擦电喷镀、非金属刷镀、化学镀、脉冲镀、流镀、激光电镀、太阳能镀、复合镀、纳微米复合镀及组合镀覆等。本章将着重介绍电镀、电刷镀、化学镀等广泛应用的表面镀覆技术。

4.1 电 镀

电镀是指在含有欲镀金属的盐类溶液中,以被镀基体金属为阴极,通过电解作用,使镀液中欲镀金属的阳离子在基体金属表面沉积出来,形成镀层的一种表面加工方法。镀层性能不同于基体金属,具有新的特征。

按施镀方式电镀分为挂镀、滚镀、连续镀和刷镀等,根据待镀件的尺寸和批量合适地选择电镀方式。挂镀适用于一般尺寸的制品,如汽车的保险杠、自行车的车把等。滚镀适用于小件,如紧固件、垫圈、销子等。连续镀适用于成批量生产的线材和带材。刷镀适用于局部镀或修复。电镀液有酸性、碱性和加有络合剂的酸性及中性溶液,无论采用何种镀覆方式,与待镀制品和镀液接触的镀槽、吊挂工具等应具有一定程度的通用性。

电镀层一般分两类,一类是按用途分,另一类是按涂层与基体的电化学关系分。按用途可分为装饰性镀层、装饰-功能性镀层、功能性镀层。按涂层与基体的电化学关系可分为阴极镀层和阳极镀层。

4.1.1 电镀基本知识

1. 电镀液

一般金属用的电镀液,根据主盐离子在溶液中存在的形式可分为单盐和络合物两类。

单盐多为强电解质的电镀液,有氯化物、硫酸盐等。主盐离子在溶液中均为水化离子($M^{n+} \cdot mH_2O$)。络合物电镀液有氰化物、焦磷酸盐以及某些有机络合离子($M^{n+}X_p$)。电镀液种类很多,组成差别很大,按在电镀过程中所起的作用细分为主盐、导电盐、络合剂、缓冲剂、阳极活化剂和添加剂。

(1) 主盐。

主盐就是能在阴极上沉积出镀层金属的盐。主盐浓度决定沉积金属离子的浓度,影响阴极极化特性和电沉积过程,需要有一个适宜的浓度范围与其他组成保持适当的浓度比值。一般情况下,主盐浓度增加,镀液的电导率、阴极电流密度和阳极电流效率都比较高。但是,主盐浓度增加,金属容易在阴极析出,极化下降,引起镀层晶粒较粗,溶液分散能力降低。因此主盐浓度需要有一个合适的范围,同一类镀液使用要求不相同时,其主盐浓度范围也不同。

(2) 导电盐。

导电盐用于提高电镀液导电性能的盐类,一般是对放电金属不起络合作用的碱土金属盐,也可以是其他导电物质(如铵盐)。导电盐的含量升高,槽电压下降,改善镀液的深镀能力,在多数情况下,镀液的分散能力也有所提高。此外,导电盐稍微提高镀液的阴极极化,使镀层略微细致一些。大量的导电盐会降低其他盐类的溶解度,降低含有较多表面活性剂的溶液的溶解度,使溶液在较低温度下发生乳浊现象,严重影响镀液的性能。因此导电盐的含量应当比较适当。

(3) 络合剂。

络合剂是在电镀液中能够络合主盐金属离子的物质。对络合型电镀液最重要的是主盐与络合剂的相对含量。络合物游离量升高,阴极极化提高,对镀层结晶细化有重要作用,使镀液的分散能力和覆盖能力得到改善。与之相反,阴极极化升高也有不利影响,降低阴极电流效率,从而降低沉积速率,大量析氢会造成针孔、气孔、印痕及使基体金属发生氢脆。络合剂游离量对阳极过程的影响是相反的,络合剂游离量升高,降低阳极极化,提高阳极开始钝化的电流密度,有利于阳极的正常溶解。络合剂游离量过高,有时将使镀层沉积停止,对于铸件尤为突出。

(4) 阳极活化剂。

阳极活化剂是降低阳极极化,消除阳极钝化,促进阳极溶解的物质,也叫去极化剂。其作用是提高阳极开始钝化的电流密度,从而保证阳极处于活化状态,正常进行溶解。阳极活化剂不足时,阳极溶解不正常,盐的含量下降较快,影响镀液稳定。严重的时候,发生阳极钝化,槽电压升高,电流逐渐下降,电镀不能正常进行。常用的阳极活化剂有卤素离子、铵盐和一些有机络合剂,如酒石酸盐、柠檬酸盐等,它们的活化作用比较复杂,但多数情况下,是由于它们对阳极钝化膜有溶解作用。

(5) 缓冲剂。

缓冲剂是用来稳定镀液pH值的物质。其主要作用是抑制阴极表面扩散层溶液pH值升高,保证阴极过程顺利进行,兼有提高阴极电流密度和提高阴极极化,改善镀层组织的作用。缓冲剂一般是由弱酸和弱酸盐或弱碱和弱碱盐组成,一般是每升几十克,能使镀液在遇到酸或碱时,pH值变化幅度小。把阴极表面的pH值稳定在最佳值范围内,对提高阴极极化非常有利。

(6) 添加剂。

添加剂是改善镀层性能的少量添加物。添加剂的品种繁多,包括光亮剂、平整剂、润湿剂、抑雾剂、应力削弱剂等。

光亮剂有初级光亮剂、次级光亮剂、辅助光亮剂等。初级光亮剂又称一类光亮剂,化学结构是含有磺酰基,与它相邻近的是不饱和碳键,如糖精、对甲苯磺酰胺等。这些物质使镀层晶粒变细,产生一定光亮但不是高度光亮,减少镀层的拉应力,延展性较好。次级光亮剂又称二类光亮剂,其化学结构含有不饱和键醛类、酮类、炔类、氰类及杂环类物质,这类光亮剂能显著提高阴极电位,产生极强烈的光泽。与初级光亮剂的配合可得到镜面的光亮度,保持良好的韧性。辅助光亮剂是含有不饱和键的磺酸化合物,如烯丙基磺酸钠、烯丙基磺酰胺、苯乙烯磺酸钠、丙炔磺酸钠等。它们与第一、第二类光亮剂配合使用可进一步提高镀层的发亮和平整程度。

平整剂是能使镀层微观谷处比峰处更易沉积金属的物质,它使镀层更趋于平整。

润湿剂是能降低电极与镀液间表面张力,增加润湿性的物质,它能使气泡脱离电极表面,从而防止产生针孔,也叫防针孔剂。常用的润湿剂有洗涤剂、十二烷基硫酸钠等。

抑雾剂具有较强的发泡作用,在镀液表面形成一层稳定的泡沫,以抑制气体析出时带出酸雾、碱雾和溶液飞溅,减少大气污染。使用或选择不当,可能造成气孔、针孔等缺陷。

应力削弱剂是降低镀层内应力,提高镀层韧性的物质。

2. 电镀反应

(1) 电化学反应。

图 4.1 为电镀铜装置示意图,在分别接入直流电源正负极的两洁净铜片间,以硫酸铜为介质构成了一个简单的电镀铜装置。被镀的零件为阴极,与直流电源的负极相连,金属阳极与直流电源的正极连接,阳极与阴极均浸入镀液中。当在阴阳两极间施加一定电位时,则在阴极发生如下反应:从镀液内部扩散到电极和镀液界面的金属离子 M^{n+} 从阴极上获得几个电子,被还原成金属 M,即

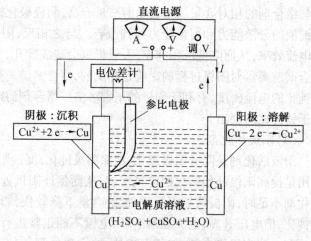

图 4.1 电镀铜装置示意图

$$M^{n+} + ne \longrightarrow M$$

另一方面,在阳极则发生与阴极完全相反的反应,即阳极界面上发生金属 M 的溶解,释放 n 个电子生成金属离子 M^{n+},即

$$M - ne \longrightarrow M^{n+}$$

上述电极反应是电镀反应中最基本的反应。这类由电子直接参加的化学反应,称为电

化学反应。

(2)法拉第定律。

电流通过镀液时,电解质溶液发生电解反应,阴极上不断有金属析出,阳极金属不断溶解。因此,金属的析出(或溶解)量必定与通过的电荷(量)有关。根据大量实验结果,法拉第建立了析出(或溶解)物质与电荷(量)之间关系的定律。

法拉第第一定律:电极上析出(或溶解)的物质的质量与进行电解反应时所通过的电荷(量)成正比,即

$$m = kQ \tag{4.1}$$

式中　m——电极上析出(或溶解)物质的质量;

　　　Q——通过的电荷(量);

　　　k——比例常数。

因为 $Q = It$,所以法拉第第一定律又可表示为

$$m = kIt \tag{4.2}$$

式中　I——电流强度;

　　　t——通电时间。

只要知道比例常数 k,根据实测的电流强度 I 和时间 t,就可以计算出电极上析出(或溶解)物的质量。

法拉第第二定律:在不同的电解液中,通过相同的电荷(量)时,在电极上析出(或溶解)物的物质的量相等,并且析出(或溶解)1 mol 的任何物质所需的电荷(量)都是 9.65×10^4 C。这一常数(即 9.65×10^4 C/mol)称为法拉第常数,用 F 表示。

假定某物质的摩尔质量为 M,根据以上定律可知:阴极上通过 1 C 电荷(量)所能析出的物质的质量为 $k = M/F$,k 称为该物质的电化当量。常用元素的电化当量可从有关手册中查找。

(3)电流效率。

电镀时,阴极上实际析出的物质的质量并不等于根据法拉第定律得到的计算结果,实际值总小于计算值,这是由于电极上的反应不只一个。例如镀镍时,在阴极上除发生

$$Ni^{2+} + 2e \longrightarrow Ni$$

这一主反应外,还发生下面的副反应

$$2H^+ + 2e \longrightarrow H_2$$

副反应消耗了部分电荷(量),使电流效率降低。电流效率就是实际析出物质的质量与理论计算析出物质的质量之比,即

$$\eta = (m'/m) \times 100\% = (m'/kIt) \times 100\% \tag{4.3}$$

式中　η——电流效率;

　　　m'——阴极上实际析出物质的质量;

　　　m——理论上应析出物质的质量。

一般来说,阴极电流效率总是小于 100% 的,而阳极电流效率则有时小于 100%,有时大于 100%。电流效率是电镀生产中的一项重要经济技术指标,提高电流效率可以加快沉积速度,节约能源,提高劳动生产率。电流效率有时还会影响镀层的质量。

(4) 电镀液的分散能力。

根据法拉第电解定律可知,阴极各部分所沉积的金属量(金属的厚度)取决于通过该部位电流的大小。故镀层厚度均匀与否,实质上就是电流在阴极镀件表面上的分布是否均匀。电镀液所具有的使金属镀层厚度均匀分布的能力称为电镀溶液的分散能力,也称均镀能力。电镀液的分散能力越好,在不同阴极部位所沉积出的金属层厚度就越均匀。为了改善电镀液的分散能力,可以采取以下措施:在电镀液中加入一定量的强电解质;采用络合物电解液;加入适量的添加剂;合理安排电极的位置及距离;使用异型电极等。

在电镀生产中,常用的另一个概念是覆盖能力,亦称深镀能力,是指电镀液具有使镀件的深凹处沉积上金属镀层的能力。分散能力和覆盖能力不同,前者是说明金属在阴极表面分布均匀程度的问题,它的前提是在阴极表面都有镀层;而后者是指金属在阴极表面的深凹处有无沉积层的问题。

3. 电极反应机理

当金属电极浸入含有该金属离子的溶液中时,存在如下的平衡,即金属失电子溶解于溶液的反应和金属离子得电子析出金属的逆反应同时存在,即

$$M^{n+} + 2e \rightleftharpoons M$$

当无外加电压时,正、逆反应很快达到动态平衡,表面上反应似乎处于停顿状态。这时电极金属和溶液中的金属离子之间建立所谓平衡电位。但由于反应平衡建立以前,以金属失电子的氧化反

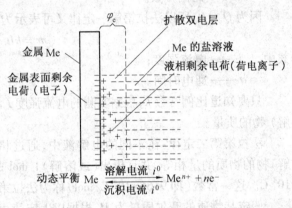

图 4.2 双电层结构

应为主,电极上有多余的电子存在,而靠近电极附近的溶液区有较多的金属离子,即在金属与溶液的交界处出现双电层,如图 4.2 所示。由于形成双电层所以产生了电位差,这种由金属与该金属盐溶液界面之间产生的电位差称为该金属的电极电位。

平衡电位与金属的本性和溶液的温度、浓度有关。为了精确比较物质本性对平衡电位的影响,人们规定当溶液温度为 25 ℃,金属离子的浓度为 1 mol/L 时,测得的电位叫标准电极电位,表 4.1 列出了标准电极电位 φ^{θ} 的数值。标准电极电位的高低反应了金属的氧化还原能力。标准电极电位负值较大的金属都易失掉电子被氧化,而标准电极电位正值较大的金属都易得到电子被还原。

当电流通过电极时,电极电位会偏离平衡电极电位,这种现象称为极化。把电流-电极电位曲线称为极化曲线。电极上电流密度越大,电极电位偏离平衡电位的绝对值越大。阳极极化时,电极电位随电流密度增大而不断变正;阴极极化时,其电极电位随电流密度增大而不断变负。通常把某一电流密度下电极电位与平衡电位的差值称过电位 $\Delta\varphi$,即 $\Delta\varphi = \varphi - \varphi_{平}$。过电位由电化学极化过电位、浓差极化过电位和溶液的欧姆电压降构成,用来定量地描述电极极化的状况。产生极化作用的原因主要是电化学极化和浓差极化。

① 电化学极化是由于阴极上电化学反应速度小于外电源供给电极电子的速度,从而使电极电位向负的方向移动而引起的极化作用。电化学极化的特征是,在相当低的阴极电

流密度下,阴极电位就出现急剧变负的偏移,也就是出现较大的极化值,过电位较大。

② 浓差极化是由于邻近电极表面液层的浓度与溶液主体的浓度发生差异而产生的极化,这是由于溶液中离子扩散速度小于电子运动速度造成的。浓差极化的特征是,当 $i \ll i_d$(极限电流密度)时,即阴极的电流密度远小于极限电流密度时,随着电流密度的提高,阴极电位 φ 与平衡电极电位 $\varphi_{平}$ 相比较,其值变化不大,即浓差过电位的值不大。当 $i \rightarrow i_d$ 时,即阴极的电流密度接近极限电流密度时,阴极表面液层中放电的反应离子浓度接近于零,阴极电位迅速向负变化,即阴极极化的过电位增加很大,从而达到完全浓差极化。

表 4.1 标准电极电位 φ^0

电极	φ/V	电极	φ/V
Li^+/Li	−3.045	In^+/In	−0.25
K^+/K	−2.925	Ni^{2+}/Ni	−0.25
Ba^{2+}/Ba	−2.90	Sn^{2+}/Sn	−0.136
Ca^{2+}/Ca	−2.87	Pb^{2+}/Pb	−0.126
Na^+/Na	−2.71	Fe^{3+}/Fe	−0.036
Mg^{2+}/Mg	−2.37	$2H^+/H_2$	0.00
Ti^{2+}/Ti	−1.63	Sn^{4+}/Sn	0.005
Al^{3+}/Al	−1.66	Cu^{2+}/Cu	0.337
Mn^{2+}/Mn	−1.18	Cu^+/Cu	0.52
Zn^{2+}/Zn	−0.763	Ag^+/Ag	0.799
Cr^{3+}/Cr	−0.74	Pb^{4+}/Pb	0.80
Fe^{2+}/Fe	−0.44	Pt^{2+}/Pt	1.2
Cd^{2+}/Cd	−0.403	$2H^+/O_2$	1.23
In^{3+}/In	−0.34	Au^{3+}/Au	1.50
Co^{2+}/Co	−0.277	Au^+/Au	1.7

电极过程对镀层质量有很大影响,一般影响规律如图 4.3 所示。

4. 金属的电沉积过程

电镀过程是镀液中的金属离子在外电场的作用下,经电极反应还原成金属原子并在阴极上进行金属沉积的过程。图 4.4 是电沉积过程示意图,完成电沉积过程必须经过液相传质、电化学反应和电结晶三个步骤。电镀时以上三个步骤是同时进行的,但进行的速度不同,速度最慢的一个被称为整个沉积过程的控制性环节。不同步骤作为控制性环节,最后的电沉积结果是不一样的。

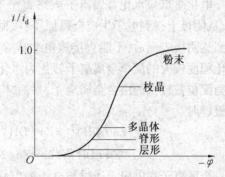

图 4.3 极化曲线与镀层质量的关系

(1)液相传质步骤。

液相传质使镀液中的水化金属离子或络离子从溶液内部向阴极界面迁移,到达阴极的双电层溶液一侧。液相传质有三种方式:电迁移、对流和扩散。在通常的镀液中,除放电金属离子外,还有大量由附加盐电离出的其他离子,使得向阴极迁移的离子中放电金属离子占的比例很小,甚至趋近于零。因此,电迁移作用可略去不计。如果镀液中没有搅拌作用,则镀液流速很小,近似处于静止状态,此时对流的影响也可以不予考虑。扩散传质是溶液里存在浓度差时出现的一种现象,是物质由浓度高区域向浓度低区域的迁移过程。电镀时,靠近阴极表面的放电金属离子不断地进行电化学反应得电子析出,从而使金属离子不断地被消耗,于是阴极表面附近放电金属离子的浓度越来越低。这样,在阴极表面附近出现了放电金属离子浓度高低逐渐变化的溶液层,称为扩散层。扩散层两端存在的放电离子的浓度差推动金属离子不断地通过扩散层扩散到阴极表面。因此,扩散总是存在的,它是液相传质的主要方式。假如传质作为电沉积过程的控制环节,则电极以浓差极化为主。由于在发生浓差极化时,阴极电流密度要较大,并且达到极限电流密度 i_d 时,阴极电位才急剧地向负偏移,这时很容易产生镀层缺陷。因此,电镀生产不希望传质步骤作为电沉积过程的控制环节。

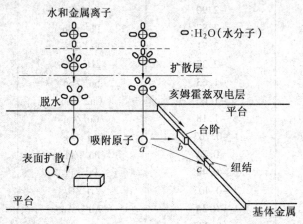

图 4.4　电沉积过程

(2)电化学反应步骤。

电化学反应水化金属离子或络离子通过双电层,并去掉它周围的水化分子或配位体层,从阴极上得到电子生成金属原子(吸附原子)的过程。水化金属离子或络离子通过双电层到达阴极表面后,不能直接放电生成金属原子,而必须经过在电极表面上的转化过程。水化程度较大的简单金属离子转化为水化程度较小的简单离子,配位数较高的络合离子转化为配位数较低的络合金属离子,然后才能进行得电子的电化学反应。例如,在碱性氰化物镀锌时

$$Zn(OH)_4^{2-} = Zn(OH)_2 + 2OH^- \quad (配位数减少)$$
$$Zn(OH)_2 + 2e = Zn + 2OH^- \quad (脱去配位体)$$

金属离子在电极上通过与电子的电化学反应生成吸附原子。如果电化学反应速度无穷大,那么电极表面上的剩余电荷没有任何增减,金属与溶液界面间电位差无任何变化,电极反应在平衡电位下进行。实际上,电化学反应速度不可能无穷大,金属离子来不及把外电源输送过来的电子立即完全消耗掉。于是,电极表面上积累了更多电子,相应地改变了双电层结构,电极电位向负的方向移动,偏离了平衡电位,引起电化学极化。假如电化学步骤作为电沉积过程的控制环节,则电极以电化学极化为主。电化学极化对获得良好的细晶

镀层非常有利,它是人们寻求最佳工艺参数的理论依据。

(3)电结晶步骤。

电结晶是指金属原子达到金属表面之后,按一定规律排列形成新晶体的过程。金属离子放电后形成的吸附原子在金属表面移动,寻找一个能量较低的位置,在脱去水化膜的同时,进入晶格。在图4.4中的a、b、c三个位置,晶粒的自由表面不同,金属原子在自由表面多的位置上受到晶格中其他原子所吸引较小,其能量较高。所以,a、b、c三个位置的能量依次下降。显然,金属原子将首先进入能量低的位置,因此晶面的生长只能在c或b这样的"生长点"或"生长线"上。外电流密度的大小决定了电结晶按不同的生长方式进行。在外电流密度较小,过电位较低的情况下,金属离子在阴极上还原的数量不多,吸附原子的能量较小,且晶体表面上"生长点"和"生长线"也不多。吸附原子在电极表面上的扩散相当困难,表面扩散控制着整个电结晶速度。电结晶过程主要是在基体原有的晶体上继续生长,很少形成新的晶核。在这种生长方式下,晶粒长得比较粗大。如果晶面的生长完全按照图所示的方式进行,则当每一层面长满以后,"生长点"和"生长线"就消失了,晶体的继续增长就要形成新晶核。实际上,绝大多数晶体的生长都不是如此。在实际晶体中,由于包含螺旋位错以及其他缺陷,晶面围绕着螺旋位错线生长,"生长线"就永远不会消失。随着外电流密度增加,过电位增大,吸附原子的浓度逐渐变大,晶体表面上的"生长点"和"生长线"也大大增加。由于吸附原子扩散的距离缩短,表面扩散变得容易,所以来不及规则地排列在晶格上。吸附原子在晶体表面上的随便"堆砌",使得局部地区不可能长得过快,所获得的晶粒自然细小。这时放电步骤控制了电结晶过程。在外电流密度相当大,过电位绝对值很大的情况下,电极表面上形成大量吸附原子,它们有可能聚集在一起,形成新的晶核。极化越大,晶粒越容易形成,所得晶粒越细小。为了获得细致光滑的镀层,电镀时总是设法使得阴极极化大一些。但是单靠提高电流密度增大电镀过程的阴极极化也是不行的。因为电流密度过大时,电化学极化增大的不多,而浓差极化却增加得很厉害,结果反而得不到良好的镀层。

5. 影响电镀质量的因素

影响电镀质量的因素很多,包括镀液的各种成分以及各种电镀工艺参数,下面讨论其中的主要因素。

(1)pH值的影响。

镀液中的pH值影响氢的放电电位、碱性夹杂物的沉淀,还影响络合物或水化物的组成以及添加剂的吸附程度。但是,对各种因素的影响程度一般不可预见。最佳的pH值往往要通过试验决定。在含有络合剂离子的镀液中,pH值可能影响存在的各种络合物的平衡,因而必须根据浓度来考虑。电镀过程中,若pH值增大,则阴极效率比阳极效率高,pH值减小则反之。通过加入适当的缓冲剂可以将pH值稳定在一定的范围。

(2)添加剂的影响。

镀液中的光亮剂、整平剂、润湿剂等添加剂能明显改善镀层组织。这些添加剂有无机和有机之分,无机添加剂在电解液中形成高分散度的氢氧化物或硫化物胶体,吸附在阴极表面阻碍金属析出,提高阴极极化作用。有机添加剂多为表面活性物质,它们会吸附在阴极表面形成一层吸附膜,阻碍金属析出,因而提高阴极极化作用。另外,某些有机添加剂在电解液中形成胶体,会与金属离子络合形成胶体-金属离子型络合物,阻碍金属离子放电而提高阴极极化作用。

(3)电流密度的影响。

任何电镀液都必须有一个能产生正常镀层的电流密度范围。当电流密度过低时,阴极极化作用较小,镀层结晶粗大,甚至没有镀层。随着电流密度的增加,阴极极化作用也随着增加,镀层晶粒越来越细。当电流密度过高,超过极限电流密度时,镀层质量开始恶化,甚至出现海绵体、枝晶状、"烧焦"及发黑等。电流密度的上限和下限是由电镀液的本性、浓度、温度和搅拌等因素决定的。一般情况下,主盐浓度增大,镀液温度升高,以及有搅拌的条件下,可以允许采用较大的电流密度。

(4)电流波形的影响。

电流波形的影响是通过阴极电位和电流密度的变化来影响阴极沉积过程的,它进而影响镀层的组织结构甚至成分,使镀层性能和外观发生变化。实践证明,三相全波整流和稳压直流相当,对镀层组织几乎没有什么影响,而其他波形则影响较大。例如,单相半波会使镀铬层产生无光泽的黑灰色;单相全波会使焦磷酸盐镀铜及铜锡合金镀层光亮。

(5)温度的影响。

镀液温度的升高能使扩散加快,降低浓差极化。此外,升温还能使离子的脱水过程加快,离子和阴极表面活性增强,也降低了电化学极化,导致结晶变粗。另一方面,温度升高能增加盐类的溶解度,从而增加导电和分散能力,还可以提高电流密度上限,从而提高生产效率。

(6)搅拌的影响。

搅拌可降低阴极极化,使晶粒变粗,但可提高电流密度,从而提高生产率。此外,搅拌还可增强整平剂的效果。

4.1.2 电镀工艺过程

电镀工艺过程一般包括电镀前预处理、电镀及镀后处理三个阶段。

1. 镀前预处理

镀前预处理是为了得到干净新鲜的金属表面,为最后获得高质量镀层作准备。主要是进行脱脂、去锈蚀、去灰尘等,步骤如下:

第一步:使表面粗糙度达到一定要求,可通过表面磨光、抛光等方法来实现;

第二步:去油脱脂,可采用溶剂溶解以及化学、电化学等方法来实现;

第三步:除锈,可用机械、酸洗以及电化学方法除锈;

第四步:活化处理,一般在弱酸中浸蚀一定时间进行镀前活化处理。

2. 镀后处理

①钝化处理。所谓钝化处理是指在一定的溶液中进行化学处理,在镀层上形成一层坚实致密的、稳定性高的薄膜。钝化使镀层耐蚀性大大提高并能增加表面光泽和抗污染能力。这种方法用途很广,镀 Zn、Cu 及 Ag 等后,都可进行钝化处理。

②除氢处理。有些金属如锌,在电沉积过程中,除自身沉积出来外,还会析出一部分氢,这部分氢渗入镀层中,使镀件产生脆性,甚至断裂,称为氢脆。为了消除氢脆,往往在电镀后,使镀件在一定的温度下热处理数小时,称为除氢处理。

4.1.3 电镀金属

就理论而言,只要是能在基体上沉积成坚实、不松散、并与基体附着的镀层材料均可经水溶液、非水溶液、熔盐电镀液电镀。但是,迄今为止广泛工业化的单金属镀层并不多,以下仅例述 Zn、Cu、Cr 等镀层。

1. 镀锌层

电镀锌属于钢铁的阳极镀层,其 7~15 mm 的镀层厚度比同样厚度的 Ni 和其他阴极镀层的保护作用都强。它属低值镀层,可滚镀、挂镀、连续镀,是钢铁制品或钢铁材料室内、外防护的首选镀层。电镀锌层必须钝化或涂装,或者两者并用。

现代电镀锌液有多种:氰化物溶液、碱性无氰化物镀液、酸性(氯化物、硫酸盐)镀液。20 世纪 70 年代,最普遍的商业镀液为氰化物镀液。随着环境保护对氰化物的限制,不断发展和应用了中氰、低氰和无氰镀液,特别是光亮酸性氯化物镀液发展很快,市场占有率达 50%。其镀前与镀后处理与所有其他镀锌液相似,不过一般无氰镀锌液的镀前、镀后处理都比氰化镀锌液的要求更严,实施也更难。

(1)酸性镀锌。

酸性氯化物镀锌是唯一具有整平能力的镀锌液,铁与光亮剂配合可得到最光亮的镀层。其可以镀覆碱性镀液难镀甚至不能镀的铸铁件、可锻铸件、碳氮共渗件。它比碱性镀液的电导率高得多,电流效率为 95%~98%,明显高于氰化物镀液或碱性镀液。因电流效率高,故比其他镀液所得镀层的氢脆低。酸性氯化物镀锌液的废水处理最简单。其缺点是镀液具有腐蚀性,腐蚀所接触的设备和材料,隐匿于镀件的溶液,镀后几个月就会渗出,以致不能镀覆会隐匿镀液的加工件,如冲压件、点焊件等形状复杂件。

迄今应用的酸性氯化物镀锌液主要有两种,氯化铵型和氯化钾型。前者最先得到发展,其工作电流密度比氯化钾型的更高。这两种镀液都要添加很高的润湿剂(体积分数为 4%~6%),以便溶解其中的主光亮剂。氯化铵型镀液较容易配制,但在含 Ni 和 Cu 离子的污水流中,铵离子会起着络合剂的作用,以致有时必须以高昂的代价进行氨化治理。于是,人们便注意研究与开发酸性氯化钾型镀液。

至今所有应用中的酸性氯化物镀锌液都具有专用性,它们之间存在着一定程度的不相容性,所以要通过霍耳槽电镀试验,才能对现有工艺进行转化。其镀前处理、镀液过滤和挂具设计等的要求都较严,与电镀镍相当。

现在应用中最新的酸性氯化物镀锌液为氯化钠型,而不是昂贵的氯化钾型。其中要添加部分氯化铵或氯化钾,从而得到混合型镀液。氯化钠型一般限于滚镀,因其在较高电流条件下电镀时,易烧焦镀层。而随着添加剂的研究、开发和应用,氯化钠型镀液完全可与无铵的氯化钾型镀液相比拟。

在酸性镀锌液中,氟硼酸盐镀液和硫酸盐镀液亦因特定的需要得到了发展和应用。主要应用于高速镀锌,连续镀锌(例如,丝材和带材镀锌),而不用于加工制品。典型的氯化物、氟硼酸盐和硫酸盐镀锌液参见表 4.2~表 4.4。

表4.2 酸性氯化物镀锌的成分和工作条件(铵型)

	项目	滚镀		挂镀	
		范围	最佳	范围	最佳
镀液成分	氯化锌含量/(g·L^{-1})	15~25	18	19~56	30
	氯化铵含量/(g·L^{-1})	100~150	120	120~200	180
	载体光亮剂含量/%	3~5	4	3~4	3.5
	主光亮剂含量/%	0.1~0.3	0.25	0.1~0.3	0.25
分析	锌金属含量/(g·L^{-1})	7.5~12.0	9.8	9~27	14.5
	氯离子含量/(g·L^{-1})	75~112	80	90~161	135
条件	温度/℃	21~27	24	21~27	24
	pH值	5.5~5.8	5.6	5.2~6.2	5.8
	阴极电流密度/(A·dm^{-2})	0.3~1.0		2.0~5	
	电压/V	4~12		1~5	

表4.3 酸性氯化物镀锌的成分和工作条件(钾型和混合型)

	项目	钾型		混合型	
		范围	最佳	范围	最佳
镀液成分	氯化锌含量/(g·L^{-1})	62~85	71	31~40	34
	氯化铵含量/(g·L^{-1})			25~35	30
	氯化钾含量/(g·L^{-1})	186~255	207		
	氯化钠含量/(g·L^{-1})			100~140	120
	硼酸含量/(g·L^{-1})	30~38	34		
	载体光亮剂含量/%	4~5	4	3~5	4
	主光亮剂含量/%	0.1~0.3	0.25	0.1~0.3	0.2
分析	锌金属含量/(g·L^{-1})	30~41	34	15~19	18.5
	氯离子含量/(g·L^{-1})	120~165	135	93~130	110
	硼酸含量/(g·L^{-1})	30~38	34		
条件	pH值	4.8~5.8	5.2	4.8~5.3	5.0
	温度/℃	21~35	27	25~35	27
	阴极电流密度/(A·dm^{-2})	2.0~4		0.3~1	
	电压/V	1~15		4~12	

表 4.4　氟硼酸盐和硫酸盐电镀锌成分和工作条件

项目	氟硼酸盐(a)	硫酸盐(b)
锌含量/(g·L^{-1})	65~105	135
氟硼酸锌含量/(g·L^{-1})	225~375	—
硫酸锌含量/(g·L^{-1})	—	375
氟硼酸铵含量/(g·L^{-1})	30~45	7.2~22.5
添加剂	按需添加	按需添加
pH 值	3.5~4	3~4

注:(a)室温;电流密度 20~60 A·dm^{-2}。(b)30~32 ℃;电流密度 10~60 A·dm^{-2}。

(2)碱性无氰化物镀锌。

碱性无氰化物镀锌是应环境保护和职业卫生与安全的需要,为消除氰化物而研究和开发出来的一种碱性镀锌液。目前由此镀锌液镀出的镀锌层占整个镀锌层的15%~20%,其具体情况见表4.5.

表 4.5　碱性无氰化物镀锌液的成分及工作条件

	项目	范围②	最佳①
配制/(g·L^{-1})	氯化锌含量	7.5~21	9.4
	氢氧化钠含量	65~90	65
	专用添加剂含量/%	3~5	按规定
分析	锌金属含量/(g·L^{-1})	6.0~17.0	7.5
	氢氧化钠含量/(g·L^{-1})	75~112	75.0

注:①温度 27 ℃,最佳阴极电流密度 0.6 A·dm^{-2},槽电压 3~6 V,挂镀。
②温度 21~35 ℃,最佳阴极电流密度 0.6 A·dm^{-2},槽电压 3~6 V,滚镀。

碱性无氰镀锌液的工作特性在很大程度上取决于专用添加剂、光亮剂。由于这些添加剂,使其镀层中的碳含量比氰化物镀锌层高 10 倍。

碱性无氰镀锌液的配制和维护方便,电镀锌层光亮,消除了污水中的氰化物源。镀锌液中的锌金属含量为 7.5~12 g/L,在采用 3 A·dm^{-2}电流密度的条件下,可得到所需的光亮镀锌层,其电流效率大约为 80%。但是,如果镀锌液中的锌金属降到 2 g/L 时,则在同样电流密度条件下的电流效率会降低到 60%以下,而当镀锌液中的金属含量超过 17 g/L 时,在低电流密度区会出现暗灰色沉积,缺乏分散能力。利用添加剂提高镀锌液中的氢氧化钠含量,会使电流效率升高,但如果氢氧化钠含量过高,则会在镀件边缘、拐角出现过度电沉积。尽管如此,碱性无氰镀液仍是一种实用电镀锌液。

(3)氰化物镀锌。

光亮氰化物镀锌液主要有四种:标准氰化物镀锌液、中氰化物镀锌液、低氰化物镀锌液和微氰化物镀锌液。其中标准、中氰化物镀锌液中有时要添加多硫化物或四硫化物作净化剂,以便沉淀出镀液中存在的重金属(例如,从阳极引入的 Pb 和 Cd)。由于氰化物镀锌的独有特点,在一些国家和产业仍在应用或部分应用,其配方工艺见表4.6。

表4.6 几种氰化物镀锌溶液

项目		标准氰化物①		中氰化物②		低氰化物③		微氰化物④	
		范围	最佳	范围	最佳	范围	最佳	范围	最佳
镀液成分	氰化锌/(g·L^{-1})	54~86	61	27~34	30	7.5~14（氧化锌）	9.4	⑤	⑤
	氰化钠/(g·L^{-1})	30~41	42	15~28	20	6.0~15.6	7.5	0.75~1	1.0
	氢氧化钠/(g·L^{-1})	68~105	79	60~90	75	52~75	65	60~75	75
	碳酸钠/(g·L^{-1})	15~60	15	15~60	15	15~60	13	60~75	75
	多硫酸钠/(g·L^{-1})	2~3	2	2~3	2	15~60	13	60~75	75
	光亮剂/%	1~4	1~4	1~4	①	1~4	⑥	1~5	⑥
分析	锌金属/(g·L^{-1})	30~48	3.4	15~19	17	1~4	7.5	6.0~11.3	7.5
	总氰化钠/(g·L^{-1})	75~113	9.3	38~57	45	6.0~15.0	7.5	0.75~1	1.0
	氢氧化钠/(g·L^{-1})	68~105	79	60~90	75	60~75	75	60~75	75
	NaCN:Zn	2.0~3.0	2.75	2.0~3.0	2.6	1.0	1.0	60~75	75

注：阴极电镀密度：极限值 0.002~25 A·dm^{-2}，滚镀平均 0.6 A·dm^{-2}，挂镀平均 2.0~5 A·dm^{-2}；槽电压：挂镀 3~6 V，滚镀：12~25 V。
① 工作温度范围 21~40 ℃，最佳 27 ℃。
② 工作温度范围 21~40 ℃，最佳 29 ℃。
③ 工作温度范围 21~35 ℃，最佳 27 ℃。
④ 工作温度范围 27~35 ℃，最佳 27 ℃。
⑤ 镀液溶解锌阳极达到所需锌金属溶液。
⑥ 按规定。

2. 镀铜层

电镀铜既以底层的形式应用于多层组合装饰体系，也单独用于装饰，同时还可用作功能镀层，特别广泛用于作多层体系的底层。此镀层还用于局部热处理，如局部渗碳、热传导（热坑）、电磁屏蔽。此沉积特别用于电铸，尤其用于印制线路板。

铜层相当软，可利用擦光的方法改善其外观。铜层具有吸收不同热膨胀系数的金属因温度变化或热震而产生应力的能力，特别适用于多层体系的热膨胀隔离层。在复合镀层加上软金属铜层会降低制件极限变形造成的腐蚀开裂失效。铜层单独用于装饰镀层时，其表面要涂清漆或其他适当耐蚀层，以防止其发生变色。

可以从氰化物、无氰化物、焦磷酸盐等碱性镀液和硫酸盐或氟硼酸盐酸性镀液中电镀铜。

（1）碱性镀铜。

碱性镀液包括氰化镀铜液、无氰镀铜液、焦磷酸镀铜液。

氰化镀铜液容易在所有表面上产生厚度相当均匀的薄铜层，因而用于一些基体在电镀其他镀层之前的冲击镀。此镀液的宏观深镀能力最好，也用于一般镀铜。但是，由于氰化物对环境保护与职业安全与卫生的危害，它的利用正在世界各国受到限制，甚至禁用。

碱性无氰镀铜液是为取代氰化物镀铜液而研究和开发出来的一种电镀铜液,其所获得的沉积层可与氰化物镀铜液相比,但比氰化物镀铜要求更严格,表面准备要更彻底。现已证明,在局部热处理应用方面,碱性无氰化物镀铜层的性能已等于或优于氰化物镀铜层。此镀液可用于挂镀、滚镀和连续镀。其镀铜层结晶致密、无孔、结合力高。碱性无氰化物镀铜液也可用于冲击镀和电磁屏蔽,其专用配方基于螯合物,最常用的是羧酸、有机胺化合物和磷酸盐。

碱性焦磷酸镀铜液的特性介于氰化物镀液与酸性镀液之间,极类似于高效氰化物镀液。其电流效率为100%,深镀能力与电镀速度都高。在pH为中性的条件下也能正常工作。其电沉积的结晶细致,呈半光亮。在钢铁、锌基压铸件、镁或铝上进行焦磷酸盐镀铜时要先进行冲击镀,可采用低氰化物、焦磷酸盐冲击镀铜,也可冲击镀镍或其他冲击镀层。

(2)酸性镀铜。

酸性镀铜液广泛用于电镀、电精炼和装饰电镀,以及印刷线路。此镀铜溶液中含二价铜,它比碱性电镀铜溶液更能容忍离子类杂质。其宏观深镀能力与金属分布都比较差。但是,它具有极高的微观深镀能力,对封闭多孔基体的电镀铜具有特别的意义。在大多数情况下,可以镀得光滑沉积,对电镀件的各种基体要求少,甚至不要求机械抛光。不过钢、锌基压铸件在进行酸性镀铜之前,必须先在氰化物电镀铜液中电镀铜,或在无氰镀铜、镀镍液中进行冲击镀,不能直接在强酸性镀液中电镀,否则会侵蚀基体或形成浸铜层的基体而严重影响镀层结合力。

酸性硫酸盐电镀铜液是最常用的酸性电镀铜液,主要用于电铸,其镀层强度高、韧性好。也用于镀厚铜,其镀层厚度超过500 μm。还广泛用作Cu/Ni/Cr光亮装饰多层镀层的底层,以及电镀印刷线路板通孔。在一些情况下,它还用于化学镀镍和化学镀铜层上。由于添加剂的研究、开发和应用,它可电镀出半光亮和光亮镀层,其镀层的整平性良好。

酸性氟硼酸盐电镀铜液用于高速电镀铜,其电镀铜层致密,外观光滑,美丽诱人。它可镀任何所需要的镀层厚度,一般镀层厚度为500 μm。此镀液配制简单,镀液稳定,容易控制,电流效率接近100%。在49 ℃,从铜含量低的配比镀液中镀得的铜层软且容易抛光到高光泽。添加磨砾于高铜含量或低铜含量的镀液,可在49 ℃镀得更硬而强的镀层。要镀得厚度超过500 μm的厚镀铜层,则需加添加剂,以免镀层孔隙率高。常用的镀铜液配方及工艺条件见表4.7。

3. 镀铬层

电镀铬因其美术外观和特殊性能而广泛用于装饰性镀层和功能性镀层,即所谓的装饰铬和工程铬或硬铬。前者主要利用其良好而耐久的美术外观,后者主要利用其耐热、耐腐蚀、耐磨损以及低摩擦系数等性能。

(1)装饰性镀铬。

装饰电镀铬层在其厚度和所用底层方面不同于工程镀铬,装饰性电镀铬层的平均厚度很薄,一般不超过1.25 μm,主要利用其耐久而诱人的蓝白色。它耐变色、耐化学物质、耐擦伤、耐磨损,并在使用中一直保持其反射光泽。装饰铬不单独应用,而是与底层(例如,Ni或Cu和Ni)组成多层装饰镀层,使铬呈现光亮、半光亮或缎面外观。无缺陷的装饰铬层可以保护屏障的方式隔离周围环境的各种作用而起到防腐蚀作用。装饰铬层在多层组合层中的防蚀作用取决于其底层的选择,以及装饰铬层的种类。钢、铜及其合金上一般都电镀 Ni/Cr 或 Cu/Ni/Cr 层。

大多数装饰铬层都采用六价铬电镀工艺,近年来,已逐渐研究开发和应用三价铬工艺,解决了有毒的六价铬工艺的问题。三价铬电镀铬液的有点事的深镀能力和覆盖能力高,特别对保护环境有利。但全面取代六价铬工艺还需时间。

表 4.7 镀铜液的配方及工艺条件

项目		硫酸铜镀液	氰化亚铜镀液	焦磷酸铜镀液
镀液成分 /(g·L^{-1})	硫酸铜	150~250		
	硫酸	50~75		
	氰化亚铜		20~45	
	总氰化钠		34~65	
	游离氰化钠		12~15	
	焦磷酸铜			55~85
	焦磷酸钾			210~350
	硝酸铵			3~6
	氨水			4~11 mL/L
条件	温度	10~30	50~60	50~60
	阴极电流密度 /(A·dm^{-2})	1~4	1.5~3	2~4
	备注	明胶、葡萄糖、硫脲作光亮剂;钢铁件需预镀	亚硒酸钠、硫氰化钠作光亮剂,钢件可直接施镀	有机氮化物作光亮剂,钢铁件需预镀

三价铬的成功应用起始于1975年,三价铬的毒性比六价铬大约低100倍,其电镀速度比六价铬快3倍,提高了生产率及深镀能力,覆盖能力高,镀层不烧焦,能容忍电镀过程中电流偶然中断,以及电流的脉动,从而减少了报废率,增加了可允许的挂镀件数量。

三价铬工艺发展的主要困难是其在电镀过程中会在不溶性阳极上形成六价铬,而污染镀液。有两个著名的工艺解决此问题,最古老而最常用的是单槽工艺,即采取措施防止形成六价铬,若其一旦形成,则使之还原为三价铬;再是双槽或隔离阳极技术,这是将不溶性石墨阳极与三价铬镀液隔开,即采用离子选择膜来隔离阳极,以限制六价铬的形成。

(2)镀硬铬。

镀硬铬也称工业镀铬,其电镀铬层极硬,极耐蚀,厚度一般在2.5~500 μm,直接镀于基体上。在选择硬铬层时应考虑电沉积铬层的特有硬度与耐磨损性,所需铬层厚度,镀件的形状、尺寸和厚度,以及基体的种类、尺寸要求(是否要机加工、公差要求等)。

电镀硬铬液中的铬金属源是铬酸,但要加催化剂才能沉积出铬,而且催化剂过高或过低都不沉积铬。有效催化剂为酸的阴离子,如硫酸根、硫酸盐和氟化物。20世纪80年代开发了无氟镀液,用有机物作第二催化剂代之。

常用的装饰性镀铬及镀硬铬的镀液组成及工艺条件见表4.8。

表4.8 镀铬液的配方及工艺条件

镀层	铬酐/(g·L^{-1})	硫酸/(g·L^{-1})	氟硅酸/(g·L^{-1})	温度/℃	电流密度/(A·dm^{-2})
装饰性镀铬	250~400	2.5~4		50~55	50~60
镀硬铬	240	1.2	2.25	15~30	15~60

4. 镀镍层

电镀镍广泛应用于装饰、工程和电铸,其中装饰性镀镍占电镀耗镍的80%。

现代装饰镀镍液含有机添加剂,可改善电结晶过程,从而直接从镀液中镀得镜面光亮、高度整平镍镀层。近年来,装饰镀镍已在不断改进,例如,开发了有机光亮镀镍液,引入了半光亮镀镍工艺,开发了多层镍,微不连续铬与多层镍组合,以便在不增加镀层厚度的条件下明显地改进装饰镍中铬层的耐蚀性。

工程镀镍层指不要求全光亮外观的镀镍层,此镀层一般不含硫,外观无光,旨在提高镀件的耐蚀性和耐磨性等,用作磁漆或其他有机涂层基底,在电子工业和其他一些应用中,用作防扩散层。已广泛用于机械、化工、工程、通信电子、计算机等行业。

光亮镀镍液是对Watts镀镍液的改进,其中含有机和其他光亮剂,可镀取全光亮镀层,以便不机械抛光就直接镀铬。其中的部分添加剂分子可能进入镀层,而使镀层含硫、变硬、晶粒细致。含硫镍层的反应活性比无光、抛光或半光亮镍层的更强。可利用活性炭除去镀液中的添加剂分解产物。现代电镀镍液利用活性炭连续过滤去除有害的分解物,又不明显地去除添加剂。

有几种浓度适当的有机和无机物可产生光亮、整平镀层,并控制镀镍层内应力,它们包括载体光亮剂、辅助光亮剂和光亮剂。常用的电镀镍镀液配方及工作条件见表4.9。

表4.9 电镀镍镀液的配方及工作条件

	项目	Watts液	氨基磺酸盐液	半光亮液
成分/(g·L^{-1})	硫酸镍	225~400		300
	氨基磺酸镍		300~450	
	氯化镍	30~60	0~30	
	硼酸	30~45	30~45	35
条件	温度/℃	44~66	32~60	54
	搅拌	空气或机械	空气或机械	空气或机械
	阴极电流密度/(A·dm^{-2})	3~11	0.3~3.0	3.5~4.5
	阳极材料	镍	镍	镍
	pH值	2~4.5	3.5~5.0	3.5~4.5

4.1.4 电镀合金

1. 合金电镀概述

合金电镀是指利用电化学的方法使两种或两种以上的金属(包括非金属)共沉积的过

程。一般合金电镀层中最少组分的含量应在1%以上,对一些特殊的金属,如镉钛、锌钛、锡铈等合金镀层中,钛或铈的含量低于1%,但它们对合金镀层的性能影响很大,通常也称为合金镀层。

根据合金电镀的特性及应用性能,合金电镀大致可分为以下几种类型。

①防护性合金电镀。目前在生产上获得广泛应用的有锌镍、锌铁、锌钴、锡锌和镉钛等合金镀层,它们对于钢铁金属而言属于阳极镀层。

②装饰性合金电镀。对于一些装饰性能良好但资源短缺,价格昂贵的金属,常采用一些其他的合金镀层来代替。如用铜锌、铜锡、铜锌锡等合金作为仿金镀层。此外,锡钴、锡镍等合金镀层也可代替装饰性铬镀层。

③功能性合金电镀。由于合金镀层具有特殊的性能及使用上的特殊要求,又将合金镀层分为钎焊性合金镀层、耐磨性合金镀层、磁性合金镀层、轴承合金镀层和不锈钢合金镀层等。

④贵金属合金电镀。该类镀层主要是以金、银、钯等贵金属为基本成分的合金,如金钴、金镍、金银等,这类合金多用于电子元件上。

此外,合金电镀尚可按其他方法来分类:如根据金属的组分可分为二元合金、三元合金;根据电镀液的类型可将合金电镀分为简单盐电镀、络合物电镀和有机溶剂电镀;根据镀液成分组成和工作条件对合金镀层组成的影响,可将合金共沉积分为正则共沉积、非正则共沉积、平衡共沉积、异常共沉积、诱导共沉积五种类型。

与热熔法得到的合金相比,合金电镀法获得的镀层具有以下特点:

①可获得用热熔法制备合金相图上没有的合金相;

②容易获得高熔点金属与低熔点金属组成的合金;

③可获得热熔法不能制取的、性能优越的非晶态合金,如 Ni-P 合金、Ni-B 合金等;

④容易获得在普通水溶液中难以单独沉积的金属组成的合金,如各种 W、Mo、Ti 的合金;

⑤电镀法制备的合金要比热熔法制备的合金硬度高,耐磨性也更好,如 Ni-Co 合金、Ni-P 合金;

⑥控制一定的条件,还可以使电位较负的金属优先析出,如 Zn-Fe 合金、Zn-Ni 合金。

合金镀层具有许多单金属镀层所不具备的优良性能,它具有较高的硬度、致密性、耐蚀性、耐磨性、耐高温性、良好的磁性、易钎焊性及美丽的外观,因此具有更广泛的应用领域和更重要的价值。

2. 电镀合金基本原理

为实现二元合金电沉积,必须满足如下条件:

①合金的两种金属中至少有一种金属能单独从水溶液中沉积出来。有些金属(如钨、钼等)虽然不能单独从水溶液中沉积出来,但可与另一种金属(如铁、钴、镍等)同时从水溶液中实现共沉积。

②合金共沉积的基本条件是两种金属的析出电位要十分接近或相等,即

$$\varphi_{析1} = \varphi_1^0 + \frac{RT}{n_1 F}\ln\alpha_1 + \Delta\varphi_1 = \varphi_{析2} = \varphi_2^0 + \frac{RT}{n_2 F}\ln\alpha_2 + \Delta\varphi_2$$

式中 $\varphi_1^0, \alpha_1, \Delta\varphi_1, n_1$——第一种金属的标准电极电位、离子活度、析出过电位、平衡电极反应中该金属离子的价数;

$\varphi_2^0, \alpha_2, \Delta\varphi_2, n_2$——第二种金属的标准电极电位、离子活度、析出过电位、平衡电极反应中该金属离子的价数;

R——阿佛加德罗常数;

F——法拉第常数;

T——温度。

从电化学标准电位顺序表看出,仅有少数金属符合上述条件,并预测出共沉积的可能性。例如,铅(-0.126 V)与锡(-0.136 V),镍(-0.250 V)与钴(-0.227 V)、铜(0.34 V)与铋(0.32 V),它们的标准电位比较相近,通常可以从它们的简单盐溶液中共沉积出来。

一般来说,金属的析出电位与标准电位是有较大差别的,如离子的络合状态、过电位以及金属离子放电时的相互影响等,因此,仅从标准电位来预测金属共沉积是有很大局限性的。

为了实现金属的共沉积,一般可采用如下措施:

(1)改变金属离子的浓度。

若金属平衡电位相差不大,则可通过改变金属离子的浓度(或活度),降低电位比较正的金属离子的浓度,使它的电位负移,或者增大电位比较负的金属离子的浓度,使它的电位正移,从而使析出电位互相接近。

(2)加入络合剂。

在电镀液中加入适宜的络合剂使金属离子的析出电位相接近而共沉积,这是非常有效的方法。它不仅使金属离子的平衡电位向负方向移动,还能增加阴极极化。

(3)加入添加剂。

添加剂一般对金属的平衡电位影响甚小,而对金属电极反应的极化往往有较大的影响。由于添加剂在阴极表面可能被吸附或形成表面络合物,所以常具有明显的阻化作用。添加剂在阴极表面的阻化作用常带有一定的选择,一种添加剂可能对几种金属的电沉积起作用,而对另一些金属的电沉积则无效果。因此,在镀液中加入适宜的添加剂,是实现阴极共沉积的有效方法之一。添加剂可单独加入,也可和络合剂同时加入。

3. 影响合金电沉积的因素

合金电沉积是比较复杂的电极过程,影响合金镀层成分的因素较多,其中镀液组成和工艺条件是主要的影响因素。

(1)镀液组分对合金成分的影响。

① 镀液中金属离子浓度比和金属离子总浓度对合金成分的影响。在多数情况下,镀液中金属离子的浓度是决定合金成分的主要因素。除平衡共沉积外,合金中金属成分比率都不同于金属离子浓度比。控制镀液中金属离子浓度,一般可采用改变金属离子浓度比、改变金属离子总浓度和改变一种金属离子的浓度这三种不同的方法。

② 络合剂浓度对合金成分的影响。在合金电沉积中,镀液中的络合剂能使金属离子的沉积电位变负,并使两种金属离子的沉积电位靠近,从而达到共沉积的目的。络合剂的类型和浓度能影响合金的成分,其影响程度不亚于镀液中金属离子的浓度比。络合剂对合

金成分的影响不仅在于其将简单的金属离子转变为络离子,而且该络离子的浓度还随游离络合剂浓度的改变而变化。特别在混合络合剂镀液中,合金镀层的成分显著地受游离络合剂浓度的影响。这是因为混合络合剂镀液中每种金属离子的沉积仅对特定的络合剂敏感,而在单络合剂镀液中络合剂浓度的作用不那么显著。

③ 添加剂对合金成分的影响。添加剂具有良好的选择性,如需仅对一种金属离子的还原过程有影响,则选择适宜的添加剂,并控制合适的用量,就能得到需要的合金镀层成分。

(2) 电镀工艺参数的影响。

合金电沉积中的许多独立工艺参数,如电流密度、搅拌、温度、pH 值和镀液各成分的浓度,都会影响镀层中两种或多种金属共沉积的比例、镀层的物理性质以及沉积速度。

① 电流密度。合金电镀中,随着电流密度的提高,电位较负的金属比例有提高的趋势。往往是单盐镀液比络盐镀液中提高的大,且当共沉积金属是以带有相同阴离子的络合离子形式存在时,要比不同络合阴离子存在时的变化大。

② 搅拌。加强搅拌通常会提高合金镀层中电位较正的金属的含量,于是抵消了提高电流密度对合金镀层的影响。在静止的镀液中,阴极表面上建立的初次金属离子浓度比,取决于主盐或络离子的离解度、浓度、离子的相对扩散速度及络离子的离解速度。当主要金属离子以络离子形式而不是以简单离子形式参与共沉积时,搅拌的作用相对地就会明显下降,而当两种或多种金属离子是与相同的络合剂阴离子(而不是不同的阴离子)结合时,搅拌的作用相对会大些。

③ 温度。通常随着镀液温度的升高,合金镀层中电位较正的金属比例提高,其作用与搅拌的效果一样,而与提高电流密度的效果相反。温度升高,阴极极化降低,但电位较正金属的极化值要比电位较负金属的极化值降低的更多些。

④ pH 值。pH 值对于控制镀层的物理性质,一般认为要比控制镀层组分的作用更为重要,尤其是黄铜、镍-钴、镍-锌、铜-锡、银-铅、铅-锡以及银-镉合金镀液体系。

4. 电镀合金镀层

(1) 电镀铜锡合金。

铜锡合金,俗称青铜。根据镀层中锡的含量可将其分为三种:镀层中锡的质量分数在 15% 以下的为低锡青铜;在 15%~40% 之间的为中锡青铜,大于 40% 的为高锡青铜。随铜含量升高,合金颜色由白经黄到红变化。铜锡合金镀层具有孔隙率低,耐蚀性好,容易抛光及可直接套铬等优点,是目前应用最广泛的合金镀层之一。电镀铜锡合金主要采用氰化物-锡酸盐镀液,该工艺最成熟,应用最广泛。表 4.10 是低、中、高锡青铜的电镀工艺规范。

在低锡青铜镀液中,铜和锡的络合剂分别为 NaCN 和 NaOH,这两种络合剂在镀液中生成铜氰络合物。铜与锡在阴极上发生如下的析出反应

$$[Cu(CN)_3]^{2-} = [Cu(CN)_2]^- + CN^-$$

$$[Cu(CN)_2]^- + e = Cu + 2CN^-$$

$$SnO_3^{2-} + 3H_2O = [Sn(OH)_6]^{2-}$$

$$[Sn(OH)_6]^{2-} + 6e = Sn + 6OH^-$$

电镀生产中要控制游离络合剂在适当的范围,游离的络合剂越多,络离子越稳定,不利于金属离子在阴极上的沉积。

随着电流密度的提高,镀层中含锡量有所上升。电流密度过高时,除电流效率相应地降低外,镀层外观变粗,内应力加大。若电流密度过低,则沉积速度太慢,且镀层颜色偏红。

温度的变化对镀层成分和质量有很大影响。电镀低锡青铜时,温度升高,镀层中锡含量将随之提高。若温度过高,则镀液蒸发太快,氰化物的分解加剧,造成镀液组成不稳定,从而影响镀层的成分和质量。若温度过低,则镀层中含锡量下降,电流效率又降低,镀层光泽度差,阳极溶解不正常。

表4.10 电镀青铜的工艺规范

	项目	低锡	中锡	高锡
镀液成分/(g·L^{-1})	氰化亚铜	20~25	12~14	13
	锡酸钠	30~40		100
	氯化亚锡		1.6~2.4	
	游离氰化钠	4~6	2~4	10
	氢氧化钠	20~25		15
	三乙醇胺	15~20		
	酒石酸钾钠	30~40	25~30	
	磷酸氢二钠		50~100	
	明胶		0.3~0.5	
条件	pH		8.5~9.5	
	温度/℃	55~60	55~60	64~66
	电流密度/(A·dm^{-2})	1.2~2	1.0~1.5	8

(2)电镀铜锌合金。

铜锌合金是由铜、锌两种元素组成的二元合金,俗称黄铜。当铜含量不断升高时,合金颜色亦随之变化(白→黄→红)。电镀黄铜具有金色的外观,多数用作钢铁件的表面装饰。此外,电镀黄铜还用作钢丝与橡胶黏结的中间镀层以及其他金属镀层的底层。应用最广泛的电镀黄铜其铜的质量分数为70%~80%。目前,工业上使用的电镀黄铜液,基本上都是氰化物镀液,无氰镀液研究的多应用的少。表4.11是几种电镀黄铜的工艺规范。

氰化亚铜和氰化锌是镀液中的主盐,铜和锌两种离子在镀液中以$[Cu(CN)_3]^{2-}$和$[Zn(CN)_4]^{2-}$形式存在。镀液中铜与锌的比值升高,镀层中铜的含量也会升高,但不太敏感。镀层中锌铜的比例除与镀液中锌、铜离子的质量浓度有关外,还与镀液中氰化物、氢氧化钠的含量有关,同操作条件也有一定的关系。

游离氰化物的含量对镀层成分的影响极为显著,游离氰化钠的浓度升高,镀层中的铜含量迅速下降,并且阴极电流效率降低。如游离氰化钠浓度过高,阳极会钝化。

氨水主要用于扩大阴极电流密度范围并抑制氰化物的水解,但氨水含量过高,会使镀层中铜含量降低。适量的碳酸钠能提高导电能力。由于碱性镀液易吸收空气中的二氧化碳而变成碳酸盐,同时氰化物水解也形成碳酸钠,镀液中的碳酸钠会逐步积累,影响镀液的阴极电流效率,应定期用冷却法除去碳酸钠结晶。

镀液的pH值一般控制在11～12之间。pH值提高,镀层中锌含量增加,因此可以通过调整pH值来调整黄铜的色泽。

表4.11 电镀黄铜的工艺规范

项目		仿金黄铜	热压橡胶用黄铜	白黄铜
镀液成分/(g·L^{-1})	氰化亚铜	20	26～31	17
	氰化锌	6	9～11.3	64
	游离氰化钠		6～7	31
	总氰化钠	50	45～60	85
	碳酸钠	7.5	30	
	硫化钠			60
	锡酸钠	2.4		4
	质量分数为28%的氨水		1～3 ml/L	
	酒石酸盐			0.4
条件	pH	12.7～13.1	10～11.5	12～13
	温度/℃	20～25	30～45	25～40
	电流密度/(A·dm^{-2})	2.5～5	0.3～1	1～4

改变镀液的温度,对镀层成分和色泽都有显著的影响。温度升高,镀层中铜含量升高,而且会加速氰化钠的分解。温度过低,镀层中锌含量高,镀层苍白。

提高阴极电流密度,阴极电流效率会下降,通常镀层中的铜含量随阴极电流密度升高而降低。

(3)电镀铅锡合金。

铅锡合金镀层在工业上应用很广,镀层成分不同,用途也不一样。$w_{Sn}=6\%～10\%$ 的铅锡合金镀层具有很好的减摩性,主要用于轴瓦、轴套表面;$w_{Sn}=15\%～25\%$ 的合金镀层主要作为钢带表面保护、润滑、助焊的镀层;$w_{Sn}=45\%～55\%$ 的合金镀层主要用作防止大气、海水或其他介质腐蚀的防护性镀层;$w_{Sn}=55\%～65\%$ 的合金镀层,常用于钢、铜和铝等表面,作为改善焊接性能的镀层;$w_{Sn}=60\%$ 的镀层为印刷板焊接镀层。电镀铅锡合金广泛使用氟硼酸盐镀液,表4.12为氟硼酸盐电镀铅锡合金的工艺规范。

氟硼酸铅和氟硼酸锡是镀液的主盐,提供被镀金属离子,氟硼酸盐按下列方式离解出铅离子和锡离子

$$Pb(BF_4)_2 \longrightarrow Pb^{2+} + 2BF_4^-$$
$$Sn(BF_4)_2 \longrightarrow Sn^{2+} + 2BF_4^-$$

通过调整镀液中主盐的比例及含量,可以得到不同含锡量的锡铅合金镀层。

游离氟硼酸的存在可使阳极溶解正常,使镀层结晶细致,并可防止二价锡的氧化和水

解。

桃胶和明胶等胶体物质主要用于改善镀层结构和提高镀液的均镀能力。加入胶体物质后,镀层中的锡含量提高。但过量的胶体会使镀层发脆。

提高电流密度可少量增加镀层的含锡量,提高镀层的沉积速度。但过高的阴极电流密度将导致镀层粗糙、疏松甚至烧焦。

温度升高将加速 Sn^{2+} 转化为 Sn^{4+} 的氧化反应,同时会加速添加剂的分解,通常将温度控制在 15~20 ℃。

表 4.12 电镀铅锡合金的工艺规范

	项目	1	2	3	4
镀液成分/$(g \cdot L^{-1})$	氟硼酸铅	11~~275	以 Pb 计 40~60	55~85	55~91
	氟硼酸锡	50~70	以 Sn 计 15~30	70~95	99~148
	游离氟硼酸	50~100	100~180	80~100	40~75
	游离硼酸				20~30
	桃胶	3~5	1~3		3~5
	明胶			1.5~2	
条件	温度/℃	室温	18~45	室温	室温
	电流密度/$(A \cdot dm^{-2})$	1.5~2	4~5	0.8~1.2	0.8~1
	镀层中锡的 w_{Sn}/%	6~10	15~25	45~55	55~65

(4)电镀锌镍合金。

锌镍合金镀层的耐蚀性居于所有电镀锌合金层之首,此镀层中的 $w_{Ni}=5\%$~15%。镀层中 $w_{Ni}=15\%$~18%时,此镀层的耐蚀性随其中的镍含量的提高而提高,超过此含量,它便对基体金属失去保护性作用。$w_{Ni}=5\%$~10%时的镀层耐蚀性最好,可耐受 1 000 h 或更长时间的中性盐雾试验,而不产生红锈。经成形和热处理之后,还能保持其 60%~80%的耐蚀性,这是其独具的性能,适用于机动车件。

典型的电镀锌-镍合金镀液有酸性液和碱性液两种。酸性液含氯化锌 120~130 g/L,氯化镍 110~130 g/L,氯化钾 200~250 g/L,氯化铵 100~200 g/L,有机添加剂 5~10 g/L,pH 值为 5~6,阳极:锌和镍分别接电源。碱性液含氢氧化钠 100~130 g/L,锌 0~15 g/L,镍 0.5~1.5 g/L,有机添加剂 2~5 g/L,阳极:锌与镍分别接电源,温度 20~35 ℃。碱性电镀锌-镍合金镀层可在飞机和军事工业中取代镉电镀层,可进行透明、彩虹、青铜色、黑色等铬酸盐钝化处理。

4.2 电刷镀

电刷镀是应用电化学沉积的原理,在导电零件需要制备镀层的表面上,快速沉积金属镀层的表面技术,它是表面工程技术重要的组成部分。

电刷镀是电镀技术的一种特殊形式,又被称为涂镀、无槽电镀、选择性电镀、擦镀等。

电刷镀时被刷镀工件不需进入镀槽,包裹好的阳极必须与工件刷镀表面接触以便形成局部的"镀槽"。阳极的面积通常都小于刷镀表面,为此阳极和工件刷镀表面必须作相对运动才能在欲刷镀的整个表面上沉积镀层。电刷镀通常采用不溶性阳极,避免产生阳极钝化现象,同时电刷镀专用镀液里的金属离子含量高,所以电刷镀时的电流密度很大。

阳极(通过包套)与工件刷镀表面接触、相对运动、使用很大的电流密度(一般为槽镀的5~10倍)是电刷镀技术必须具备的三个基本条件。这三个基本条件决定了电刷镀电源、电刷镀溶液、电刷镀工艺和电刷镀应用的一系列特点。

电刷镀技术具有如下特点:

①电刷镀层具有良好的力学性能和物理化学性能。电刷镀层与金属基体的结合强度高,例如,常用的镍镀层与碳钢的结合强度≥70 MPa,在钛、铝、铬及高合金钢等难镀材料和石墨等非金属材料上也都具有很高的结合强度。

电刷镀技术中有100多种镀液可供选用,可满足耐磨、耐蚀、减摩、抗氧化、防辐射、导电、导磁、防渗碳、防渗氮、改善钎焊性以及其他特定功能的需求。

②镀层厚度可精确控制。利用电刷镀专用电源上的镀层厚度控制系统,镀层厚度控制精度可达±10%。

③温升低。电刷镀作业中,工件的温度≤70 ℃,不会引起工件的变形、表面金相组织的变化和产生残留应力等。

④工艺灵活,适应范围广。电刷镀技术可以在各种金属和能导电的非金属材料表面进行刷镀制备镀层;镀层种类几乎包括了元素周期表中可以用电化学方法沉积的所有元素,可以制备单金属镀层、合金镀层、非晶态镀层、复合镀层、组合镀层等性能各异的镀层;改变阳极的形状,可以在外圆、内孔、平面、曲面各种表面上刷镀;可以在各种尺寸的表面上刷镀,小至几毫米,大至几米的工件都有成功的电刷镀实践;可以实现不解体刷镀和现场刷镀作业。

⑤生产效率高。电刷镀的沉积速度一般是槽镀的5~20倍,而且辅助时间少,生产周期短,具有较高的生产率。

⑥对环境污染小。电刷镀溶液中不含剧毒物质(如氰化物),一般pH值为4~10;电刷镀溶液可以回收循环使用,废液的排放量少;溶液性能稳定,运输、存放无特殊要求。

⑦劳动强度大,适合于单件或小批量生产。

4.2.1 基本原理

电刷镀原理如图4.5所示,电刷镀时,直流电源的负极通过电缆线与经表面处理的工件联接;正极通过电缆线与镀笔(导电柄和阳极的组合体)连接。镀笔前端的仿形阳极用棉花包套包裹,施镀时与工件表面轻轻接触,含有欲镀金属离子的电刷镀专用镀液不断地供送到阳极和工件刷镀表面之间,在电场作用下,镀液中的金属离子定向迁移到工件表面,在工件表面获得电子还原成金属原子 $M^{n+}+ne\rightarrow M\downarrow$,还原的金属原子在工件表面上形成镀层。随着刷镀时间延长,镀层逐渐增厚,直至达到所需厚度。因电刷镀时阴阳极处于动态中,故镀层是一个断续的结晶过程。

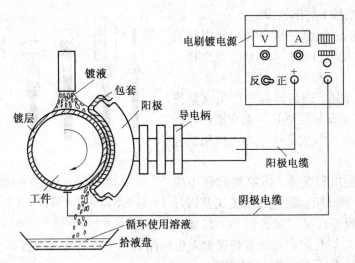

图 4.5　电刷镀工艺原理示意图

4.2.2　电刷镀设备

电刷镀设备由专用直流电源、镀笔及供液、集液装置组成。

1. 专用直流电源

电刷镀专用直流电源不同于其他种类电镀使用的电源,由整流电路、正负极性转换装置、过载保护电路及安培计(或镀层厚度计)等组成。

2. 镀笔

镀笔是电刷镀的重要工具,由阳极、绝缘手柄和散热装置组成,如图 4.6 所示。根据需要电刷镀的零件大小不同,可以选用不同类型的镀笔。

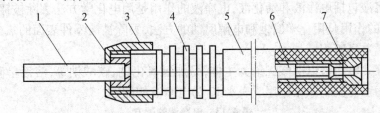

图 4.6　镀笔结构

1—阳极;2—"O"型密封圈;3—锁紧螺帽;4—散热器;5—绝缘手柄;6—导电杆;7—电缆线插座

①阳极材料。刷镀阳极材料要求具有良好的导电性,能持续通过高的电流密度,不污染镀液,易于加工等。通常使用高纯石墨、铂-铱合金及不锈钢等不溶性阳极。

②阳极形状。根据被镀零件的表面形状,阳极可以加工成不同形状,如圆柱、圆棒、月牙、长方、半圆、细棒和扁条等,如图 4.7 所示,其表面积通常为被镀面的三分之一。

③阳极的包裹。阳极需用棉花和针织套进行包裹,以贮存刷镀用的溶液(包括电镀液、酸洗液及脱脂液),防止阳极与被镀件直接接触,过滤阳极表面所溶下的石墨粒子。棉花最好选用纤维长、层次整齐的脱脂棉。套管材料要求有良好的耐磨性、吸水性,不会污染镀液,可选用涤纶或人造毛材料。包裹时厚度要适当,过厚或太薄都不好,过厚将会使电阻增大,刷镀效率降低;太薄则镀液贮存量太少,不利于热的扩散,造成过热,影响镀层质量。最

佳包裹厚度要根据不同阳极而定。

④绝缘手柄。绝缘手柄套在用紫铜作的导电杆外面,常用塑料或胶木制作。导电杆一头连接散热片,另一头与电源电缆接头连接。

⑤散热片。由于刷镀过程中产生大量热量,故镀笔上需要安装散热片。通常散热片选用不锈钢制作,尺寸较大的镀笔亦可选用铝合金制作。

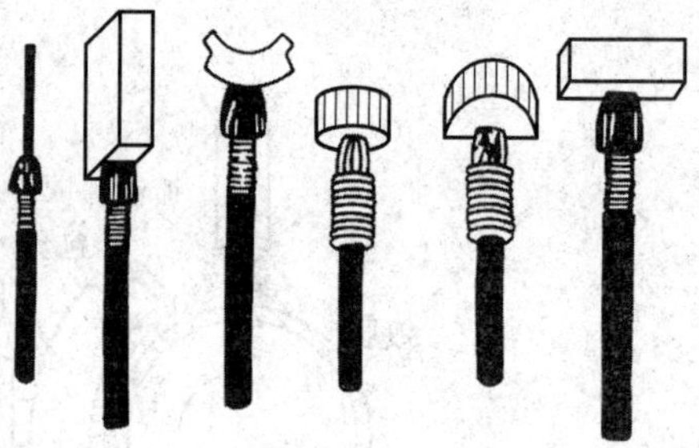

图 4.7 各种不同形状的阳极
1—圆柱形;2—平板形;3—瓦片形;4—圆饼形;
5—半圆形;6—板条形

⑥镀笔的使用和保养。电刷镀过程中应专笔专用,且不可混用。镀笔和阳极在使用过程中切勿被油脂等污染。阳极包套一旦发现磨穿应及时更换,以免阴阳两极直接接触发生短路。用毕镀笔应及时拆下阳极,用水冲洗干净,并按镀种分别存放保管,不能混淆。

3. 供液、集液装置

刷镀时,根据被镀零件的大小,可以采用不同的方式给镀笔供液,如蘸取式、浇淋式和泵液式,关键是要连续供液,以保证金属离子的电沉积能正常进行。流淌下来的溶液一般采用塑料桶、塑料盘等容器收集,以供循环使用。

4.2.3 电刷镀溶液

电刷镀所用的溶液品种很多,根据作用分为四大类:预处理溶液、电镀溶液、钝化液和退镀液。下面分别进行介绍。

1. 预处理溶液

预处理溶液包括电净液和活化液,电净液的作用是用电化学方法去除被镀零件表面的油污;活化液的作用是用化学腐蚀和电解腐蚀的方法,去除被镀零件表面的氧化膜和锈斑,使其露出金属本身组织。

①电净液。电净液以磷酸三钠为主体,另加氢氧化钠、碳酸钠等,溶液呈碱性,对任何金属材料表面都有脱脂净化作用。表 4.13 为电净液的配方。

表 4.13 电净液的配方

镀液成分及条件	配方 1	配方 2
氢氧化钠/(g·L^{-1})	20~30	20~30
无水碳酸钠/(g·L^{-1})	20~25	20~25
磷酸三钠/(g·L^{-1})	40~60	40~60
氯化钠/(g·L^{-1})	2~3	2~3
OP 乳化剂/(g·L^{-1})		5~10 mL/L
操作温度	室温~70 ℃	室温~70 ℃

②活化液。一般活化液都是酸性水溶液,具有较强的去除金属氧化物的能力。表 4.14 为常用活化液配方;表 4.15 为铬活化液配方,专用于铬、镍及其合金材料或镀铬层的表面活化。

表 4.14　常用活化液配方

镀液配方及条件	配方1	配方2	配方3	配方4
硫酸/(g·L^{-1})	80.6			116.5
硫酸铵/(g·L^{-1})	110.9			118.8
磷酸/(g·L^{-1})		25.0		
氯化钠/(g·L^{-1})		140.1		
柠檬酸三钠/(g·L^{-1})			141.2	
柠檬酸/(g·L^{-1})			94.2	
氯化镍/(g·L^{-1})			3.0	
pH 值	0.4	0.3	4	0.2
温度/℃	室温	室温	室温	室温

表 4.15　铬活化液配方

配方及条件	硫酸	硫酸铵	磷酸	氟硅酸	pH 值	温度/℃
含量/(g·L^{-1})	87.5	100.0	5.3	5.0	0.5	室温

2. 电镀液

欲以高的沉积速度获得致密牢固的镀层,满足不同工况需要,刷镀液是关键。电刷镀液的特点如下:

①金属离子含量高,一般要比槽镀的金属离子含量高 2~5 倍,为使用大的电流密度和快速沉积提供了必要条件。

②大多数是络合物的水溶液,金属络合物在水中有相当大的溶解度,有相当好的稳定性。

③性能稳定和工作范围宽,能在较宽的电流密度和温度范围内使用,金属离子浓度和 pH 值无明显变化。

④可添加细化晶粒,减少内应力,提高润湿性等作用的添加剂。

⑤不燃,不爆,无毒性,腐蚀性小,便于运输和使用。

刷镀液已自成系列,有成品供应电镀厂使用。表 4.16 为刷镀液系列。

(1)刷镀镍及其合金溶液。

特殊镍镀液可在钢、铁、合金钢、不锈钢、铸钢、铸铁、铬、镍、铜、铝以及其他高熔点金属表面获得结合良好的镀层,但沉积速度慢,通常用于沉积 2~5 μm 的底层。特殊镍镀层致密、孔隙小、硬度高、耐磨,亦可用于耐磨和防护镀层。

表 4.17 为刷镀镍液的组成和参数。特殊镍为酸性镀液,20 ℃ 的密度为 1.21 g/cm^3,电导率为 0.153 Ω^{-1}·cm^{-1},无闪点,无强烈腐蚀性。耗电系数为 0.245 A·h/(dm^2·μm)。工作电压为 10~18 V,"闪镀"时使用 18~24 V,阴阳极相对运动速度为 6~20 m/min,最佳值为 15 m/min,镀单一特殊镍时镀层厚度不能超 30~50 μm,否则易开裂。

表 4.16 刷镀液系列

类别	系列	品种
纯金属镀液	镍系	特殊镍、快速镍、半光亮镍、致快速密镍、酸性镍、中性镍、硬镍、低应力镍、高温镍、高堆积镍、高平整半光亮镍、黑镍
	铜系	高速铜、酸性铜、碱性铜、合金铜、高堆积铜、半光亮铜
	铁系	半光亮中性铁、半光亮碱性铁、酸性铁
	钴系	碱性钴、半光亮中性钴、酸性钴
	锡系	碱性锡、中性锡、酸性锡
	铅系	碱性铅、酸性铅、合金铅
	镉系	低氢脆镉、碱性镉、酸性镉、低酸镉
	锌系	碱性锌、酸性锌
	铬系	中性铬、酸性铬
	金系	中性金、金 518、金 529
	银系	低氢银、中性银、厚银
	其他	碱性铟、砷、锑、铱、铂、铑、钯
合金镀液	二元	镍钴、镍钨、镍钨 D、镍磷、钴钨、钴钼、锡锌、锡钼、铅镉、金锑等
	三元	镍铁钴、镍铁钨、镍钨磷、镍铅锑、巴氏合金

快速镍镀液呈中性略偏碱性,pH 值为 7.2~8,是刷镀技术中使用最多的镀液。镀层具有多孔倾向和良好的耐磨性,与钢、铁、铝、铜和不锈钢等金属基体结合良好。快速镍镀液主要用于恢复和耐磨的镀层。快速镍镀液呈蓝绿色,有氨水气味,20 ℃时密度为 1.172 g/cm³,电导率为 0.166 $\Omega^{-1} \cdot cm^{-1}$,是一种质优价廉的镀液。耗电系数为 0.1132 A·h/(dm²·μm),工作电压为 8~20 V,最佳值为 12~15 V,阴阳极相对运动速度 6~35 m/min。单一镀层的安全厚度小于等于 500 μm·s,为改善镀层质量和提高生产率,可加热到 30~50 ℃。

表 4.17 刷镀镍液的组成和参数

镀液组成及条件	特殊镍	快速镍	低应力镍	半光亮镍
硫酸镍/(g·L⁻¹)	396	254	360	300
氯化镍/(g·L⁻¹)	15			
盐酸/(g·L⁻¹)	21			
乙酸/(ml·L⁻¹)	69		30	48
乙酸钠/(g·L⁻¹)			20	
乙酸铵/(g·L⁻¹)		23		
对氨基苯磺酸/(g·L⁻¹)			0.1	
十二烷基硫酸钠/(g·L⁻¹)			0.01	0.1
草酸铵/(g·L⁻¹)		0.1		
氨水/(ml·L⁻¹)		105		
无水硫酸钠/(g·L⁻¹)				20
氯化钠/(g·L⁻¹)				20
柠檬酸铵/(g·L⁻¹)		56		
pH 值	~0.3	3~4	3~4	2~4
温度/℃	15~50	15~50	15~50	15~50
工作电压/V	10~18	8~14	10~16	4~10
运动速度/(m·min⁻¹)	5~10	6~12	6~10	10~14

镍-钨合金镀液的刷镀层硬度高、致密、孔隙少,在较高的温度下仍具有一定硬度,是耐磨镀层。这种镀层内应力较大,大于 30 μm 时易产生裂纹。镍-钨合金镀液为酸性溶液,其配方见表 4.18。

在上述镀液的基础上添加少量硫酸钴及其他添加剂,组成镍-钨镀液,pH 值为 1.4~2.4,20 ℃时密度为 1.29 g/cm³,电导率为 2.052 Ω⁻¹·cm⁻¹,这种镀液的应力小,沉积厚度可达 200 μm。耗电系数为 0.21 A·h/(dm²·μm),工作电压为 10~12 V,最佳值为 10~12 V,阴阳极相对运动速度为 6~20 m/min。使用前镀液加热到 30~50 ℃。

表 4.18 电刷镀镍合金液的组成及工艺参数

镀液组成及条件	镍钨合金	镍钨 D 合金	镍钨磷合金
硫酸镍/(g·L⁻¹)	436	393	320
钨酸钠/(g·L⁻¹)	25	23	50
柠檬酸钠/(g·L⁻¹)	36		
柠檬酸/(g·L⁻¹)	36		
乙酸/(g·L⁻¹)	20	42	
硫酸钠/(g·L⁻¹)	20	20	
十二烷基硫酸钠/(g·L⁻¹)	0.01	0.01	
甲酸/(mL·L⁻¹)		35.2	
硼酸/(g·L⁻¹)		31	
无水硫酸钠/(mL·L⁻¹)		6.5	
氟化钠/(g·L⁻¹)		5	
硫酸钴/(g·L⁻¹)		2	
硫酸锰/(g·L⁻¹)		2	
氯化镁/(g·L⁻¹)		2	
磷酸钠/(g·L⁻¹)			100
氯化镍/(g·L⁻¹)			50
亚磷酸/(g·L⁻¹)			50
pH 值	~2	~1.5	~1.5
温度/℃	15~50	15~50	15~50
工作电压/V	10~15	10~15	10~15
运动速度/(m·min⁻¹)	4~12	~12	4~12

(2)刷镀锌。

镀锌层具有良好耐大气腐蚀性,常作为防护镀层。刷镀常用酸性锌镀液,其工作电压为 6~18 V,一般取 8~12 V。阴阳极相对运动速度最佳值为 12~20 m/min,使用前镀液加热到 30~50 ℃。

(3)刷镀其他金属。

① 刷镀锡。锡在有机酸中很稳定,无毒,常用于食品工业容器的保护,如饮料容器、冷冻机的蒸发器。镀锡可提高工件表面润滑性,在多层滑动轴承中,如铅青铜轴承孔表面刷镀 20~60 μm 的锡层,无需加工便可使用,高精度的螺纹可用刷镀来提高拧入后的密封性,锡镀层具有良好的钎焊性和防渗碳性。

② 刷镀镉。镉在潮湿空气中易生成氧化膜,防止金属继续氧化,在海洋和高温大气中,保护性能比锌好。工作电压为 10～16 V,阴阳极相对运动速度为 4～10 m/min。

③ 刷镀铟:铟具有优良抗盐水腐蚀性,用于舰船、飞机和沿海设施防护。镀层可作为减摩层来提高工件抗黏着磨损性能。如铅表面刷镀铟,经扩散后就是优良的轴承合金。

④ 刷镀金。金是化学上最稳定的金属,具有优秀的装饰性、耐磨性、减摩性和抗高温氧化能力,还具有接触电阻小和优良的钎焊性。刷金镀层晶粒细,孔隙率低,可获得厚度小于 1 μm 的镀层,硬度为 100～110 $HK_{0.01}$。刷镀金可用于修复槽镀金件或镀在槽镀金层上,提高耐磨和抗擦伤能力。刷镀金常作为镀铑、铂、钯或银的过渡层。工作电压为 3～8 V,耗电系数为 0.067 A·h/(dm²·μm);阴阳极相对运动速度为 4～19 m/min,已开发出无氰金镀液。

⑤ 刷镀银。银具有较高的化学稳定性,在水和大气中不易起化学反应。银具有良好的电导率、热导率和钎焊性,易于抛光,有较强的反光能力。目前,电刷镀常用无氰银刷镀液,其含银量可达 180 g/L,工作电压为 3～5 V,镀层厚度可达 200 μm,镀层结合力强。在汽车发动机、供电系统和工艺保护中得到大量的应用。

⑥ 刷镀铜。镀铜层致密,结合力好,电导率高,钎焊性好,多用作过渡层、打底、钎焊层和导电层、防渗碳、防渗氮等。表 4.19 为碱性铜刷镀液配方。铜离子含量 40 g/L,20 ℃时密度为 1.13 g/cm³,电导率为 0.142 ΩA·h/(dm²·μm),镀层厚度一般为 20～30 μm,工作电压为 6～15 V,耗电系数为 0.018 A·h/(dm²·μm);阴阳极相对运动速度为 10～30 m/min,使用温度为 20～50 ℃。

表 4.19 碱性铜刷镀液配方

镀液成分及工作条件	配方 1	配方 2	配方 3
硫酸铜/(g·L⁻¹)	300	250	250
乙二胺/(g·L⁻¹)	170	135	250
氨三乙酸/(g·L⁻¹)			150
硝酸铵/(g·L⁻¹)	50		50
硫酸钠/(g·L⁻¹)	30		20
pH 值	7.5～8	9.5～10	7～8
色泽	蓝紫色	蓝紫色	蓝紫色

4.2.4 电刷镀工艺

电刷镀一般工艺过程主要包括镀前预处理、镀件刷镀和镀后处理三大部分,每个部分又包含几道工序。操作过程中,每道工序完毕后需立即将镀件冲洗干净。

1. 镀前预处理

(1)表面整修。

待镀件的表面必须平滑,故镀件表面存在的毛刺、锥度、不圆度和疲劳层,都要用切削机床精工修理,或用砂布、金相砂纸打磨,以获得正确的几何形状和暴露出基体金属的正常组织,一般修整后的镀件表面粗糙度在 5 μm 以下。对于镀件表面的腐蚀凹坑和划伤部位,可用油石、细锉、指状或片段状砂轮进行开槽修形,使腐蚀坑和划痕与基体表面呈圆滑过渡。通常修形后的凹坑宽度为原腐蚀凹坑宽度的两倍以上。对于狭而深的划伤部位应适当加宽,使镀笔可以接触沟槽、凹坑底部。

(2)表面清理。

表面清理是指采用化学及机械的方法对镀件表面的油污、锈斑等进行清理。当镀件表面有大量油污时,先用汽油、煤油、丙酮或乙醇等有机溶剂去除绝大部分油污,然后再用化学脱脂溶液除去残留油污,并用清水洗净。若表面有较厚的锈蚀物可用砂布打磨、钢丝刷刷除或喷砂处理。对于表面所沾油污和锈斑很少的镀件,不必采用上述处理方法而直接用电净法和活化法清除油污和锈斑。

(3)电净处理。

电净处理就是槽镀工艺中的电解脱脂。刷镀中对任何基体金属都用同一种脱脂溶液,只是不同的基体金属所要求的电压和脱脂时间不一样。电净时一般采用正向电流(镀件接负极),对有色金属和对氢脆特别敏感的超高强度钢,采用反向电流(镀件接正极)。电净后的表面应无油迹,对水润湿良好,不挂水珠。

(4)活化处理。

活化处理用以去除镀件在脱脂后可能形成的氧化膜并使镀件表面受到轻微刻蚀而呈现出金属的结晶组织,确保金属离子能在新鲜的基体表面还原并与基体牢固结合,形成结合强度良好的镀层。活化时,一般采用阳极活化(镀笔接负极)。

2. 镀件刷镀

(1)刷镀底层。

由于刷镀层在不同金属上结合强度不同,有些刷镀层不能直接沉积在钢铁上,故针对一些特殊镀种要先刷镀一层底层作为过渡,厚度一般为 $0.001 \sim 0.01$ mm。常用的打底层镀液有以下几种:

① 特殊镍或钴镀液。作为一般金属特别是不锈钢、铬、镍等材料和高熔点金属的打底层,以使基体金属与镀层有良好的结合力。酸性活化后可不经水清洗,在不通电条件下用特殊镀镍液擦试待镀表面,然后立即刷镀特殊液。

② 碱铜镀液。碱铜的结合比特殊镍差,但镀液对疏松材料(如铸钢、铸铁)和软金属(如锡、铝等)的腐蚀性比特殊镍小,所以常作为铸钢、铸铁、锡、铝等材料的打底层。

③ 低氢脆镉镀液。对氢特别敏感的超高强度钢,经阳极电净、阴极活化后,用低氢脆镉作打底层,可以提高镀层与基体的结合强度并避免渗氢的危险。

(2)刷镀工作层。

工作层是一种表面最终刷镀层,其作用是满足表面的力学性能、物理性能、化学性能等特殊要求。根据镀层性能的需要选择合适的刷镀溶液。例如用于耐磨的表面,工作镀层可以选用镍、镍-钨和钴-钨合金等。对于装饰表面,工作镀层可选用金、银、铬、半光亮镍等。对于要求耐腐蚀的表面,工作镀层可选用镍、锌、镉等。

3. 镀后处理

刷镀完毕要立即进行镀后处理,清除镀件表面的残积物、如水迹、残液痕迹等,采取必要的保护方法,如烘干、打磨、抛光、涂油等,以保证刷镀零件完好如初。

4.3 化 学 镀

化学镀是指在没有外电流通过的情况下,利用化学方法使溶液中的金属离子还原为金属并沉积在基体表面,形成镀层的一种表面加工技术。

被镀工件浸入镀液中,化学还原剂在溶液中提供电子使金属离子还原沉积在镀件表面,其反应式为 $M^{n+}+ne\rightarrow M$。该过程是一个催化的还原过程,还原作用仅仅发生在催化表面上。如果被镀金属本身是反应的催化剂,则化学镀的过程就具有自催化作用。反应生成物本身对反应的催化作用,使反应不断继续下去,因此化学镀又称自催化镀(Auto catalytic plating)、无电解镀(Electroless plating)。

应当注意的是不能把化学镀与置换沉积相混淆,因为后者存在着基体金属的溶解。此外,也不能把化学镀与均相的化学还原过程(如浸银)相混淆,因为此时沉积过程会发生在与溶液接触的所有物体上。

化学镀是在催化剂作用下,溶液中的金属离子被生长着的镀层表面所催化,不断地被还原,沉积在基体表面。在这个过程基体表面的催化作用相当重要,元素周期表中的Ⅷ族金属元素都具有化学镀过程中所需的催化效应。金属离子与还原剂在镀液中同时存在,是处于热力学的不稳定状态。选择使金属离子趋于稳定的强络合剂对提高镀液稳定性有利,但使沉积速度降低。选择适当的络合剂可控制稳定性和沉积速度,改善镀层光亮度和耐蚀性,同时还能改变还原反应的活化能,实现低温施镀。

酸性镀液常用的络合剂有乳酸、氨基乙酸、羟基乙酸、柠檬酸、苹果酸、酒石酸、硼酸、水杨酸等。碱性镀液常用的络合剂有氯化铵、醋酸铵、柠檬酸铵和焦磷酸铵等。化学镀的络合剂正向复合应用方向发展。

若被镀材料不具备自动催化作用,如塑料、陶瓷等非金属材料,还需经过前处理,使镀面活化后再进行化学镀。

在施镀过程中,因种种原因不可避免地在镀液中产生活性的结晶核心,致使镀液自行分解而失效,稳定剂可对活性结晶核心进行掩蔽,达到防止镀液分解的目的。常用的稳定剂有铅离子、硫脲、锡的硫化物、硫代硫酸盐、钼酸盐和碘酸盐等。

在施镀过程中有 H^+ 产生,使镀液 pH 值变化,影响沉积速度和镀层性能。缓冲剂的作用是保证镀液的 pH 值在工艺要求的范围内。常用的缓冲剂有柠檬酸、丙酸、乙二酸、琥珀酸及其钠盐。

4.3.1 概 述

1. 化学镀的基本原理

以化学镀镍为例,目前对化学镀镍的机理还没有统一的认识,但有三种主要理论,原子氢态理论、氢化物理论及电化学理论。下面将对其中的两种进行扼要的介绍。

(1)原子氢态理论。

原子氢态理论是 1946 年由 Brenner 和 Riddel 提出的,他们认为,对镀件表面(催化剂,如先沉淀析出的镍)的催化作用使次磷酸根分解析出初生态原子氢,部分原子氢在镀件表面遇到 Ni^{2+} 使其还原成金属镍,部分原子氢与次磷酸根离子反应,生成的磷与镍反应生成

磷化镍,部分原子态氢结合在一起就形成氢气,即

$$H_2PO_2^- + H_2O \longrightarrow HPO_3^- + 2H + H^+$$

$$Ni^{2+} + 2H \longrightarrow Ni + 2H^+$$

$$H_2PO_2^- + H \longrightarrow H_2O + OH^- + P$$

$$3P + Ni \longrightarrow NiP_3$$

$$2H \longrightarrow H_2 \uparrow$$

(2)电化学理论。

在原子氢态理论提出后,1959 年 W. Machu 提出了电子还原机理,即电化学理论。该理论认为,次磷酸根被氧化释放出电子,使 Ni^{2+} 还原为金属镍。Ni^{2+},$H_2PO_2^-$,H^+ 吸附在镀件表面形成原电池,电池的电动势驱动化学镀镍过程不断进行,在原电池阳极与阴极上将分别发生下列反应:

阳极反应 $\qquad H_2PO_2^- + H_2O \longrightarrow HPO_3^- + 2H^+ + 2e$

阴极反应 $\qquad\qquad Ni^{2+} + 2e \longrightarrow Ni$

$\qquad\qquad\qquad H_2PO_2^- + e \longrightarrow P + 2OH^-$

金属化反应 $\qquad\qquad 3P + Ni \longrightarrow NiP_3$

上述化学镀镍机理主要着重于化学反应过程,为便于更好地理解该过程的发生进程,特将其生长机理作进一步阐述。图 4.8(a)为化学镀镀层的生长机理,该图表明基体金属对还原沉积必须具备催化活性,这样才能连续在其表面最活化的部分沉积。

还原反应沿初始沉积部位开始,逐渐沿平面扩展,最终覆盖整个基体表面,这种情况下镀层在厚度方向不再生长。在已经形成镀层的地方镀液浓度下降,难以再进行还原反应。这时的表面类似于电沉积时的扩散层,若使其在厚度方向生长,就必须采用搅拌和对流等方式破坏扩散层,使高浓度镀液接触已沉积的镀层表面。然而,即使这样镀层仍然会以一定的速度在某一厚度沿平面生长。这类沉积的镀层是按叠层生长方式增加镀层厚度的。对于还原反应来说,显然是在溶液中进行,可是更确切地说应该是在催化活性的金属表面上反应,其模型如图 4.8(b)所示。

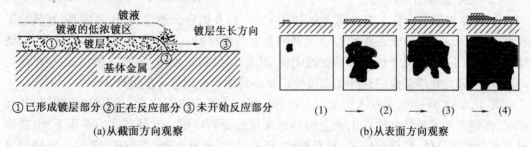

图 4.8 化学镀层生长机理模型

2. 化学镀的特点

与电镀工艺相比,化学镀具有以下特点:

①镀层厚度非常均匀,化学镀液的分散能力接近 100%,无明显的边缘效应,几乎是基材(工件)形状的复制,因此特别适合于形状复杂工件、腔体件、深孔件、盲孔件、管件内壁等

表面的施镀。镀层厚度易于控制,表面光洁平整,一般均不需要镀后加工,适宜做加工件超差的修复及选择性施镀。

②通过敏化、活化等前处理,化学镀可以在非金属(如塑料、玻璃、陶瓷及半导体材料)表面上进行,而电镀法只能在导体表面上施镀,所以化学镀工艺是非金属表面金属化的常用方法,也是非导体材料电镀前做导电底层的方法。

③工艺设备简单,不需要电源、输电系统及辅助电极,操作时只需把工件正确地悬挂在镀液中即可。

④化学镀是靠基材自催化活性而起镀的,因此其结合力一般均优于电镀。镀层有光亮或半光亮的外观,晶粒细小致密、孔隙率低,某些化学镀层还具有特殊的物理化学性能。

但化学镀品种远少于电镀,而且其成本也比电镀高。

3. 化学镀层的种类

采用化学镀首先获得成功的是单金属镍、钴沉积;然后是金、银、铜和铂族金属,如铂、钯、铑等;再次是具有特殊用途的铟、锡等。

有些元素如磷、钒、铬、锰、铁、锌、钼、镉、钨、铼、铊、铅等,虽然不能单独析出,但是可以通过诱导共析。若把这些金属元素相互组合,用化学镀方法可以获得更多种类的合金镀层。其中,只有能与非金属共沉积的极少的合金镀层结构为非晶态,如 Ni-P 和 Ni-B 合金。

4. 化学镀层的性能

实验证明,化学镀层(如镍、铜等)具有耐磨、耐蚀、高硬度、焊接性好,且具有磁性,其有关性能参数:硬度最大达 HV1100;耐磨性可以和硬铬镀层相媲美;抗腐蚀性优良,可耐各种腐蚀介质;Ni-P 镀层的电阻率为 $60 \sim 120~\mu\Omega cm$,高于冶金纯镍($9.5~\mu\Omega cm$);整体磁性增加,镀层的矫顽力由 $4 \sim 400 Oe$ 增大到 $1000 Oe$ 以上。

5. 化学镀的应用

(1)化学镀铜的应用。

化学镀铜在电子工业中应用最广,用化学镀铜使活化的非导体表面导电后,用以制造双面印刷线路板和多层印刷线路板,可使环氧和酚醛塑料或其他塑料件金属化后电镀。

(2)化学镀镍的应用。

① 化学镀镍磷合金在铝及铝合金中的应用。铝及铝合金质量轻,比强度高,容易加工成型,是航天、军事、电子工业和卷烟机械的重要结构材料。但铝及铝合金的耐蚀性、耐磨性和装饰性不佳,而化学镀镍层具有硬度高、耐磨性好、镀层致密、耐腐蚀性好、镀层厚度均匀等优点,因此化学镀镍的这些优点可使铝制品的性能得到进一步提高。

② 化学镀 Ni-P 合金在人造金刚石中的应用。人造金刚石作为一种超硬磨料,以其高硬度、高耐磨性等独特性能在工业上得到越来越广泛的应用。但是在常温常压下,人造金刚石是亚稳态晶体,其耐热性差,具有脆性,还有杂质、气孔、裂纹等缺陷,消除上述缺陷是人造金刚石迫切需要解决的问题,而在人造金刚石表面化学沉积一层耐磨耐热的 Ni-P 合金是解决这些问题的最有效的方法之一。

③ 化学镀 Ni-P 合金在钛及钛合金中的应用。钛及钛合金具有质量轻、强度高、耐蚀性好和耐高温等优异性能,在各工业领域获得了大量应用。但钛及钛合金的耐磨性差,表面容易擦伤、磨损,使疲劳性能降低,再者其导电性、导热性、可焊性较差。因此,在钛基表

面施镀 Ni-P 合金不仅能弥补上述缺陷,而且还能赋予钛基表面特殊的物理化学性能,以满足其实际应用的需要。

④ 化学镀镍在耐磨材料中的应用。化学复合镀层 Ni-P-SiC,Ni-P-Al_2O_3,Ni-P-Cr_2O_3,Ni-P-TiN,Ni-P-B_4C,Ni-P-Si_3N_4,Ni-B-SiC,Ni-B-Al_2O_3 以及 RE-Ni-B-SiC 等经适当热处理后,硬度可达 1100~1400 HV,显示出较强的耐磨性和耐热性,广泛用于模具、钻头和气缸套、活塞环等表面强化。

⑤ 化学镀镍在自润滑、减摩材料中的应用。化学镀 Ni-P-(CF)$_n$,Ni-P-CaF_2 及 Ni-P-PTFE 等复合镀层具有耐磨和自润滑性,在大气中抗擦伤性能优良,而且摩擦系数不随温度变化。在高温条件下仍然表现出较低的摩擦系数,是一种优异的耐磨干态润滑复合镀层,可用于发动机内壁、活塞环、轴承、机器的滑动部件以及模具等方面,尤其适用于高温下需润滑的部件。

⑥ 化学镀镍在防腐领域的应用。化学镀 Ni-Cu-P,Ni-W-P 及 Ni-Mo-P 合金层具有良好的抗蚀性和热稳定性,尤其是 Ni-Cu-P 合金层还可作为硬盘磁记忆底层、电磁波屏蔽层以及高耐蚀表面保护层。Ni-W-P 和 Ni-Mo-P 合金层由于电阻系数受温度变化小,从而成为理想的薄膜电阻材料。

⑦ 化学镀镍在电子、航天、机械等方面的应用。化学镀镍硼合金具有优良的钎焊性和熔焊性,良好的键合性、导电性、硬度、耐磨性和耐蚀性,而且其色泽酷似铑,接触电阻与银相近,钎焊性能优于金,因此广泛用于电子、航天、机械和塑料等行业,可节省大量的贵金属。

(3) 化学镀锡铅合金在电子工业中的应用。

在线路板制造中,铜导线图形上往往要涂覆(60%~65%)Sn 和(35%~40%)Pb 的锡铅合金层,锡铅合金起着抗蚀保护作用,并使元器件焊于印制板上。

(4) 化学镀金在印制板及电子工业中的应用。

镀金层广泛用于印制电路、电子元器件以及光学仪器。

(5) 化学镀钯在电子工业中的应用。

钯在高温、高湿和较高硫化氢浓度的氛围中性能稳定,不变色;镀钯层还具有可焊性和接触电阻较低的特性,镀钯可替代贵金属金作为电触点。此外,钯镀层在核工业上也有独特的应用,如锆上镀钯可以很容易地去除核反应堆内锆压力管上的氢同位素;钯镀层还可用于阴极保护防蚀。

4.3.2 化学镀镍

化学镀镍主要有 Ni-P 和 Ni-B 两类工艺。

1. 化学镀 Ni-P

化学镀 Ni-P 的主盐为镍盐,当还原剂为次磷酸盐时,相互作用使 Ni^{2+} 还原出金属镍,同时次磷酸盐分解出磷,获得镍磷合金的沉积层。沉积的镍膜有自催化作用,可使反应继续下去。

镍盐是化学镀镍的主盐,是二价镍离子的供给源,一般采用氯化镍、硫酸镍和乙酸镍。用氯化镍较多,还原剂大多用次磷酸盐。化学镀镍液有两种类型,一为酸性槽液,pH 值为 4~7;一为碱性槽液,pH 值为 8~11。两种镀镍液配方与工艺参数见表 4.20。

表4.20 两种化学镀镍液配方及工艺参数

成分及条件	酸性镀液					碱性镀液		
	1	2	3	4	5	6	7	8
氯化镍/(g·L^{-1})	30	30		21	26	30	20	
硫酸镍/(g·L^{-1})			25					25
次磷酸钠/(g·L^{-1})	10	10	23	24	24	10	20	25
羟基乙酸/(g·L^{-1})	25							
柠檬酸钠/(g·L^{-1})		126				84	10	
乙酸钠/(g·L^{-1})			5	9				
琥珀酸/(g·L^{-1})				7				
氟化钠/(g·L^{-1})				5				
乳酸/(g·L^{-1})					27			
丙酸/(g·L^{-1})					27			
氯化铵/(g·L^{-1})						50	35	
焦磷酸钠/(g·L^{-1})								50
铅离子/(g·L^{-1})			0.001		0.002			
中和用碱	NaOH	NaOH	NaOH	NaOH	NaOH	NaOH	NaOH	NaOH
pH值	4~6	4~6	4~8	6	4.6	8~10	9~10	10~11
温度/℃	90~100	90~100	85	90~100	90~100	95	85	70
沉积速度/(mm·h^{-1})	15	7	13	15	20	6.5	17	15

化学镀Ni-P按磷质量分数可分为高磷、中磷和低磷三种镀层。

中磷镀层w_P=6%~9%,应用最广泛,如汽车电子产品、办公用品、精密机械等。Ni-P镀层经400 ℃热处理1 h,部分晶化后,硬度大幅度提高,很多国家用于代替镀硬铬,特别是形状复杂的零件。

高磷镀层w_P≥10%,近年发展很快。w_P=14%~15%的高磷镍层已经大量用于计算机的硬盘,几乎占全部化学镀的1/3。高磷镀层是非晶结构,耐蚀盐雾能力很强,电阻率比低磷镍和中磷镍层高得多,被用来作非磁性磁屏蔽材料。

低磷镀层w_P=2%~5%,镀层硬度达500~700HV,比中磷和高磷镀镍层都高。它在碱性介质中耐蚀性特别好,可焊性也比较好,而且沉积速度快。

X射线衍射分析证明,化学镀的结构与磷质量分数有关。w_P<4.5%时,合金的镀层为镍固溶体的晶体结构。w_P=5%~6%时,镀层结构仍为晶态,但晶粒细小,晶体完整性不够。w_P=7%~8%时,具有一定晶态特征的非晶态,是向非晶态的过渡阶段。w_P>9%镀层是非晶态。

2. 化学镀Ni-B合金

用二甲氨基硼烷(DMAB)为还原剂获得w_B≤1%的低硼镍镀层,具有相当高的导电性和硬度,可焊性优于 Ni-P 镀层,广泛用于电接触件。用接近中性的二甲氨基硼烷或高碱性的氢硼化钠镀液得到 w_B=3%~6%高硼镀镍层,其润滑性、耐磨性优于 Ni-P 镀层,且保持良好的延展性,在严峻的耐磨环境中获得应用。表 4.21 给出用 DMAB 为还原剂的化学镀 Ni-B 的镀液组成。目前因 DMAB 的价格高而限制了化学镀 Ni-B 的广泛应用。

表 4.21 化学镀 Ni-B 合金的镀液组成与工艺

镀液成分及条件	配方1	配方2	配方3	配方4
Ni/(g·L^{-1})	6	11	7.5	7.5
乳酸/(g·L^{-1})	30	25		
柠檬酸/(g·L^{-1})		25		
丁二酸钠/(g·L^{-1})			20	
乙酸钠/(g·L^{-1})	0.15			
焦磷酸钠/(g·L^{-1})				60
DMAB/(g·L^{-1})	2.5	2.5	2.5	2.5
硫脲/(g·L^{-1})			2	
硝酸铅/(g·L^{-1})	2			
亚硫基二乙酸/(g·L^{-1})		70		50
pH 值	6.1	6.3	7.0	9.0
温度/℃	60	50	65	40

3. 化学镀镍多元合金

为了进一步改善化学镀镍层的某些性能,如提高热稳定性、导磁率、力学性能等,用来满足一些新的需要,对其进行了多元合金化镀镍的研究。在镀镍中再加第三种元素,如 Cu、W、Mo、Cr、Re、V、Sn、Mn、Fe、Co、B、Pb 等,可改变镀层的微观结构,从而改善甚至得到新的性能。

化学镀 Ni-W-P 合金研究和应用比较多,这种合金镀层硬度高,耐磨性好,而且随着钨含量增加而提高。化学稳定好,在稀 H_2SO_4 和稀 HCl 中的耐蚀性优于不锈钢。电阻温度系数比较低,适于制作电阻薄膜。Ni-W-P 合金镀层具有很好的耐蚀性和非磁特性,故可作为耐蚀保护层和磁性底层。获得 Ni-5W-2P 的合金镀层的工艺及参数为:硫酸镍 90~26 g/L;钨酸钠($Na_2WO_4·2H_2O$)55~60 g/L;次磷酸钠 15~20 g/L;柠檬酸钠 80~100 g/L;硫酸铵 25~30 g/L;pH 值 9;温度 85~90 ℃。镀液中 WO_4^{2-} 不但能提高镍自催化能力,还能提高 $H_2PO_2^-$ 的还原能力。

在碱性化学镀镍液中加入 Na_2MoO_4,可以得到 Ni-Mo-P 合金镀层,钼质量分数最高可达到 12%,铜质量分数低于 4%,磷质量分数低于 15%。Ni-Mo-P 镀层是非晶态结构,这种镀层在硝酸等氧化性介质中耐蚀性相当好。

随着镀层中 W 或 Mo 质量分数的增加,磷含量会大幅度降低,镀层结构将由非晶态变为微晶固溶体结构。

在碱性化学镀液中添加 $CuSO_4$,可获得 Ni-Cu-P 合金镀层,镀层结构是非晶态的。铜质量分数小的镀层硬度有所降低,而韧性和光亮性得到改善。Ni-(3~15)Cu-(12~15)P 合金镀层,硬度为 750~850HV,是一种热稳定性较高的无磁性合金,是电子工业中理想的薄膜材料。例如,用于制作计算机硬盘的底层和太空望远镜的电磁屏蔽层等。

随着信息科学的飞速发展,磁记录向着高密度、大容量、微型化方向发展。垂直磁记录是20世纪70年代末提出的一种新型磁记录模式。最初人们曾用气相沉积方法制作垂直记录介质,例如Cr-Co合金。后来发现用化学镀制备这种介质具有很多优越性,体积不受限制,设备简单,生产率高,成本低,而且容易控制合金成分和磁性能。以化学镀Co-Ni合金为基础,向镀液中添加$MnSO_4$或NH_4ReO_4,镀制出Co-Ni-Mn-P或Co-Ni-Re-P合金镀层。如果同时向镀液中添加$MnSO_4$和NH_4ReO_4,可镀制出Co-Ni-Mn-Re-P合金镀层。在这种镀层中钴和镍的质量分数要占80%。90年代初日本又研发出Co-Ni-P合金的垂直记录介质,作出Ni-39Co-6P合金镀层,这种镀层的磁性能与其晶面的择优取向有关。

4.3.3 化学镀铜

化学镀铜的主要目的是在非导体材料表面形成导电层,目前在印刷电路板孔金属化和塑料电镀前的化学镀铜已广泛应用。化学镀铜层的物理化学性质与电镀法所得铜层基本相似。

化学镀铜的主盐通常采用硫酸铜,使用的还原剂有甲醛、肼、次磷酸钠、硼氢化钠等,但生产中使用最普遍的是甲醛。下面着重介绍以甲醛为还原剂的化学镀铜工艺。

1. 甲醛还原铜的原理

(1) 原子氢态理论。

在碱性溶液中,甲醛在催化表面上氧化为$HCOO^-$,同时放出原子氢,原子氢使铜离子还原为金属铜,即

$$HCHO+OH^- \longrightarrow HCOO^-+2H$$
$$HCHO+OH^- \longrightarrow HCOO^-+H_2$$
$$Cu^{2+}+2H+2OH^- \longrightarrow Cu+2H_2O$$

(2) 电化学理论。

甲醛还原镀铜在金属铜上存在着两个共轭的电化学反应,即铜的阴极还原和甲醛的阳极氧化。

阳极反应　$HCHO+OH^- \longrightarrow HCOO^-+H_2+2e$

阴极反应　$Cu^{2+}+2e \longrightarrow Cu$

2. 镀液成分及工艺条件

生产中广泛使用的化学镀铜液以甲醛为还原剂,酒石酸钾钠为络合剂,表4.22为此类化学镀铜液的成分和工艺规范。

化学镀铜液主要由两部分组成:甲液是含有硫酸铜、酒石酸钾钠、氢氧化钠、碳酸钠、氯化镍的溶液;乙液是含有还原剂甲醛的溶液。这两种溶液预先分别配制,在使用时将它们混合在一起。这是因为甲醛在碱性条件下才具有还原能力,再就是甲醛与碱长期共存,会有下列反应发生

$$2HCHO+NaOH \longrightarrow HCOONa+CH_3OH$$
$$HCOONa+NaOH \longrightarrow Na_2CO_3+H_2$$

引起镀液稳定性降低和甲醛消耗。

化学镀铜液配制时发生如下反应

$$CuSO_4 + 2NaOH \longrightarrow Cu(OH)_2 + Na_2SO_4$$

$$Cu(OH)_2 + 3C_4H_4O_6^{2-} \longrightarrow [Cu(C_4H_4O_6)_3]^{4-} + 2OH^-$$

镀液使用一段时间后,反应速度变慢,镀层结合力变差,此时应将溶液进行澄清或进行过滤,然后加入已配制好的补充液,便可重新使用。补充液成分的含量视消耗而定。

表4.22 化学镀铜工艺规范

镀液组成及工作条件	配方1	配方2	配方3	配方4
硫酸铜/$(g \cdot L^{-1})$	5	10	7	10
酒石酸钾钠/$(g \cdot L^{-1})$	25	50	23	25
氢氧化钠/$(g \cdot L^{-1})$	7	10	4.5	15
碳酸钠/$(g \cdot L^{-1})$			2	
氯化镍/$(g \cdot L^{-1})$			2	
甲醛/$(g \cdot L^{-1})$	10	10	25	5~8
pH值	12.8	12.9	12.5	12.5~13
温度/℃	15~25	15~25	15~25	15~25
时间/min	20~30	20~30	20~30	20~30

硫酸铜是化学镀铜液中的主盐,镀液中铜离子浓度越高,沉积速度越快,当含量达到一定值时,沉积速度趋于恒定。铜离子质量分数多少对镀层质量影响不大,因此其含量可在较宽范围内变化。

酒石酸钾钠是化学镀铜液中的络合剂,用于与铜离子形成络合物,防止$Cu(OH)_2$沉淀生成。同时酒石酸钾钠又是一种缓冲剂,可以维持反应所需的最适宜的pH值。

甲醛是一种强还原剂,其还原能力随pH值增高而增强,并随甲醛浓度的增加而提高。

氢氧化钠的作用是调节镀液的pH值,保持溶液的稳定性和提供甲醛具有较强还原能力的碱性环境。

第5章 气相沉积技术

1. 气相沉积技术及分类

利用气相中发生的物理、化学过程,在固体材料表面形成功能性或装饰性的金属、非金属或化合物覆盖层的工艺称为气相沉积。气相沉积技术是一种发展迅速、应用广泛的表面成膜技术,自从20世纪70年代以来,薄膜技术和薄膜材料的发展突飞猛进,成果累累,已经成为当代真空技术和材料科学中最活跃的研究领域。

气相沉积可分为物理气相沉积(Physical Vapor Deposition,PVD)、化学气相沉积(Chemical Vapor Deposition,CVD)和兼有物理和化学沉积方法特点的等离子化学气相沉积(PCVD),其分类及主要方法如图5.1所示。

PVD与CVD特性比较见表5.1。PVD沉积温度低,覆层的特性及厚度、结构和组成可以控制;CVD法具有设备简单、操作方便、绕镀性好、结合力强的优点,但由于沉积温度高,造成被处理工件力学性能下降,工件畸变增大等问题。PVCD技术能够克服PVD和CVD存在的固有弊病,又能兼有两者优点,沉积温度低,绕镀性好,可方便地调节工艺参数,控制覆层厚度与组织结构,能获得致密均匀、性能稳定的多层复合膜及多层梯度复合膜。近年来,受到人们的广泛重视,现已进入实用化商品化时期,具有广阔的应用前景。

表5.1 几种PVD法和CVD法的特性比较

项目	PVD法			CVD法
	真空蒸镀	溅射镀	离子镀	
镀金属	可以	可以	可以	可以
镀合金	可以,但困难	可以	可以,但困难	可以
镀高熔点化合物	可以,但困难	可以	可以,但困难	可以
真空压力/Pa	10^{-3}	10^{-1}	$10^{-3} \sim 10^{-1}$	常压 $\sim 10^{-3}$
基体沉积温度/℃	100℃(蒸发源烘烤)	50~250	≈500	800~1200
沉积粒子能量/eV	0.1~1.0	1~10	30~1000	
沉积速率/$(\mu m \cdot min^{-1})$	0.1~75.0	0.01~2.00	0.1~50	几~几十
沉积层密度	较低	高	高	高
孔隙	中	小	小	极小
基体与镀层的连接	没有合金相	没有合金相	有合金相	有合金相
结合力	一般	较高	较高	高
均镀能力	不太均匀	均匀	均匀	均匀
镀覆机理	真空蒸发	辉光放电、溅射	辉光放电	化学反应

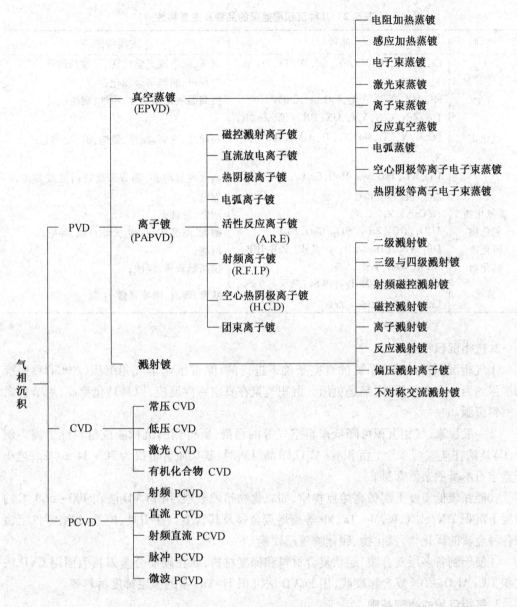

图 5.1 气相沉积分类及方法

现在气相沉积技术不仅可以沉积金属膜、合金膜,还可以沉积各种各样的化合物、非金属、半导体、陶瓷、塑料膜等。换句话说,按照使用要求,几乎可以在任何基体上沉积任何物质的薄膜。这些薄膜及其制备技术,除大量用于电子器件和大规模集成电路制作之外,还可用于制取磁性膜及磁记录介质、绝缘膜、电介质膜、压电膜、光学膜、光导膜、超导膜、传感器膜和耐磨、耐蚀、自润滑膜、装饰膜以及各种特殊需要的功能膜等,在促进电子电路小型化、功能高度集成化方面发挥着关键的作用。表 5.2 为几种沉积覆盖层的品种及主要特性。

表5.2 几种沉积覆盖层的品种及主要特性

类别	品种	主要特性
金属	Cr,Cu,Al,Ni,Mo,Zn,Cd,W,Ta,Ti,Au,Ag,Pb,In	电学、磁学或光学性能,耐蚀与耐热,减摩与润滑,装饰与金属化;
合金	MCrAlY,高Ni合金,InConel,CuPb	抗高温氧化或腐蚀,耐蚀,润滑;
氮化物	TiN,ZrN,CrN,VN,AlN,BN,(Ti,Zr)N,(C,B)N,(Ti,Mo)N,(Ti,Al)N,Th_3N_4,Si_3N_4	高硬度,耐磨,减摩,装饰,抗蚀,导电;
碳化物	TiC,WC,TaC,VC,MoC,Cr_7C_3,B_4C,NbC,ZrC,HfC,SiC,BeC	高硬度与耐磨,部分碳化物耐蚀或装饰,导电;
碳氮化物	Ti(C,N),Zr(C,N)	耐磨,装饰;
氧化物	Al_2O_3,TiO_2,ZrO_2,SiO_2,CuO,ZnO	耐磨,耐擦伤,装饰,光学性能,导电;
硼化物	TiB_2,VB_2,CrB_2,AlB,SiB,TaB_2,ZrB,HfB	耐磨;
硅化物	$MoSi_2$,WSi_2,$TiSi_2$,VSi	抗高温氧化,耐蚀;
其他	MoS_2,$MoSe_2$,$MoTe_2$,WS_2,WSe_2,TaS_2,$TaSe_2$,$TaTe_2$,$ZrSe_2$,$ZrTe_2$	减摩,润滑,摩擦系数小

2. 气相沉积特点

①气相沉积是在密封系统的真空条件下进行的,除常压化学气相沉积(NPCVD)系统的压强约为一个大气压外,都是负压。沉积气氛在真空室内反应,原料转化率高,可节省贵重材料资源。

②一般说来,气相沉积可降低来自空气等的污染,所得到的沉积膜或材料纯度高。例如,CVD法在蓝宝石基片上沉积 α-Al_2O_3 单晶材料时,其杂质含量仅为30~34 mg/kg,远小于蓝宝石本身的杂质含量。

③能在较低温度下制备高熔点物质,如氧化物超硬涂层,用PCVD法在400~560 ℃的温度下沉积 TiN,Si_4N,W,Mo,Ta,Nb 等高熔点金属及其合金。在刀具、模具、耐磨零件上沉积各种金属的碳化物、氮化物、硼化物等超硬膜。

④便于制备多层复合膜、层状复合材料和梯度材料,如在硬质合金刀具表面用CVD法沉积 TiC-Al_2O_3-TiN 复合超硬膜,用PCVD法沉积 Ti-TiC 系的多层梯度材料等。

3. 气相沉积的物理基础

气相沉积时,蒸发、反应或溅射产生的沉积物质的气体原子、离子、分子或原子团碰撞基片(工件)后,要经过短暂的物理化学过程凝集在基片表面上形成固态膜。气相沉积也像液相凝固相一样遵守相变规律,气相沉积的相变驱动力是亚稳定的气相与沉积固相之间的吉布斯自由能差,沉积的相变阻力还是形成新相表面能的增加。可见气相沉积的必要条件是沉积物质的过饱和蒸气压。物质的饱和蒸气压与温度有关,温度越高,饱和蒸气压越大。气体的分压小于其饱和蒸气压时,该气体是稳定的。当其分压超过其饱和蒸气压时,该气体在系统中自由能高,是不稳定的,将像在过饱和水溶液中析出行为一样,析出固相,以降低系统自由能,变为稳定状态。该沉积物质的气体分压等于其饱和蒸气压时,气相与固相处于平衡状态,不存在相变动力,不能发生沉积。当该沉积物质的气体分压大于其饱和蒸气压时,体系的自由能高,气相转变为固相,自由能降低,将形成晶体,即沉积。过饱和蒸气压=沉积物质的蒸气压-饱和蒸气压,过饱和度=(过饱和蒸气压-饱和蒸气压)/饱和蒸气压。气相沉积自由能差与过饱和度成正比。过饱和度是气相沉积的动力,气相沉积也像熔体凝结成固体一样,遵守形核和晶体长大的一般规律,当结晶条件受到抑制时,则按非晶化规律转变,形成非晶膜,气相沉积的特殊性是气相直接凝集成固相,即是气相到固相的转变。

气相沉积的形核过程要复杂一些,从蒸发源蒸发出的粒子、原子温度介于蒸发源和基片温度之间,一般只有一部分被基片吸附。另一部分还存在过剩能量,加之它从基片上得到的热量,当总能量超过这种原子在基片上解吸附所需要的能量时,便脱离基片再蒸发到空间里。在平衡条件下,在基片上聚集的原子数与再蒸发的原子数相等。与此同时,在基片表面吸附的原子的总能量超过表面扩散激活能时,该原子将沿基片表面进行扩散迁移。在表面扩散过程中,原子间、原子与原子团之间发生碰撞,形成原子对和原子团,凝聚成晶核或晶体长大。研究结果表明,气体原子在基片表面沉积成膜需满足基片温度与入射原子密度要求。基片温度一定时,入射原子密度要大于某一临界值;同样,入射原子密度一定时,基片温度要高于某一临界温度。

沉积膜晶体长大过程与基片及沉积原子的种类依据工艺条件的不同有核生长型、层生长型和层核生长型,如图5.2所示。

核生长型膜的晶体长大过程是沉积在基片上的原子,除部分能量大的原子返回气相外,部分被基片表面吸附后,通过表面扩散,与其他原子碰撞形成原子对、原子团,形成稳定三维晶核。凝集的晶核达到一定浓度后,一般不再形成新的晶核。新吸附的原子通过表面迁移,在已有晶核上长大,形成岛状。岛状晶粒长大使其中间隙逐渐减小,形成网状薄膜,在相邻小岛相互接触彼此结合时,放出一定能量使尺寸较小的小岛瞬时熔化,重新在大岛上结晶成大晶粒。继续吸附气体中原子逐渐填满剩余的间隙,最后形成连续的晶膜,不同物质形膜过程差别很大。例如,铝膜和银膜都是核生长的,但是铝在生长初期呈岛状结构,在膜很薄时就形成连续膜,而银膜则是膜较厚时才形成连续膜。

基片与薄膜原子间结合能与沉积原子间结合能相近时,膜的形成变为层生长型。沉积原子先在基片表面以单原子层形式均匀地覆盖一层,然后再在三维方向生成第二层、第三层,最后形成晶体膜。具体过程是基片吸附的原子,通过表面扩散,与其他原子碰撞形成二维晶核,二维晶核捕捉周围的吸附原子,形成二维晶体小岛。小岛达到饱和浓度时,小岛间隔距离大体上与吸附原子平均扩散距离相等,因而被基片表面吸附的原子扩散后都被邻近

(a)核生长型　(b)层生长型　(c)核层生长型

图5.2　薄膜生长的三种类型

的小岛捕捉,小岛继续二维地长大,直至接近形成连续二维膜后,上面一层才开始形核和二维晶体长大。Cu基片上沉积Pb,单晶PbSe基片沉积PbSe,Fe单晶基片沉积Cu就是层生长型。

层核生长型界于核生长型与层生长型之间,沉积原子先在基片表面形成 1~2 层原子层,在此基础上捕捉吸附原子,以核生长方式形成小岛,长大成膜。层核生长方式易出现在基片和沉积原子间相互作用特别强的情况下,二维晶核强烈地受基片晶体结构影响,发生较大的晶格畸变,在半导体基片上沉积金属常常是层核生长方式,如 Ge 表面蒸镀 Ca,Si 表面蒸镀 Bi,Ag。

4. 气相沉积层的组织结构

气相沉积膜大多是晶体结构,沉积膜组织与基片温度、表面状态、真空度等沉积条件有关。

基片温度是决定膜组织的主要因素之一,基片温度高,蒸气原子的动能大,克服表面扩散激活能的几率增多,容易发生结晶,并且膜中缺陷少,内应力小。基片温度高于膜材熔点 $0.5T_m$ 时,吸附原子扩散能力强,沉积膜得到再结晶的等轴晶。基片温度较低,高于 $0.3T_m$ 时,吸附原子扩散能力较强,晶粒细化,得到致密的细柱状晶。基片温度低于 $0.3T_m$ 时,吸附原子难于扩散,容易形成岛状晶核,生成锥状晶、粗柱状晶。基片温度过低将抑制结晶过程,发生非晶态化转变,形成非晶态膜。

沉积气压也是决定膜组织的主要因素,在高真空条件下,蒸发的原子几乎与其他气体原子不发生互相碰撞,它们之间也很少碰撞,能量消耗很少,到达基片有足够的能量进行扩散,形成晶核,并继续捕捉吸附原子形成细密的高纯度镀膜。随着真空度降低,原子间相互碰撞的几率增大,产生散热效应,提高绕射性能,而且可能裹携其他气体分子进入镀膜,降低镀膜的纯度和致密度。与此同时,它们自身的互相碰撞使蒸气原子速度减慢,受范德瓦尔力作用在空间形成原子团。这些原子团到达基片后很难进行扩散,形成岛状晶核,凸起部分对凹陷部分产生阴影效应,长大成锥状或柱状。

外延是一种制备单晶膜的新技术,在适当的基片上,以合适的条件,沿基片的晶向生成一层晶体结构完整的单晶膜。用外延工艺形成的单晶膜叫外延膜。外延膜的晶体结构与基体结构相同时,称为同质外延。外延膜晶体结构与基片晶体结构不同时,称为异质外延。

基片的晶体结构对外延膜结构及取向关系重大,同质外延时两者结构相同,异质外延时两者的结构也紧密相关,两者相近程度是重要标准。不仅晶面、晶向结构要相同或接近,而且 $m=(b-a)/a$(a,b 分别为基片和膜材的点阵常数)应等于或接近于零,越小越易形成外延生长。基片温度也是外延生长的重要参数,外延生长速率与吸附原子的扩散能力有关,如果吸附原子能在与另一原子碰撞结合之前,先与晶核碰撞结合,外延生长便得以进行。基片温度会促进外延生长,对某一基片与膜材都有一个适宜的外延温度,低于外延温度外延生长是不完善的。

5.1 物理气相沉积

在真空条件下,以各种物理方法产生的原子或分子沉积在基体上,形成薄膜或涂层的过程称为物理气相沉积。具体地说,物理气相沉积是利用电弧、高频电场或等离子体等高温热源将原料加热至高温,使之气化或形成等离子体,然后通过骤冷,使之凝聚成各种形态的材料(如晶须、薄膜、晶粒等)。其原理一般基于纯粹的物理效应,但有时也与化学反应相关联。

与化学气相沉积相比,物理气相沉积有如下特点:

①镀膜材料广泛容易获得:包括纯金属、合金、化合物,导电或不导电,低熔点或高熔点,液相或固相,块状或粉末,都可以作为物理气相沉积使用或经加工后使用。

②镀料汽化方式:可用高温蒸发,也可用低温溅射。

③沉积粒子能量可调节,反应活性高:通过等离子体或离子束介入,可以获得所需的沉积粒子能量进行镀膜,提高膜层质量;通过等离子体的非平衡过程提高反应活性。

④低温型沉积:沉积粒子的高能量高活性,不需遵循传统热力学规律的高温过程,就可实现低温反应合成和在低温基体上沉积,扩大沉积基体适用范围。

⑤可沉积各类型薄膜:如金属膜、合金膜、化合物膜等。

⑥无污染,有利于环境保护。

物理气相沉积法包括三个步骤:

①蒸气的产生,用简单的蒸发和升华方法,或用阴极溅射方法。

②通过减小大气压强而使气体材料从供给源转移到基体,在其飞行期间,能否与残余气体分子发生碰撞,取决于真空条件和供给源到基体的距离。挥发的镀膜材料能用各种方式激活或离子化,离子能被电场加速。

③凝结发生在基体上,最后可能是在高能粒子轰击期间,或在反应气体或非反应气体粒子碰撞过程中,或在两者共同作用下,通过异相成核作用和膜生长形成沉积膜。

按照沉积机制的差别,物理气相沉积可分为真空蒸发镀膜技术(Vapor Evaporation)、真空溅射镀膜(Vapor Sputtering)、离子镀膜(Ion Plating)和分子束外延(Molecular Beam Epitaxy,简称 VIBE 镀膜)等。

5.1.1 真空蒸发镀膜

在 $10^{-3} \sim 10^{-4}$ Pa 的真空条件下,采用各种热能转化方式,使镀膜材料蒸发为具有一定能量的气态粒子(原子、分子或原子团),然后凝聚沉积于工件(基片)表面形成膜层的方法称为真空蒸发镀膜。此技术很早就应用于电容器、光学薄膜、塑料等的真空蒸镀、沉积膜等领域。如在太平洋战争中,为了防止武器的光学透镜表面光的反射而在透镜表面沉积一层氟化镁薄膜。近几年该方法用于在塑料材料表面镀金属,还用于制造 In_2O_3-SnO_2 系等透明导电陶瓷薄膜。蒸发材料可以是金属、合金和化合物。在高真空环境中蒸发,可以防止膜的氧化和污染,得到洁净、致密、符合预定要求的薄膜。蒸镀相对于后来发展起来的溅射镀膜、离子镀膜技术,设备简单可靠,价格便宜,工艺容易掌握,可进行大规模生产,因此该工艺在光学、微电子学、磁学、装饰、防腐蚀等多方面得到广泛应用。

1. 真空蒸镀装置

图 5.3 为电阻加热式真空蒸镀装置结构示意图。真空蒸镀设备主要由真空镀膜室和抽真空系统两大部分组成,真空镀膜室是用不锈钢或玻璃制成的钟罩,室内装有蒸发电极、基体架、轰击电极、测温和烘烤电极、挡板转动装置、膜厚监控测量头和一些辅助装置等。不锈钢钟罩上一般开有几个观察窗,大口径的钟罩还装有冷却水装置。钟罩上的针阀供离子轰击时调节室内所需要的压强,亦可作为镀膜室内的充气调节阀。不锈钢钟罩可升降,膜材放在与蒸发电极相连的蒸发源上,基体或工件放在基体架上。真空抽气系统主要由扩

散泵、机械泵、高真空阀、低真空阀、充气阀等组成。机械泵与低真空电磁阀互锁,防止机械泵返油。高真空阀与充气阀互锁,防止因高真空阀未关而充入大气时处于高温状态的扩散泵油氧化。扩散泵断水有报警信号,测量真空度用复合真空计。

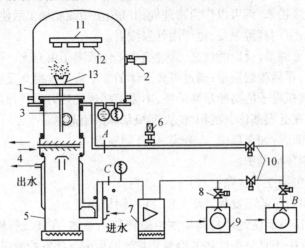

图5.3 电阻加热式真空蒸镀装置结构示意图

1—钟罩;2—ZF-85针阀;3—高真空阀;4—冷阱;5—扩散泵;6—充气阀;7—增压泵;8—放气阀;
9—机械泵;10—低真空阀;11—工件夹与加热器;12—工件;13—蒸发源与加热器

真空抽气机组可使镀膜室内的压强达到 $10^{-3} \sim 10^{-6}$ Pa,以防镀膜室内高温物体的燃烧和膜的氧化等。

2. 成膜机理

真空蒸镀时薄膜形成机理有核生长型、单层生长型和核层生长型三种。薄膜到底以哪种形式生长,是由薄膜物质的凝聚力与薄膜-基体间吸附力的相对大小、基体温度等因素决定的,但详细机理目前还没有完全搞清楚。

图5.4为核生长型的形成过程示意图,有以下几个步骤:①从蒸发源射出的蒸气流和基体碰撞,一部分被反射,一部分被吸附;②吸附原子在基体表面上发生表面扩散,沉积原子之间产生二维碰撞,形成簇团(cluster),部分吸附原子在表面停留一段时间,会发生再蒸发;③原子簇团和表面扩散原子相互碰撞,或吸附单原子,或放出单原子,这种过程反复进行,当原子数超过某一临界值时就变为稳定核;④稳定核通过捕获表面扩散原子或靠入射原子的直接碰撞而长大;⑤稳定核继续生长,和临近的稳定核合并,进而变成连续膜。

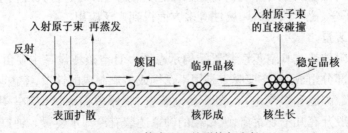

图5.4 基体表面上的形核与生长

沉积到基体表面的蒸气原子,能否凝结、成核并生长为连续薄膜,存在一个临界温度。

当基体温度高于该临界温度时,先沉积的滞留原子会重新蒸发,不能成膜。基体温度低于临界温度时,容易成膜。因此真空蒸发镀时,基体温度通常为室温或稍高于室温。

3. 成膜过程

在密闭的容器内存在着物质 A 的凝聚相 A(c)(固体或液体)及气相 A(g)时,气相的压力 p(蒸气压)是温度的函数,表 5.3 是部分材料的蒸气压与温度的关系。凝聚相和气相之间处于动态平衡状态,即从凝聚相表面不断地向气相蒸发分子,也有相当数量的气相分子返回凝聚相表面。

表 5.3 部分材料的蒸气压与温度的关系

材料	熔点/℃	密度/(g·cm^{-3})	在下列蒸气压(×133 Pa)时的温度/℃			
			10^{-8}	10^{-6}	10^{-4}	10^{-2}
铝	660	2.7	950	1065	1280	1480
银	961	10.5	847	958	1150	1305
钡	725	3.58	545	627	735	900
铍	1284	1.9	980	1150	1270	1485
铋	271	9.8	600	628	790	934
硼	2300	2.2	2100	2220	2400	2430
镉	321	8.6	346	390	450	540
硫	1750	4.8	760	840	920	—
碳	3700	1~2	1950	2140	2410	2700
铬	1890	6.9	1220	1250	1430	1665
钴	1459	8.9	1200	1340	1530	1790
铌	2500	8.5	2080	2260	2550	3010
铜	1083	8.9	1095	1110	1230	1545
金	1063	19.3	1080	1220	1465	1605
铁	1535	7.9	1150			1740
铅	328	11.3	617	700	770	992
一氧化硅		2.1	870	990	1250	
钽	2996	16.6	2230	2510	2860	3340
锑	452	6.2	450	1800	550	656
锡	232	5.7	950	1080	1270	1500
钛	1690	4.5	1335	1500	1715	2000
钒	1990	5.9	1435	1605	1820	2120
锌	419	7.1	296	350	420	—

根据气体分子运动理论,单位时间内气相分子与单位面积器壁碰撞的分子数,即气体分子的流量,为

$$J = \frac{1}{4}n\bar{V} = p(\pi mkT)^{\frac{1}{2}} = \frac{Ap}{(\pi MRT)^{\frac{1}{2}}} \tag{5.1}$$

式中　n——气体分子的密度；

　　　$\bar{V}$——分子的最可几速度；

　　　m——气体分子的质量；

　　　k——玻尔兹曼常数，$k = 1.33 \times 10^{-23}$ J/K；

　　　A——阿伏加德罗常数；

　　　R——普朗克常数；

　　　M——分子量。

由于气相分子不断沉积于器壁及基体上，因此为保持二者的平衡，凝固相不断向气相蒸发，若蒸发元素的分子质量为 m，则蒸发速度可用下式估算

$$\Gamma = mJ = 5.83 \times 10^{-2} \left(\frac{M}{T}\right)^{\frac{1}{2}} P_{\text{Torr}} \quad [\text{g/cm}^2 \cdot \text{s}]$$

$$\cong 4.37 \times 10^{-3} \left(\frac{M}{T}\right)^{\frac{1}{2}} P_{\text{Pa}} \quad [\text{kg/cm}^2 \cdot \text{s}]$$

从蒸发源蒸发出来的分子在向基体沉积的过程中，还不断与真空中残留的气体相碰撞，使蒸发分子失去定向运动的动能，而不能沉积于基体。若真空中残留气体分子越多，即真空度越低，则实际沉积于基体上的分子数越少。若蒸发源与基体间距离为 X，真空中残留的气体分子平均自由程为 L，则从蒸发源蒸发出的 N_s 个分子到达基体的分子数为

$$N = N_s \cdot \exp\left(-\frac{X}{L}\right) \tag{5.2}$$

可见，从蒸发源发出来的分子是否能全部达到基体，尚与真空中存在的残留气体有关，一般为了保证有 80% ~ 90% 的蒸发元素到达基体，则希望残留气体分子和蒸发元素气体分子的混合气体的平均自由程是蒸发源至基体距离的 5 ~ 10 倍。

两种不同温度的混合气体分子的平均自由程的计算是比较复杂的，为简单起见，假设蒸发元素气体与残留气体的温度（T）相同，设蒸发气体分子的半径为 r，残留气体分子半径为 r'，残留气体的压力为 p，则根据气体运动理论，其平均自由程 L 为

$$L = \frac{4kT}{2\pi(r+r')^2 p} \tag{5.3}$$

若压力单位为 Pa，原子半径单位为 m，则上式可写成

$$L = 3.1 \times 10^{-24} \frac{T}{2\pi(r+r')^2 p}$$

4. 蒸发源

（1）蒸发源形状。

蒸发源的形状如图 5.5 所示，大致有克努力曾盒型（Knudsen cell）、自由蒸发型和坩埚型三种。蒸发源应具备以下三个条件：①为了能获得足够的蒸镀速度，要求蒸发源能加热到材料的平衡蒸气压在 1.33×10^{-2} ~ 1.33 Pa 的温度。②存放蒸发材料的小舟或坩埚与蒸发材料不发生任何化学反应。③能存放为蒸镀一定膜厚所需要的蒸镀材料。

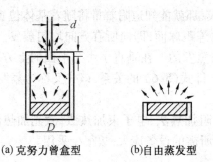

(a)克努力曾盒型　　　(b)自由蒸发型　　　(c)坩埚型

图 5.5　蒸发源的形状

蒸发膜厚的均匀性在很大程度上取决于蒸发源的形状,蒸发源有两种形式,即点源和微小面源。

对于点源,它可以向各个方向蒸发,若在某段时间内蒸发的全部质量为 M_0,则在某规定方向的立体角 $d\omega$ 内,蒸发的质量为

$$dm_0 = \frac{M_0 d\omega}{4\pi} \tag{5.4}$$

如图 5.6 所示,若离蒸发源的距离为 r,蒸发分子方向与基体表面法线的夹角为 θ,则基体上的单位面积附着量 m_d 可由下式确定

$$m_d = S \cdot \frac{M_0 \cos\theta}{4\pi} \tag{5.5}$$

式中　S——吸附系数,表示蒸发后冲撞到基体上的分子不被反射而留在基体上的比率(化学吸附比率)。

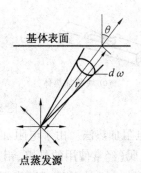

图 5.6　点蒸发源的蒸发

微小面源,克努力曾盒的蒸发源可以看成是微小面源,此时蒸发分子从盒子表面的小孔飞出,把这个小孔看作平面,假如在规定的时间内从这个小孔蒸发的全部质量为 M_0,那么在与这个小孔所在平面的法线构成 φ 角方向的立体角 $d\omega$ 中,蒸发的质量 dm_0 与前面一样,为

$$dm_0 = \frac{M_0 \cos\varphi d\omega}{4\pi} \tag{5.6}$$

如图 5.7 所示,若离蒸发源的距离为 r,蒸发分子的方向与基体表面法线的夹角为 θ,则基体上的单位面积上附着的物质 m_e 为

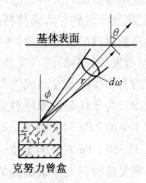

图 5.7　微小面源的蒸发

$$m_e = S \cdot \frac{M_0 \cos\varphi \cos\theta}{\pi r^2} \tag{5.7}$$

如果在大的基体上蒸镀,薄膜的厚度就要随位置而变化。把若干个小的基体设置在蒸

发源的周围来一次蒸镀制造多片薄膜,那就能知道附着量将随着基体位置的不同而变化。对微小点源,其等厚膜面是离圆心的等距球面,即向所有方向均匀蒸发。而微小面源只是单面蒸发,并不是所有方向上都均匀蒸发的。在垂直于小孔平面的上方蒸发量最大,在其他方向蒸发量只有此方向的 $\cos\varphi$ 倍,即式(5.6)的关系,该式又称为蒸发的余弦定律。

(2)蒸发源的加热方式。

在真空中加热物质的方法,有电阻加热法、电子束加热法、激光加热法等,此外还有高频感应加热法,由于高频感应加热法所需的设备庞大,故很少采用。

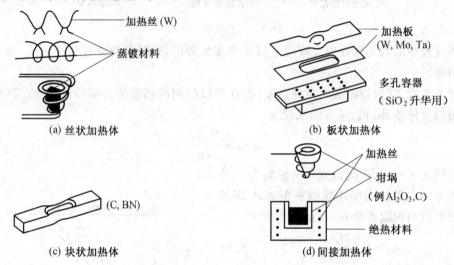

图5.8 电阻加热常用蒸发源形状

① 电阻加热法。由于电阻加热法很简单,所以是很普及的方法。把薄片状或线状的高熔点金属(经常使用的是钨、钼、钛)做成适当形状(常用形状如图5.8所示)的蒸发源,装上蒸镀材料,让电流通过蒸发源加热蒸镀材料使其蒸发,这就是电阻加热法。

采用电阻加热法时应考虑的问题是蒸发源的材料及其形状,主要是蒸发源材料的熔点和蒸气压,蒸发源材料与薄膜材料的反应以及与薄膜材料之间的湿润性。

因为薄膜材料的蒸发温度(平衡蒸气压为 1.33 Pa 时的温度)多数在 1 000~2 000 K 之间,所以蒸发源材料的熔点需高于这一温度。而且,在选择蒸发源材料时必须考虑蒸发源材料大约有多少随蒸发而成为杂质进入薄膜的问题。因此,必须了解有关蒸发源常用材料的蒸气压。为了使蒸发源材料蒸发的分子数非常少,蒸发温度应低于蒸发源材料平衡蒸发压为 1.33×10^{-6} Pa 时的温度。在杂质较多时,薄膜的性能不受什么影响的情况下,也可采用与 1.33×10^{-2} Pa 对应的温度。

选择蒸发源材料尤其重要的是,蒸发源材料不能与薄膜材料发生反应和扩散而形成化合物和合金。

②电子束加热法。在电阻加热法中,薄膜材料与蒸发源材料是直接接触的,因此该方法存在一些问题,因蒸发源材料的温度高于薄膜材料而有杂质混入薄膜材料,易使薄膜材料与蒸发源材料发生反应,以及薄膜材料的蒸发受蒸发源材料熔点的限制等。运用电子轰击法,即将电子集中轰击蒸发材料的一部分而进行加热的方法,可避免上述问题的发生。

发射电子束的电子枪类型较多,有直射枪、环形枪和 e 形枪。图 5.9 是 e 形枪的工作原理图。阴极灯丝加热后发射出具有 0.3 eV 初始动能的热电子,这些热电子在阴、阳极间电场力的约束下不但会聚成束状,而且受磁场的作用沿 $E \times B$ 方向偏转。到达阳极孔时电子能量可提高到 10 keV。通过阳极孔的电子束,在偏转磁场作用下偏转 270°角之后射到坩埚内的膜材表面上,轰击膜材使其加热蒸发。图中的吸收极 6 用于吸收有害的散射电子,收集极 5 用于捕获由于入射电子与蒸气云中性原子相碰撞而游离出来的正离子。

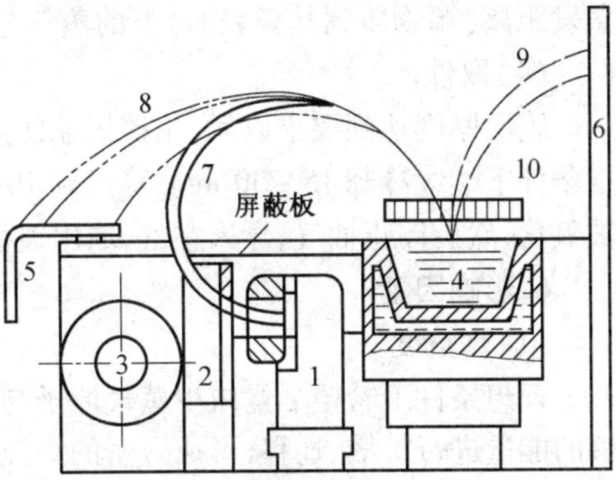

图 5.9 e 型电子枪的工作原理
1—发射体;2—阳极;3—电磁线圈;4—水冷坩埚;5—收集极;6—吸收极;7—电子轨迹;8—正离子轨迹;9—散射电子轨迹;10—等离子体

③激光加热方式。激光蒸发源将激光束作为热源加热膜料,通过聚焦可使激光束密度达到 10^6 W/cm² 以上,以无接触加热方式使膜料迅速气化,然后沉积在基片上形成薄膜。图 5.10 为激光蒸发装置简图。根据激光的工作方式不同,可进行脉冲输出和连续输出。激光蒸镀能实现化合物的沉积,而且不会产生分馏现象,能蒸发高熔点材料且污染极少。此外,在基片不加热的情况下,还能得到洁净良好的镀膜,激光源镀膜是沉积介质膜、金属膜和无机化合物膜的好方法。

5. 真空蒸镀工艺

(1)基片表面的清洁。

真空室内壁、基片架等表面的油污、锈迹、尘埃等在真空中极易蒸发,直接影响膜层的纯度和结合力,镀前必须清洁干净。

(2)镀膜前准备。

镀膜室抽真空到 $10^{-3} \sim 10^{-2}$ Pa,对基片和镀料进行预处理。

①加热基片,其目的是去除水分和增强膜基结合力。在高真空下加热基片,除进一步干燥基片外,更重要的是使基片(工件)表面吸附

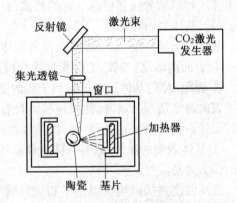

图 5.10 激光加热蒸镀装置示意图

的气体脱附,然后经真空泵抽气排出真空室,有利于提高镀膜室真空度、膜层纯度和膜基结合力。

②镀料预热,接通蒸发源,对镀料加热,先输入较低功率,使镀料脱水,脱气。为防止蒸发到基板上,用挡板遮盖蒸发源及源物质,然后输入较大功率,将镀料迅速加热到蒸发温度,蒸镀时再移开挡板。

(3)蒸镀。

在蒸镀阶段除要选择适当的基片温度、镀料蒸发温度外,沉积气压是一个很重要的参数。沉积气压即镀膜室的真空度高低,决定了蒸镀空间气体分子运动的平均自由程和一定

蒸发距离(源物质到基板表面)下的蒸气与残存气体原子及蒸气原子之间的碰撞次数。

(4)取件。

膜层厚度达到要求以后,用挡板盖住蒸发源并停止加热,但不要马上导入空气,需在真空条件下继续冷却 15~30 min,降温到 100 ℃左右,防止镀层、剩余镀料及电阻、蒸发源等被氧化,然后停止抽气,导入空气,取出镀件。

6. 影响因素

(1)真空度。

理想条件下希望尽量减少蒸气原子与气体分子间的碰撞,使它们到达基体表面后有足够的能量进行扩散、迁移,形成致密的高纯膜,提高成膜质量。因此要保证蒸镀前有较高的真空度,否则,蒸气原子与气体分子间发生碰撞而损失能量,到达基体后易形成粗大的岛状晶核,使镀膜组织粗大,致密度下降,膜表面粗糙,成膜质量降低。一般真空蒸镀中真空度要达到 $10^{-2} \sim 10^{-4}$ Pa。

若从蒸发源到基体的距离为 L,为使从蒸发源出来的膜料分子(或原子)大部分不与残余气体发生碰撞而直接到达基体表面,根据分子动力学理论,很容易导出蒸镀室的压强 p_r 要满足如下条件

$$p_r = \frac{13}{L} \tag{5.8}$$

式(5.8)可以用来确定蒸镀时的起始真空度。为了确保镀膜质量,最好在比起始真空度低 1~2 个数量级的环境中进行镀膜。应该指出,总压强 P_r 确定后,对镀膜室内的残余气体中的水蒸气和氧的分压强也有一定的要求,否则薄膜的质量仍难以保证。

(2)基体表面状态。

基体表面清洁度、温度以及表面的晶体结构均影响蒸镀过程。

① 表面清洁度:油膜、乙醇类物质会污染膜且使结合力显著降低。

② 表面温度:基体温度低有利于膜的凝聚形成,但不利于提高膜与基体间的结合力。基体表面温度适当升高时,使膜与基体间形成一层薄的扩散层,以增大膜对基体的附着力,同时也提高膜的密度;实际蒸镀时,基体表面温度的确定一般取决于蒸发源物质的熔点。

③ 基体表面的晶体结构:基体为单晶体,镀膜也会沿原晶面成长为单晶膜。

(3)蒸发温度。

蒸发温度直接影响成膜速率和成膜质量,通常将蒸发物质加热,使其平衡蒸气压达到几帕以上,这时的温度定义为蒸发温度。根据热力学中 Clasius – Clapeyran 公式,材料的蒸气压 p 与温度 T 之间的关系可近似表示为

$$\lg p = -\frac{A}{T} + B \tag{5.9}$$

式中　A,B——分别为与材料性质有关的常数,可直接由实验确定,或查阅有关文献获得;

　　　T——热力学温度,K;

　　　p——材料的蒸气压,kPa。

(4)蒸发和凝结速率。

纯金属或者单质元素的蒸发和凝结速率的情况最为简单,根据气体分子动力学理论和

统计物理学知识,可以分别计算单位时间内由单位表面上蒸发或凝结的分子数 N_v 和 N_c。

$$N_v = n_i \sqrt{\frac{kT}{2\pi n}} \exp(-\frac{q}{kT}) \tag{5.10}$$

$$N_c = n_1 \sqrt{\frac{kT}{2\pi m}} \tag{5.11}$$

式中　n_i——蒸发膜料物质的分子密度;

n_1——蒸发面附近气相分子密度;

k——波尔兹曼常数;

m——一个蒸发分子的质量;

T——温度;

q——每个分子的气化热,其值为 $\frac{1}{2}mv_g^2$;

v_g——为分子的逸出速度。

如果蒸发和凝结两个过程处于动态平衡,则 $N_v = N_c$,即单位时间内从单位面积蒸发的分子数应该等于凝结的分子数。因此,可以把蒸发速率等效为单位时间从空间碰撞到单位面积液面(或固面)并凝结的分子数。

若用单位时间内从单位面积蒸发的质量即质量蒸发速率 N_m 来表示蒸发速率,考虑到碰撞到液面或固面的分子只有部分凝结,因此引入系数 $\alpha(\alpha < 1)$,则有

$$N_m = \dot{m}\alpha N_c = m\alpha n_1 \sqrt{\frac{kT}{2\pi m}} \tag{5.12}$$

引入气体的状态方程 $p = nkT$ 后,可得

$$N_m = \alpha p \sqrt{\frac{m}{2\pi kT}} = \alpha p \sqrt{\frac{M}{2\pi RT}} \tag{5.13}$$

带入常数项得

$$N_m = 4.375 \times 10^{-3} \alpha p \sqrt{\frac{M}{T}} \tag{5.14}$$

式中　N_m——质量蒸发速率,$kg/(m^2 \cdot s)$;

p——温度 T 时该单质靶料的饱和蒸气压,Pa;

M——摩尔质量;

T——蒸发温度,K;

R——普适气体常数。

式(5.14)说明,蒸发速率与蒸气压的温度之间密切相关。由式(5.9)可知,蒸发物质的饱和蒸气压随温度的变化而成指数变化。当温度变化10%时,饱和蒸气压要变化大约一个数量级。因此,控制蒸发速率的关键在于精确控制蒸发温度。

合金薄膜的制备一般通过蒸发合金或化合物材料获得。在同一蒸发温度下,合金中各元素的蒸气压不同,因此蒸发速率也不同,会产生分馏现象,往往得不到所希望比例成分的合金或化合物膜。根据合金热力学,两种或者两种以上组元的合金遵守分压定律、拉乌尔(Laoult)定律和亨利(Henry)定律,对于理想溶液,总的蒸气压为

$$p = \sum_i p_i r_i \tag{5.15}$$

利用式(5.14),可得到合金中各组分的蒸发速率为

$$G_i = 4.375 \times 10^{-3} \alpha p_i^0 r_i S_i \sqrt{\frac{M_i}{T}} \tag{5.16}$$

式中　p_i^0——合金元素 i 单独存在且在温度为 T 时的饱和蒸气压;

　　　M_i——组元 i 的摩尔质量;

　　　r_i——组元 i 在合金中的摩尔分数;

　　　S_i——组元 i 的活度系数,S_i 是 r_i 的函数,由实验测定。

据式(5.16),当蒸镀两种或两种以上元素组成的合金或化合物原料时,未必能够获得与原料相同成分的薄膜。因此,当用蒸镀法制备预定成分的合金或化合物薄膜时,需对蒸发源进行改进,如采用瞬间蒸镀法和双(多)蒸发源等。式(5.16)也常用来估计合金的分馏程度。

(5)基体表面与蒸发源的空间关系。

蒸镀膜的厚度分布由蒸发源与基体表面的相对位置以及蒸发源的分布特性决定。以点蒸发源为例,基体表面为一平面时,由于平面各处距蒸发源的距离不同,会出现膜厚不均匀的现象。故一般都应使工件旋转,尽可能使工件表面各点处与点蒸发源的距离相等或相近。

7. 真空蒸镀的特点及应用

真空蒸镀的主要优点是工艺过程真空度高,因而膜层致密度及纯度很高;镀膜工艺过程及设备比较简单、易控制。但与其他工艺方法相比,也存在膜层与基片结合力差及绕镀性差等缺点。目前,真空蒸镀主要用于光学电子工业等对结合强度要求不高的功能膜。如透明导电膜(SnO_2,In_2O_3)、导体膜(Al、Ag)、绝缘膜(SiO,Al_2O_3)等。在金属材料表面强化工艺中,真空蒸镀应用的很少。

5.1.2　溅射镀膜

所谓溅射镀膜是指在真空室中,利用荷能粒子(如正离子)轰击靶材,使靶材表面原子或原子团逸出,逸出的原子在工件的表面形成与靶材成分相同的薄膜,这种制备薄膜的方法称为溅射镀膜。目前,溅射法主要用于形成金属或合金薄膜,特别是用于制作电子元件的电极和玻璃表面红外线反射薄膜。另外,溅射还应用于制备功能薄膜,如液晶显示装置的 In_2O_3-SnO_2 透明导电陶瓷薄膜。

溅射镀膜有两种方式:一种称为离子束溅射,指真空状态下用离子束轰击靶表面,使溅射出的粒子在基体表面成膜,该工艺较为昂贵,主要用于制取特殊的薄膜;另一种称为阴极溅射,主要利用低压气体放电现象,使处于等离子状态下的离子轰击靶面,溅射出的粒子沉积在基体上。它采用平行板电极结构,膜料物质做成的大面积靶为阴极,支持基体的基板为阳极,安装于钟罩式真空容器内。为减少污染,先将钟罩内的压强抽到小于 $10^{-3} \sim 10^{-4}$ Pa,然后充入 Ar,使压强维持在 $1 \sim 10$ Pa。在两极之间加数千伏的电压进行溅射镀膜。

与蒸发镀膜相比,溅射镀膜时靶材(膜料)无相变,化合物成分稳定,合金不易分馏,因此适合制备的膜材非常广泛。由于溅射沉积到基体上的粒子能量比蒸发时的能量高 50 倍,它们对基体有清洗和升温作用,所以形成的薄膜附着力大。特别是溅射镀膜容易控制膜的成分,通过直接溅射或者反应溅射,可以制备大面积均匀的各种合金膜、化合物膜、多层膜和复合膜。溅射镀膜易实现连续化、自动化作业和规模化生产。但是,由于溅射时要

使用高电压和气体,所以装置比较复杂,薄膜易受溅射气氛的影响,薄膜沉积速率也较低。此外,溅射镀膜需要事先制备各种成分的靶,装卸靶不太方便,靶的利用率不太高等。

1. 溅射镀膜的基本原理

(1) 溅射现象

荷能离子轰击固体表面时,将发生一系列物理和化学现象,如图 5.11 所示。这些现象包括二次电子发射、二次正离子或负离子发射、入射离子的反射、γ 光子和 X 射线的发射、加热、化学分解或反应、体扩散、晶格损伤、气体的解析与分解、被溅射离子返回轰击表面而产生散射粒子等。从表面释放出来的中性原子和分子就是溅射成膜的材料源。

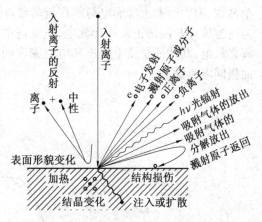

图 5.11 荷能离子碰撞表面所产生的各种现象

在等离子体中,任何表面具有一定负电位时,就会发生上述溅射现象,只是强弱程度不同而已。所以,靶、真空室壁、基片都有可能产生溅射现象。以靶的溅射为主时,称为溅射成膜;基片的溅射现象称为溅射刻蚀;真空室和基片在高压下的溅射称为溅射清洗。要想实现某一种工艺,只需调整其相对于等离子体的电位即可。

入射一个离子所溅射出的靶原子个数称为溅射率或溅射产额。显然,溅射率越大,生成膜的速度就越大。一般认为,溅射率与轰击离子的种类和能量有关,与靶材原子的种类和结构有关,与溅射时靶材表面发生的分解、扩散、化合等状况有关,与溅射气体的压力有关,但是在很宽的温度范围内与靶材温度没有什么关系。

随着轰击离子质量的增加,溅射率总的趋势是增大,溅射率与轰击离子的原子序数之间呈周期性的起伏现象,而且与周期表的分组相吻合。各类轰击离子所得的溅射率的周期性起伏的峰值依次为 Ne,Ar,Kr,Xe,Hg 的原子序数处,所以经常在这五种元素中选择一种作为在工作中使用的轰击离子源。在工程上广泛使用容易得到的 Ar 离子作为溅射的气体离子源,Hg 离子仅在少数研究工作中使用。轰击离子能量存在一个溅射能量阈值,当轰击离子能量小于此阈值时,溅射现象不会发生。对于大多数金属来说,溅射阈值为 20 ~ 40 eV,当轰击离子能量达到阈值后,随着轰击离子能量增加,溅射率先迅速增大,之后增大幅度逐渐变小,达到极值后,逐渐变小。

溅射率与靶材原子序数的变化表现出与元素周期表类似的周期性,随靶材原子 d 壳层电子填满程度的增加,溅射率变大,即 Cu,Ag,Au 等最高,而 Ti,Zr,Nb,Mo,Hf,Ta,W 等最低。随着轰击离子入射角的增大,溅射率逐渐增大,当入射角达到 70° ~ 80°时,溅射率最大,呈现一个峰值,此后入射角再增大,溅射率急剧减小,以至为零。在溅射气体的压力较低时,溅射率不随压力变化,但在高压时,因溅射粒子与气体分子碰撞而返回靶表面,从而使得溅射率随压力增大而减小。在与升华能相关的某一温度范围内,溅射率几乎不随靶表面温度的变化而变化,但当温度超过这一范围时,溅射率有急剧增加的倾向。

(2) 辉光放电。

①直流辉光放电。辉光放电是溅射过程中产生荷能离子的源,辉光放电是在 10^{-2} ~ 10 Pa 真空度范围内,在两个电极之间加上直流电压产生的放电现象。图 5.12 为辉光放电

的全伏安特性曲线:AB段电压由零逐渐增加时,出现非常微弱的电流($10^{-6} \sim 10^{-8}$ A),这是由于宇宙辐射引起的电子发射和空间电离所产生的;BC段是自持的暗放电,电流几乎是一个常数,因为所有出现的电荷都在流动着,这就是汤森放电,其特征是有微弱的发光;CD段为过渡区;DE段是正常辉光放电,电流与电压无关,两极间产生明亮的辉光;EF段是反常辉光放电,其特征是放电电压和电流密度同时增加;FG段是弧光放电,特征是电流密度大而极间电压低。

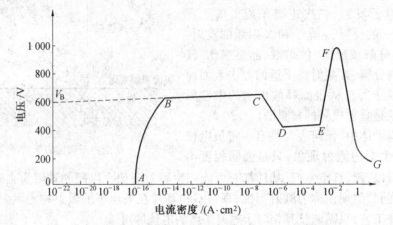

图5.12 直流辉光放电特性

人们习惯称从暗放电到自持的正常辉光放电过程为"雪崩"过程:离子轰击阴极,释放出次级电子,后者与中性气体原子碰撞,形成更多的离子,这些离子重复上述过程又回到阴极,产生出更多的电子,并进一步形成更多的离子,如此循环,如同滚雪球的过程。当产生的电子数正好能形成足够量的离子,这些离子能再生出同样数量的电子时,放电达到自持。正常辉光放电的电流密度与阴极物质、气体种类、气体压力、阴极形状等有关,但其值总体来说较小,所以在溅射和其他辉光放电作业时均在反常辉光放电区工作。

②射频辉光放电。如果施加的是交流电,并且频率增高到50 kHz以上的射频,所发生的辉光放电称为射频辉光放电。利用射频辉光放电的溅射称为射频溅射,又叫RE溅射。射频辉光放电有两个重要属性:其一是辉光放电空间中电子振荡达到足够产生电离碰撞能量,故减少了放电对二次电子的依赖性,并且降低了击穿电压;其二是射频电压可以耦合穿过各种阻抗,故电极就不再限于导电体,其他材料甚至是绝缘材料都可用作电极而参与溅射。一般说来,与直流辉光放电相比,射频辉光放电可以在低一个数量级的压力下进行。

2. 溅射成膜过程

(1)靶面原子的溅射。

关于溅射机理目前尚无统一认识,有的认为是因为入射离子的高能量引起靶材轰击部位产生局部高温蒸发;有的认为是弹性碰撞的直接结果;较多的则认为是上述两者的综合结果。根据$100 \sim 1\ 000$ eV带正电的氩离子轰击金属靶的实验结果,平均每个入射离子发生溅射的几率大致为$\eta = 0.1 \sim 1.0$,以Q代表入射的正离子数,则溅射量S为

$$S = \eta Q \tag{5.17}$$

由式(5.17)可见,要提高溅射量S,必须提高溅射效率η或增加正离子量Q。

各元素的η值不同,并与工作气体的离子能量有关,适当的离子能量有最佳的η值;若

提高靶的温度,则更有利于溅射;气体离子的入射角也可改变溅射效率。

正离子量 Q 的增加,虽也能增加溅射量 S,但这将增加工作气体的压力,从而伴随着杂质的增加,影响膜层的质量。

(2)溅射原子向基体的迁移。

靶溅出的粒子中,正离子因逆向电场的作用而不能到达基体,将再次参与轰击靶面。溅射时,伴随有辉光放电现象。因一般溅射时的工作真空度为 $1.33\times10 \sim 1.33\times10^{-1}$ Pa,粒子的平均自由程为 0.1~10 cm,故溅射镀膜时,靶面向基体入射并沉积成膜。

(3)成膜。

粒子向基体入射并沉积成膜。

3. 常用溅射镀膜方法

根据电极的结构、电极的相对位置以及溅射镀膜的过程可分为二极溅射、三极(包括四极)溅射、磁控溅射、对向靶溅射、离子束溅射、吸气溅射等。在这些溅射方式中,如果在 Ar 中混入反应气体,如 O_2,N_2,H_2,C_2H_2 等,可制得靶材料的氧化物、氮化物、碳化物等化合物薄膜,这就是反应溅射;在镀膜的基体上若施加直到 500 V 的负电压,使离子轰击膜层的同时镀膜,使膜层致密,改善膜的性能,这就是偏压溅射;在射频电压作用下,利用电子和离子运动特征的不同,在靶的表面感应出负的直流脉冲,而产生溅射现象,对绝缘体也能溅射镀膜,这就是射频溅射。因此,按溅射方式的不同,又可分为直流溅射、射频溅射、偏压溅射和反应溅射等。表 5.5 列出了各种溅射镀膜方式的特征及原理图。

表 5.5 各种溅射镀膜方式的特征及原理图

溅射方式	溅射电源	氩气压力/Pa	特征	原理图
二极溅射	DC 1~7 kV 0.15~1.5 mA/cm² RF 0.3~10 kW 1~10 W/cm²	约 1.3	构造简单,可以在大平面基板上均匀成膜,放电电流随压力和电压变化而变化	
三极或四极溅射	DC 0~2 kV RF 0~1 kW	$6\times10^{-2} \sim 1\times10^{-1}$	可实现低气压、低电压溅射,放电电源和轰击靶的离子能量可独立调节控制,可自动控制靶的电流,也可进行射频溅射	

续表 5.5

溅射方式	溅射电源	氩气压力/Pa	特征	原理图
磁控溅射	0.2~1 kV(高温低温) 3~30 kW/cm²	$10^{-2} \sim 1 \times 10^{-1}$	在与靶表面平行的方向上施加磁场，利用电场和磁场相互垂直的磁控管原理减少电子对基板的轰击（降低基板温度），使高速溅射成为可能	
对向靶溅射	DC RF	$10^{-2} \sim 1 \times 10^{-1}$	两个靶对向放置，在垂直于靶的表面方向加磁场，可对磁性材料进行高速低温溅射	
射频溅射	0~2 kV RF 0.3~10 kW	约 1.3	可制取绝缘体，如石英、玻璃、Al_2O_3 膜，也可射频溅射金属膜	
偏压溅射	在基板上施加 0~500 V 相对阳极正或负的电位	约 1.3	镀膜过程中清除基板上轻质量带电粒子，从而降低基板中杂质气体，如 N_2，O_2，H_2 等残留气体	
非对称交流溅射	AC 1~5 kV 0.1~2 mA/cm²	约 10^{-3}	在振幅大的半周期内对靶材进行溅射，在振幅小的半周期内对基板进行离子轰击，去除吸附的气体，从而获得高纯度的镀膜	

续表5.5

溅射方式	溅射电源	氩气压力/Pa	特征	原理图
离子束溅射	DC		在高真空下,利用离子束溅射镀膜,是非等离子体状态下的成膜过程,靶连接地电位也可	
吸气溅射	DC 1~7 kV 0.15~1.5 mA/cm² RF 0.3~10 kW 1~10 W/cm²	约1.3	利用活性溅射离子的吸气作用,除去杂质体,能获得纯度高的镀膜	
反应溅射	DC 1~7 kV RF 0.3~10 kW	在Ar中混入适量的活性气体,如N_2,O_2等,分别制备TiN,TiO_2	阴极可以用化合物做靶材,用纯金属做靶材时可制备阴极物质的化合物薄膜,如阴极靶材为Ti,可制备TiN,TiC等	从原理上讲,上述方法除二级溅射和吸气溅射外,均可进行反应溅射

(1)二级溅射。

图 5.13 为直流二极溅射装置示意图,这种装置由阴阳极组成。用膜材制成的靶为阴极(必须是导体),其上接 1~5 kV 负偏压。阳极是放置被镀件的工件架(工件架和真空室一般为接地极),两极间距一般为数厘米至 10 cm 左右。当真空室真空度抽至 $10^{-2} \sim 10^{-3}$ Pa 后,通入氩气。当压力升到 1~10 Pa 时接通电源,使之产生异常辉光放电。等离子区中的正离子被阴极位降区加速而轰击阴极靶。被溅射出的靶材原子在基体上沉积成膜。

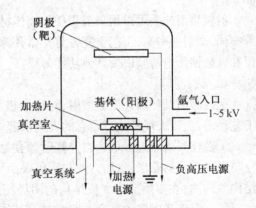

图 5.13 直流二级溅射装置示意图

辉光放电特性中的异常辉光放电区是溅射工艺的工作区域,在此区域中阴极表面全部被辉光放电覆盖,阴极放电电流密度随放电电压的升高而增加。形成异常辉光放电的关键是气体放电的击穿电压(自持放电点燃电压)U_k,而 U_k 又是气体压力 p 与极间距离 d 的乘积的函数,即 $U_k=f(pd)$。在大多数辉光放电溅射过程中,需要相对较高的击穿电压。

二极溅射方法虽然简单,但放电不稳定,沉积速率低。为提高溅射速率,改善膜层质量,又制作出三极溅射装置(在二极溅射装置的基础上附加热阴极)和四极溅射装置(在二极溅射靶和基体垂直的位置上,分别放置一热阴极和辅助阳极)。如采用射频电源(频率常为 13.56 MHz)作为靶阴极电源,又可做成二极或多极射频溅射装置,这种装置能溅射绝缘材料。

(2) 射频溅射。

采用直流阴极溅射方法只能沉积金属膜,而不能沉积介质膜,其原因在于轰击介质靶材表面的离子电荷无法中和,于是靶面电位不断升高,外加电压几乎都加在靶上,极间的离子加速与电离就会变小,甚至不可能发生电离,致使放电停止,溅射也就不可能了。为此采用了射频溅射方法。

射频溅射是利用高频电磁辐射来维持低气压(约 2.5×10^{-2} Pa)的辉光放电。阴极安置在紧贴介质靶材的后面,把高频电压加在靶子上,这样在一个周期内正离子和电子可以交替地轰击靶子,从而实现溅射介质材料(靶子)的目的。

在射频溅射的一个周期内,由于每个电极将交替成为阴极和阳极,对于一个具有两个面积相等金属电极的溅射系统来说,受到了等量离子流和电子流轰击,亦即两个电极都有一半的时间受到相同能量的离子流的轰击,显然这种结构的射频溅射系统难以沉积成薄膜。因此,解决问题的方法是使两个电极面积大小不等,即非对称平板型结构。把射频电源接在小电极上,而将大电极和屏蔽罩等相连后接地作为另一电极。这样在小电极处产生的暗区电压降比大电极半暗区压降要大得多。由于暗区压降的大小决定轰击电极的离子能量,如果大电极面积达到足以使流向它的离子能量小于溅射阈能,则在大电极上就不会发生溅射。因而只要用小电极作为靶,而将基体或工件放置在大电极上,就可以进行射频溅射镀膜了。通常射频溅射使用的频率为 10~30 MHz,国际上通用的射频频率为 13.56 MHz。

射频溅射几乎可以用来沉积任何固体材料的薄膜,获得的薄膜致密,纯度高,与基体附着牢固,溅射速率高,工艺重复性好。常用来沉积各种合金膜、磁性膜、超声换能器的铌酸锂和钛酸钡压电薄膜以及其他功能薄膜。

(3) 磁控溅射。

磁控溅射又称高速低温溅射,对比二极溅射其沉积速率高,工作气压低,镀膜质量高,工艺稳定,便于大规模生产。它的发展引起了镀膜工艺的深刻变革。

①磁控溅射原理。尽管磁控溅射源在结构上有多种形式,但都要具备两个条件,即建立与电场垂直的磁场;磁场方向与阴极表面平行,并组成环形磁场。图 5.14 为平面磁控靶结构原理图,在实质上为二极结构的阴极靶后面设置了磁铁,磁铁在靶面上产生水平分量的磁场。电场和磁场的这种布置,正是为了对离子轰击靶材时放出的二次电子进行有效的控制。二次电子在加速飞向基体时受磁场 B 的洛仑兹力作用以摆线和螺旋线状的复合形式做圆周运动。这些电子的运动路径不仅很长,而且被电磁场束缚在靠近靶表面的等离子体区域内沿跑道转圈,在该区中通过频繁地碰撞电离出大量 Ar^+ 用以轰击靶材,从而实现了高速率溅射。电子经数次碰撞后能量逐渐降低,逐步远离靶面,并最终跑向阳极基体。同时,沿磁力线方向也存在着按螺旋形轨迹振荡的电子运动,无论是跑道式的电子漂移还是

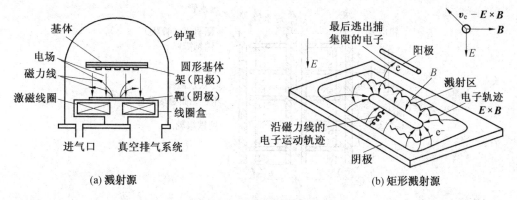

(a) 溅射源　　　　　　　　　　(b) 矩形溅射源

图 5.14　平面磁控溅射原理图

跨越跑道的电子振荡,都在产生丰富的电离之后以很低的能量飞向基体,这使得基体的温升也较低。由于增加了正交电磁场对电子的束缚效应,故其放电电压和气压都远低于直流二极溅射,通常分别为 500~600 V 和 10^{-1} Pa。

②几种常用磁控溅射源。

a.平面磁控溅射源。这是目前应用最广的溅射源,其结构简单,加工方便。靶材一般为 3~10 mm 的平板,通常做成矩形,如图 5.14(b)和圆形,如图 5.15 所示。靶背面安装永久磁铁或电磁铁,或二者的复合结构。为控制靶温,应采用水冷;为防止非靶材零件的溅射,应设置屏蔽罩。平面磁控溅射的平均电流密度为 4~40 mA/cm²,功率密度为 1~36 W/cm²,基体与靶的距离为 5~10 cm。

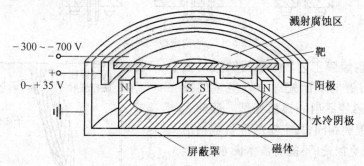

图 5.15　圆形平面磁控溅射靶

b.同轴圆柱形磁控溅射源。图 5.16 为永磁式同轴圆柱形磁控溅射源结构示意图,该柱状源由永磁环和水冷柱状阴极靶组成,每个永磁环之间用纯铁垫片隔开,永磁环以同极性相邻放置,即在每个永磁环的中间断面上磁力线平行于靶表面并与电场正交。磁力线与靶表面封闭的空间就是束缚电子运动的等离子区域。

c.S 枪磁控溅射源。图 5.17 为 S 枪磁控溅射源,S 枪的靶阴极为锥状环形(或环形),圆盘状阳极位于阴极中心,阴、阳极均有水管冷却,环形磁铁套在阴极外侧。由于靶表面形成的曲线形磁场与电场构成正交电磁场,因此由阴极发射出的二次电子在靶表面环形区域中做摆线和螺旋线的复合运动。

图 5.18 为几种不同溅射方法的靶电流密度与靶电压的关系。显然,磁控溅射法能在数百伏的较低电压下获得大的电流密度。

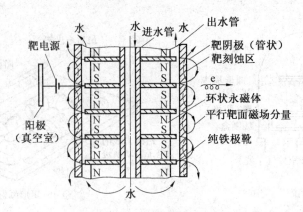

图 5.16　圆柱形磁控溅射靶

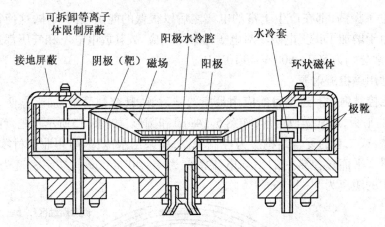

图 5.17　S 枪磁控溅射源

③磁控溅射镀膜工艺。一般间歇式的磁控溅射工序为:镀前表面处理→真空室的准备→抽真空→磁控溅射→镀后处理。镀前表面处理与蒸发镀膜相同,真空室的准备包括清洁处理,检查或更换靶(不能有渗水漏水,不能与屏蔽罩短路),装工件等。磁控溅射工艺参数为电压 0.2~1 kV(高速低温),功率密度为 3~30 W/cm², 氩气压力为 $10^{-2} \sim 10^{-1}$ Pa。

④磁控溅射特点。

a. 沉积速率大,产量高。由于采用高速磁控电极,可以获得非常大的靶轰击离子电流,因此靶表面的溅射刻蚀速率和基体表面上的膜沉积速率都很高。与其他溅射装置相比,磁控溅射的生产能力大、产量高,因此便于工业应用和推广。

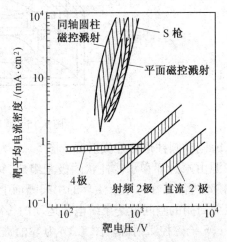

图 5.18　不同溅射方法的靶电流密度与靶电压关系

b. 效率高。低能电子与气体原子的碰撞几率高,因此气体离化率大大增加。相应地,放电气体(或等离子体)的阻抗大幅度降低。结果直流磁控溅射与直流二极溅射相比,即使压力由 1~10 Pa 降低 10^{-1}~10^{-2} Pa,溅射电压也同时由几千伏降低到几百伏,溅射效率和沉积速率反而成数量级地增加。

c. 低能溅射。由于靶上施加的电压低,等离子体被磁场束缚在阴极附近的空间中,从而抑制了高能带电粒子向基体一侧入射。因此由带电粒子轰击引起的对半导体器件等造成的损伤程度比其他溅射方式低。

d. 向基体的入射能量低。由电子轰击造成的对基体的入射热量少,从而可避免基体温度的过度升高。同时,在直流磁控溅射方式中,阳极也可以不接地,处于浮动电位,这样电子可不经过接地的基体支架,而通过阳极流走,从而有可能减少由电子入射造成的基体热量增加。这种放电模式称为冷模式,以便和接地阳极的热模式相区别。

e. 靶的不均匀刻蚀。在高速磁控电极中,采用的是不均匀磁场,因此会使等离子体产生局部收聚效应。同时会使靶上局部位置的溅射刻蚀速率极大,结果短时间内靶上就会产生显著的不均匀刻蚀。靶材的利用率一般为 20%~30%,为提高靶材的利用率,人们采取了各种各样的措施,如改善磁场的形状及分布,使磁铁在阴极内部移动等。

f. 溅射原子的离化。进入溅射装置放电空间的溅射原子有一部分会被电离,电离几率与电离碰撞截面、溅射原子的空间密度与电离相关的粒子的入射频率三者的乘积成正比。按照近似关系,电离几率与靶入射电流密度的平方成正比。在进行大电流放电的高速磁控溅射方式中,溅射原子的离化率一般是比较高的。

g. 磁性材料靶。如果溅射靶是由高磁导率的材料制成,磁力线会直接通过靶的内部发生磁短路现象,从而使磁控放电难以进行。为了产生空间磁场人们进行了各种研究,例如,使靶材内部的磁场达到饱和,在靶上留许多缝隙促使其产生更多的漏磁,或使靶的温度升高,使靶材的磁导率减少等。

(4)离子束溅射。

溅射镀膜都是利用辉光放电产生的正离子轰击靶面,溅射出原子沉积在基片上,形成薄膜的。而离子束溅射是采用单独的离子源产生的离子轰击靶材的溅射镀膜方法,其装置如图 5.19 所示。离子源与镀膜室是分开设置的,右边是镀膜室,真空度为 10^{-3}~10^{-2} Pa;左边为离子源,通过热灯丝阴极发射热电子,加速到 40~80 eV 飞向阳极并使工作气体(如氩气)电离为等离子体。屏栅是等离子体的出口,屏栅与加速栅之间的强电场将离子束引出离子源进入镀膜室。到达靶材离子的能量,即离子轰击靶材的能量,主要取决于靶材与阳极的电位差。高能粒子轰击靶材,产生溅射效应,将靶材原子沉积到基片(板)上。

离子束溅射的优点是镀膜室真空度高,可以在比磁控溅射真空度高的条件下进行。膜层中气体杂质含量少,膜层质量高,可以用来制作超大规模集成电路用的钼(Mo)膜。薄膜磁头采用坡莫合金膜、类金刚石膜、超导膜等。离子束溅射的缺点是沉积速率低,沉积大面积薄膜有困难。

5.1.3 离子镀

离子镀膜技术是 20 世纪 60 年代发展起来的,离子镀是在真空条件下利用低压气体放电的等离子,使蒸发出金属或化合物蒸气的原子(或分子)电离和激活,然后在基体(工件)表面沉积成膜的过程。离子镀膜是蒸发工艺与溅射技术的结合,是一种较新的方法。虽然

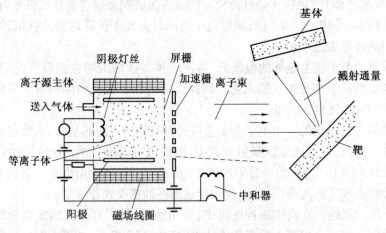

图 5.19 离子束溅射系统示意图

不像真空沉积法和溅射技术那样具有较长的历史,但这种方法改善了薄膜在耐磨性、减摩性、耐腐蚀性等方面的不足之处,增强了薄膜与基体的结合强度,在形状复杂的基体表面能形成厚度比较均匀的薄膜。另外,由于不像电镀那样有废液产生,因而作为无公害涂敷法正在拓展其应用范围。

实现离子镀有两个必要条件:①造成一个气体放电的空间;②将镀料原子引进放电空间电离和激活后轰击基片。蒸镀和溅射镀都可以发展成为离子镀,通常离子镀是指采用蒸发源,使镀料蒸发气化的离子镀。

1. 离子镀膜的基本原理

离子镀法的基本原理与真空沉积法相同,将蒸发了的金属原子在等离子体中离子化后在基体材料上析出薄膜。另外,通过输入反应性气体也能够析出陶瓷等化合物薄膜。

图 5.20 为直流二极型离子镀膜原理示意图。它是靠直流电场引起放电,阳极兼作蒸发源,基体放在阴极板上。先将真空室压强抽到 $10^{-3} \sim 10^{-4}$ Pa 的范围,然后充入氩气使压强维持在 $10^{-2} \sim 1$ Pa 范围。在基体和蒸发源间加上数百至数千伏的直流电压,引起氩气的电离,形成低压气体放电的等离子区。处于负高压的基体被等离子体包围,不断遭到氩离子的高速轰击而溅射清洗并活化。然后接通交流电,使蒸发源中的膜料加热蒸发,蒸发出的粒子通过辉光放电的等离子区时部分被电离成

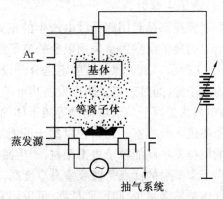

图 5.20 离子镀膜原理示意图

为正离子,通过电场与扩散作用高速打在基体表面。此外,大部分仍处于激发态的中性蒸发粒子,在惯性作用下到达基体表面,堆积成薄膜。为了有利于膜的形成,必须满足沉积速率大于溅射速率的条件,这可以通过控制蒸发速率和充氩气控制压强来实现。在成膜的同时氩离子继续轰击基体,使膜层表面始终处于清洁与活化状态,有利于膜的继续沉积和生长,但这也会在沉积膜层中引起缺陷和针孔。

因为除了原子分子外,还有部分能量可达几百甚至上千电子伏的离子一起参与成膜,这些离子可打入基体内约几个纳米的深度,大大提高了膜层与基体间的结合力。因此,离子镀膜有如下特点:

①膜层与基体结合力高。高能量的离子不仅能打入基体,而且在与基体表面原子撞击时,还放出热,使膜层与基体间形成显微合金层,提高结合强度。

②均镀能力强。惰性气体原子在放电时撞击蒸气镀膜粒子,使之分散,提高其均镀能力。

③基体材料与镀膜材料可以广泛搭配。基体可以是金属、陶瓷、玻璃、塑料等;镀膜材料也可以是金属和各类陶瓷材料。

综上所述,离子镀膜是真空蒸发与溅射相结合的一种镀膜工艺,兼有蒸镀和溅射的优点,克服了两者沉积粒子能量较低、膜层结合力不高的缺点。特别是离子镀膜层附着力强、绕射性好、可镀材料广泛等优点,不仅大大扩充了镀膜技术的应用范围,如在金属零件、塑料、陶瓷、玻璃、纸张等非金属材料上涂覆具有不同性能的单一镀层、化合物镀层、合金镀层,控制不同的工艺参数,能获得表面强化耐磨镀层、表面致密的耐蚀镀层、润滑镀层、各种颜色的装饰镀层以及电子学、光学、能源科学所需要的特殊功能镀层。由于沉积速率快(达75 μm/min),镀前清洗工序简单,对环境无污染,因此在工业上得到越来越广泛的应用。

2. 离子镀膜类型与特点

目前离子镀的种类多种多样,一般根据基片负偏压的高度和放电方式的不同,将离子镀分为辉光放电型和弧光放电型两大类。每大类中又各有许多种类。表5.6列举了几种常用的离子镀种类及特点。

表5.6 离子镀的种类与特点

类型	方法	蒸发源	离化方法	工作室条件	特点	用途举例
辉光放电型	直流二极型离子镀	电阻	辉光放电 DC 0.1~5 kV	惰性气体	结构简单,覆层结合力较强,工件升温高,分散性差	润滑、耐热件
	活性反应离子镀	电子束	二次电子 DC 200 V	反应性气体 O_2,N_2,CH_4,C_2H_2 等	控温容易,离化率高,能制备多种化合物覆层	电子、装饰、耐磨件
	热阴极离子镀	电阻、电子束	热电子 DC 0~200 V	惰性气体或反应性气体	低速离子化效果好	装饰、电子、精密零件
	射频离子镀	电子、电子束	射频电场 13.56 MHz, DC 0.1~5 kV	惰性气体或反应性气体	离化率高,覆层结合力高,工件温升较低,但控温困难,分散性差	光学、半导体、汽车零件

续表5.6

类型	方法	蒸发源	离化方法	工作室条件	特点	用途举例
弧光放电型	空心阴极放电离子镀	空心阴极	等离子体电子束 DC0~5 kV	惰性气体或反应性气体	离化率高,蒸发速度快,覆层纯度高	耐磨、装饰
	多弧离子镀	电弧	弧光放电 DC100V	高真空 1.33×10^{-4} Pa	工作温度低,离化率高,覆层均匀,结合力高	切削工具、挤压模具、装饰

(1)直流二极型离子镀。

离子镀的最基本技术是二极型离子镀,采用电阻蒸发源,其原理如图 5.20 所示。在直流二极型离子镀中,镀料原子在向基片飞行的过程中与高速电子发生弹性碰撞,只有部分被电离为离子,大部分被激活为高能中性原子,即离化率不高。而且离子在向基片飞行的行程中也可能与其他原子碰撞发生电荷转移而变成中性原子。但它们的动能基本上没有变化,仍然继续前进轰击膜层。确切地说,所谓离子轰击,实际上是既有离子又有高能中性原子的粒子轰击。离子镀入射粒子的能量远高于蒸镀气体原子的能量(约 0.2 eV),可达几百到几千电子伏特,粒子到达基板扩散迁移,成核长大成膜所需的能量,已不是仅靠蒸发源加热方式获得,而是靠离子加速的方式获得。这是离子镀膜层与基体的结合力、膜层组织致密性比蒸镀高的主要原因。

(2)活性反应离子镀(直流三极型离子镀)。

活性反应离子镀是在镀膜过程中通入与金属蒸气起反应的气体(如 N_2,O_2,C_2H_2,CH_4 等),使反应气、镀料蒸气在等离子场中被电离活化并产生化学反应,在工件表面形成化合物膜层的离子镀的方法。

典型的活性反应离子镀蒸发源采用 e 型电子枪,基片加负偏压。由于增加了一个活化极和通入反应气,故又称直流三极型离子镀,如图 5.21 所示。

活化反应离子镀的活化极设在基板与蒸发源之间,相对于蒸发源带 20~80 V 直流正电位。活化极的作用是吸引由于电子轰击镀料金属激发出的二次电子,使二次电子向活化极方向运动,增加了基片与蒸发源之间的电子密度。提高了电子和反应气及金属原子的碰撞电离的几率。相对于直流二极型基片电压可以降低,基片电流密度加大,在镀膜室真空度较高时也容易导通。

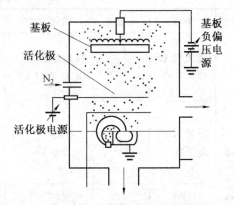

图 5.21 三极离子镀装置示意图

在三极型离子镀中,镀料金属的离化率达 4% 以上,等离子场中高能粒子和高能中性原子数量增加,提高了反应气与镀料蒸发原子的活性,可以在较低的温度下形成在高温下靠热激活才能形成的化合物,如沉积超硬涂层 TiC,TiN,Al_2O_3 等。由于采用高能量密度电子束为蒸发源,所以几乎可沉积所有金属化合物,也可以在非金属材料,如陶瓷、玻璃上沉积成膜。沉积速率快,最高达 75 μm/min,并能有效地控制生长速率。

(3)空心阴极离子镀。

空心阴极离子镀(简称 HOD 法)是利用空心热阴极放电产生等离子电子束,使镀料蒸发并离子化,在金属表面沉积成膜的方法。

图 5.22 为空心阴极离子镀装置示意图,主要由空心阴极电子枪、坩埚、沉积基片和真空系统组成。空心阴极电子枪用高熔点的钽管做阴极,坩埚做阳极,钽管内径为 φ3 ~ 5 mm,壁厚为 1 ~ 2 mm、长度为 60 ~ 80 mm。当真空室抽到高真空度后,用钽管向真空室通入氩气。接通引弧电源,当气压达到辉光放电点燃条件时,产生空心阴极辉光放电。氩气发生电离,氩离子不断地轰击钽管内壁,使钽管温度升高至 2 000 ~ 2 100 ℃,

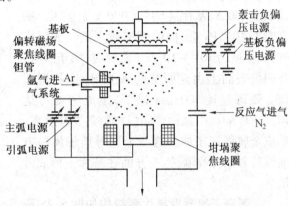

图 5.22 空心阴极离子镀装置示意图

钽管发射出大量的热电子,辉光放电转变为弧光放电,形成等离子束向阳极(坩埚)运动,此时接通阳极主弧电源,并切断引弧电源。在主弧电压电场的作用下,等离子电子束经聚焦,偏转后射向坩埚,使镀料金属蒸发。金属蒸气通过等离子体电子束区域,受到高密度电子流的碰撞而离子化,然后在基片负偏压的作用下以较大能量沉积到工件表面沉积成膜。

空心阴极离子镀的特点是:①空心阴极电子枪即是膜料气化的热源又是蒸发粒子的离化源,离子化方式是利用低压电流的电子束碰撞。②基片温度低,离子化效率高,各种膜都能镀。③设备结构简单,操作比较安全。目前在沉积银、铜、铬、石英及氮化铬、碳化铬、氮化钛、碳化钛等膜层方面,该技术已得到广泛应用。

(4)射频离子镀(RFIP)。

图 5.23 为射频离子镀示意图,用 e 型电子枪作蒸发源,在蒸发源与基片之间设置 13.56 kHz 的高频感应圈,基片接 0 ~ 5 kV 的负偏压。在离子镀过程中,镀膜室内产生无极环形放电,电子在高频电场作用下,沿圆周作振荡运动,延长了到达阳极的途径,增加了电子与金属蒸气原子的碰撞几率,从而提高了辉光放电的电流密度,同时使点燃气压降低。射频离子镀可以将金属的离化率提高 5% ~ 15%,提高了沉积粒子的总能量,能够改善沉

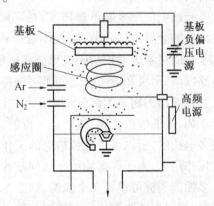

图 5.23 射频离子镀装置示意图

积膜的组织和晶体结构,膜层纯度高,致密性好。射频离子镀是沉积化合物膜的重要手段。

(5)多弧离子镀。

多弧离子镀是把真空电弧放电用于电弧蒸发源的镀膜技术,该技术是苏联于20世纪70年代研究开发的,1980年美国从苏联引进该技术并成功推出多弧离子镀商品化设备。

图5.24为多弧离子镀装置示意图,是由电弧蒸发源、基片、真空系统等组成。蒸发器(靶)为阴极,基片为阳极。电压0~220 V,电流20~100 A,基片接50~1 000 V负偏压。抽真空至10^{-2} Pa后,向镀膜室通入氩气或反应气,真空度为10^{-2}~10 Pa。蒸镀时,由于放电,在阴极表面上出现明亮的弧光辉点,称谓弧斑。弧斑直径100 μm以下,电流密度可达10^5~10^7 A/cm²,从而使阴极材料蒸发并电离,形成金属等离子体。这些金属等离子体一方面维持着电弧放电,另一方面在基片上形成镀层。

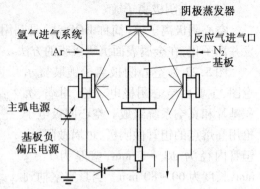

图5.24 多弧离子镀装置示意图

多弧离子镀蒸发离化源结构如图5.25所示。绝缘体将圆锥状阳极和圆板状阴极隔开,引弧电极安装在有回转轴的磁场线圈上,施加横向磁场可以改变阴极弧斑的运动速度和弧斑的数量。无电流时,引弧电极被弹簧压向阴极,当线圈通电时,作用于磁铁的磁力使轴回转,引弧电极从阴极离开,此瞬间产生火花,并实现引弧,增强弧光蒸发源产生的粒子束作定向运动。电弧被引燃后,放电电流一般为10 A到几百安培,工作电压为10~25 V。

弧光放电使靶金属迅速蒸发,在靶阴极前产生大量的金属蒸气并电离,气体自由程缩短

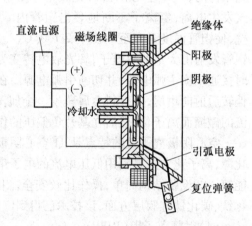

图5.25 阴极强制冷却的多弧离子镀蒸发离化源

正离子在阴极附近堆积与阴极形成偶电层,导致强电场发射(场致电子发射)。切断引弧触发电路以后,阴极和镀膜室之间仍可维持弧光放电。

弧斑喷出的物质大部分是离子和熔融粒子,中性原子的比例为1%~2%。阴极材料如Pb,Cd,Zn等低熔点金属,离子是一价的。金属熔点越高,多价的离子比例就越大。因为离子是多电荷的,所以虽然电弧放电的工作电压不高,而离子的能量仍可达100 eV。在基材负偏压作用下,离子和高能原子飞向基片。可以在基片上沉积成具有牢固附着力的膜层。

多弧离子镀可设置多个弧源,如图5.24所示,各弧可独立分开控制。以喷射蒸发的方式成膜,可以保证膜层成分与靶材一致,可用来镀制多层结构膜、合金膜、化合物膜。

多弧离子镀的特点是:①从阴极直接产生等离子体,不用熔池,弧源可任意方位,多源布置;②设备结构较简单,不需要工作气体,也不需要辅助的离子化手段,弧源既是阳极材料的蒸发源,又是离子源;③离化率高,一般可达60%~80%,沉积速率高;④入射粒子能量

高,沉积膜的质量和附着性能好。

多弧离子镀的应用面广,适用性强,特别是在高速钢刃具和不锈钢板表面镀覆 TiN 膜层等方面发展最为迅速。

4. 离子镀工艺及影响覆层的因素

离子镀的基本工艺流程:前处理→抽真空→离子轰击清洗和刻蚀→离子沉积→取件→后处理。

(1)前处理。

前处理包括脱脂、除锈、活化、漂洗、脱水、干燥等步骤。

①脱脂用溶剂汽油、合成洗涤剂、金属净洗液,多数采用氟里昂或三氯乙烯气相等有机溶剂脱脂。

②除锈用液体喷砂、气体喷砂或机械法、化学法除锈。

③活化用硫酸、盐酸、硝酸或铬酸等活化工件表面,酸洗后需及时漂洗、中和。

④脱水用氟里昂或醇类脱水剂。

在清除油污和脱水工序中,常常采用超声波,获得的效果更好。

(2)离子轰击清洗和刻蚀。

离子轰击工件表面,并将表面吸附的气体分子和杂质解析。高能粒子轰击工件表面,被刻蚀、粗化,有利于提高镀层与基体结合强度。

(3)离子沉积。

对不同镀层、不同工艺参数,主要选取总气压、气态分压、基体负偏差、基体温度、沉积速率等。

影响覆层质量的因素是:除工件的材质、表面结构、晶体结构及预处理,蒸发物质的特性,蒸发速度与蒸发粒子对工件的入射方向等外,还有以下几个因素:

①活性气体分压的影响。活性气体分压不同将影响覆层特性,如离子沉积 TiC 时,当甲烷分压 $\leqslant 1.7 \times 10^{-2}$ Pa 时,不能形成 TiC 层,而只形成 Ti 层,甲烷分压为 0.10~0.35 Pa,可以获得 Ti+TiC 混合层;甲烷分压升至 0.52~0.69 Pa 时,能获得 TiC 层,覆层的硬度也随甲烷分压的提高而增加。

②工件温度影响。工件温度影响沉积层的致密性、表面粗糙度与组织结构。若工件温度低于 $T_1 \approx 0.267 T_m$(T_m 为沉积材料熔点/K)时,形成的覆层密度低,表面粗糙,呈锥状或柱状结构,晶界疏松有孔隙;当工件温度在 T_1 和 T_2($T_2 \approx 0.45~0.50 T_m$)之间时,覆层较致密,表面较光滑;当温度高于 T_2 时,覆层致密,呈等轴结构,相应覆层硬度高,因此要适当提高工件的温度。

③加速电压对覆层应力的影响。通常加速电压升高,覆层应力降低,采用合适的加速电压,可减小内应力。

5.2 化学气相沉积

化学气相沉积(Chemical Vapor Deposition 简称 CVD)是利用气态物质在固体表面进行化学反应,生成固态沉积物的过程。

CVD 历史悠久,1880 年用 CVD 碳补强白炽灯中的钨灯丝,是其最早的应用,进入 20 世纪以后,应用于 Ti、Zr 等的高纯金属的提纯;其后,美国对 CVD 法提高金属线或金属板的耐热性与耐磨损性方面进行了深入的研究,其成果于 1950 年在工业上得到了应用;20 世纪 60 年代以后,CVD 法不仅应用于宇航工业的特殊复合材料、原子反应堆材料、刀具、耐热耐腐蚀涂层等领域,还被应用于半导体工业领域,虽然比较晚,但今天作为大规模集成电路技术及铁电材料、绝缘材料、磁性材料的薄膜制备技术,都是不可缺少的。CVD 法制备薄膜材料是近年来半导体、大规模集成电路应用较成功的一种工艺方法,主要用于硅、砷化镓材料的外延生长、金属薄膜材料、表面绝缘层、硬化层等,用于一些如氧化物、碳化物、金刚石和类金刚石等功能薄膜和超硬薄膜的沉积,也用于粉末、块状材料、纤维等的合成,并成为电子、机械等许多工业领域重要的材料合成方法。而 CVD 技术的主要缺点是需要在较高温度下反应,基体温度高,沉积速率较低(一般每小时只有几微米到几百微米),基体难于进行局部沉积,参加沉积反应的气源和反应后的余气都有一定的毒性等,因此 CVD 工艺的应用不如溅射和离子镀那样广泛。近年出现的兼有化学气相沉积和物理气相沉积特性的薄膜制备方法,例如等离子体气相沉积法,也在工业中得到越来越广泛的应用。

对物理气相沉积(PVD)法,一般来说靶是什么材料,沉积的膜就是什么材料,沉积过程中基本上不发生化学反应。化学气相沉积是一种化学气相生长法,是把一种或几种含有构成薄膜元素的化合物、单质气体通入放置有基体的反应室,借助气相作用或基体上的化学反应生成所希望的薄膜。它可以方便地控制薄膜组成,制备各种单质、化合物、氧化物和氮化物甚至一些全新结构的薄膜,或形成不同薄膜组分。运用各种反应方程式,选择并控制相应的温度、气体组成、浓度、压力等参数,还能控制所得到薄膜的性质。此外,薄膜的沉积温度可以低于薄膜组分物质的熔点。

表 5.7 比较了 PVD 和 CVD 薄膜制备方法,用 PVD 制备的且得到应用的薄膜有单质金属、合金、氧化物和氮化物等;用 CVD 制备的薄膜主要有氧化物、氮化物等化合物和半导体等。

表 5.7 PVD 与 CVD 薄膜制备方法比较

项 目	PVD	CVD
物质源	生成膜物质的蒸气、反应气体	含有生成膜元素的化合物蒸气、反应气体等
激活方法	消耗蒸发热、电离等	提供激活能、高温、化学自由能
制作温度	250~2 000 ℃(蒸发源);25 ℃~合适(基体)	150~2 000 ℃(基体)
成膜速率/($\mu m \cdot h^{-1}$)	25~250	25~1 500
用途	装饰、电子材料、光学	材料提纯、装饰、表面保护、电子材料
可制作薄膜的材料	所有固体(C、Ta、W 困难)、卤化物和热稳定化合物	碱及碱土类以外的金属(Ag、Au 困难)、碳化物、氮化物、硼化物、氧化物、硫化物、硒化物、金属化合物、合金

5.2.1 化学气相沉积基本原理

1. 化学气相沉积的基本过程

化学气相沉积过程分为四个重要的阶段:反应气体向基体表面扩散;反应气体吸附于基体表面;在基体表面上产生的气相副产物脱离表面;留下的反应物形成覆层。CVD 的基本原理涉及反应化学、热力学、动力学、转移机理、膜生长现象和反应工程。CVD 法是以金属蒸气、挥发性金属卤化物、氢化物或金属有机化合物等蒸气为原料,进行气相热分解反应,以及两种以上单质或化合物的反应,再凝聚生成各种形态的材料。

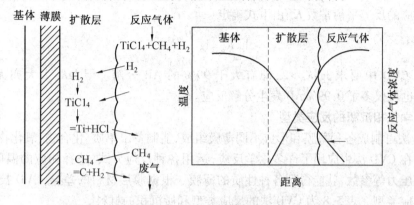

图 5.26 TiC 涂层的模型

以 CVD 法制备薄膜为例,通过赋予原料气体以不同的能量,使其发生各种化学反应,在基体析出非挥发性的反应产物。但是,由于反应气体中不同化学物质之间的化学反应和向基体的析出是同时发生,CVD 的机理是比较复杂的。图 5.26 为从 $TiCl_{14}+CH_4+H_2$ 混合气体中析出 TiC 涂层的过程的模型。CVD 析出过程可以由以下几个阶段构成:原料气体向基体表面扩散;原料气体吸附到基体上;吸附在基体上的化学物质的表面反应;析出颗粒在表面的扩散;产物从气相分离;从产物析出区向块状固体的扩散。

图 5.27 CVD 法产物形态与析出温度和过饱和度的关系

从气相析出固相的驱动力是基体材料和气相间的扩散层内存在的温差和不同化学物质的浓度差,由化学平衡所决定的过饱和度。不同析出温度和过饱和度将引起析出物质的形态变化,如图 5.27 所示。在实际应用过程中,可根据反应条件的不同,合成薄膜、晶须、晶粒、颗粒和超细粉体等不同形态的材料。要使 CVD 能顺利进行,在沉积温度下,反应物必须有足够高的蒸气压。因此,若反应物在室温下能全部为气态,则沉积装置很简单。

如果反应物在室温的挥发性很小,需要加热使其挥发,则装置相应要复杂一些。

反应的生成物除了所需要的沉积物为固态外,其余都必须为气态。沉积物与基体本身的蒸气压应足够低,以保证在整个反应过程中能加热基体表面。

从热力学条件看,CVD 的热力学条件实质上是产生沉积物的这一化学反应的热力学条件。设参加 CVD 过程的化学反应为如下分解反应

$$AB(g) \rightarrow A(s) + B(g)$$

该反应的反应平衡常数 K_p 由下式确定

$$\lg K_p = \lg \frac{P_{B(g)}}{P_{AB(g)}}$$

一般 CVD 中要求 $\lg K_p > 2$,即有大于 99% 的 AB 分解。但 $\lg K_p$ 太大亦无必要,如 $\lg K_p = 4$,也仅仅多了 0.99% AB 发生分解反应。

2. 化学气相沉积的反应类型

CVD 法可制成各种薄膜和形成不同薄膜组成,能制备出单质、化合物、氧化物和氮化物等薄膜。在 CVD 法中应用了许多化学反应,运用各种反应方式,选择相应的温度、气体组成、浓度、压力等参数,就能得到各种性质的薄膜。根据膜层材料的差异,CVD 技术可采用不同的反应类型。表 5.8 为 CVD 法的反应类型和所沉积的材料。

表 5.8 CVD 法的反应类型和所沉积的材料

反应类型	材料	反应举例	CVD 产物
热分解	金属氢化物	$SiH_4 \xrightarrow{\Delta} Si + 2H_2$	Si
	金属碳酰化合物	$W(CO)_6 \xrightarrow{\Delta} W + 6CO$	W
	有机金属化合物	$2Al(OR)_3 \xrightarrow{\Delta} Al_2O_3 + R'$	Al_2O_3
	金属卤化物	$SiI_4 \xrightarrow{\Delta} Si + 2I_2$	Si
氢还原	金属卤化物	$SiCl_4 + 2H_2 \xrightarrow{\Delta} Si + 4HCl$	Si
		$SiHCl_3 + H_2 \xrightarrow{\Delta} Si + 3HCl$	Si
		$MoCl_5 + 5/2 H_2 \xrightarrow{\Delta} Mo + 5HCl$	Mo
金属还原	金属卤化物、单质金属	$BeCl_2 + Zn \xrightarrow{\Delta} ZnCl_2 + Be$	Be
		$SiCl_4 + 2Zn \xrightarrow{\Delta} 2ZnCl_2 + Si$	Si
基材还原	金属卤化物、硅基体	$WF_6 + 3/2 Si \rightarrow W + 3/2 SiF_4$	W
化学输送	硅化物等	$2SiI_2 \rightarrow Si + SiI_4$	Si
氧化	金属氢化物	$SiH_4 + O_2 \rightarrow SiO_2 + 2H_2$	SiO_2
		$PH_3 + 5/4 O_2 \rightarrow 1/2 P_2O_5 + 3/2 H_2$	P_2O_5
	金属卤化物	$SiCl_4 + O_2 \xrightarrow{\Delta} SiO_2 + 2Cl_2$	SiO_2
		$POCl_3 + 3/4 O_2 \rightarrow 1/2 P_2O_5 + 3/2 Cl_2$	P_2O_5
	有机金属化合物	$AlR_3 + 3/4 O_2 \rightarrow 1/2 Al_2O_3 + R'$	Al_2O_3

续表5.8

反应类型	材料	反应举例	CVD产物
加水分解	金属卤化物	$SiCl_4+2H_2O \longrightarrow SiO_2+4HCl$	SiO_2
		$2AlCl_3+3H_2O \longrightarrow Al_2O_3+6HCl$	Al_2O_3
与氨反应	金属卤化物	$SiH_2Cl_2+4/3NH_3 \longrightarrow 1/3Si_3N_4+2HCl+2H_2$	Si_3N_4
	金属氢化物	$SiH_4+4/3NH_3 \longrightarrow 1/3Si_3N_4+4H_2$	Si_3N_4
等离子体激发	硅氢化合物	$SiH_4+4/3N \longrightarrow 1/3Si_3N_4$	Si_3N_4
		$SiH_4+2O \longrightarrow SiO_2+2H_2$	SiO_2
光激励	硅氢化合物	$SiH_4+O_2 \longrightarrow SiO_2+2H_2$	SiO_2
		$SiH_4+4/3NH_3 \longrightarrow 1/3Si_3N_4+4H_2$	Si_3N_4
激光激励	有机金属化合物	$W(CO)_4, Cr(CO)_5, Fe(CO)_6 \longrightarrow W, Cr, Fe$	Fe, Cr, W

3. 化学气相沉积设备

化学气相沉积工艺装置主要由气相反应室、气体控制系统、加热系统和排气系统组成。反应室是CVD中最基本的部分,常采用石英管制成,其器壁可分为热态和冷态。各种加热方法如图5.28所示。根据CVD反应器的特性,其装置分为开口体系和密闭体系两大类。

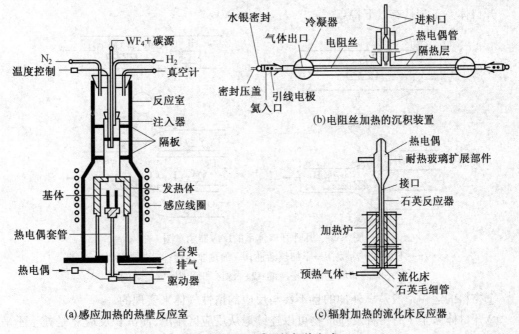

图5.28 CVD采用的加热方式

(1)开口体系。

开口体系是CVD反应器中最常用的类型,一般由气体净化系统、气体测量和控制部分、反应器、尾气处理系统和抽空系统等部分组成。图5.29为开口体系CVD设备示意图。

在室温下,进行化学气相沉积的原料不一定都是气体。如果源物质有液态原料,需加

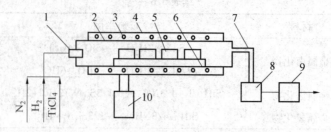

图 5.29 开口体系 CVD 设备示意图

1—进气系统;2—反应器;3—加热炉丝;4—加热炉体;5—工件;6—工件卡具;
7—排气管;8—机械泵;9—尾气处理系统;10—加热炉电源及测量仪表

热形成蒸气或与气态反应剂反应,形成气态物质导入沉积区,由载流气体携带入炉;如果源物质有固体原料,一般是通过一定的气体与之发生气-固反应或气-液反应,形成适当的气态组分,将产生的气态组分输送入反应室。在这些反应物载入沉积区之前,一般不希望它们之间相互反应,因此,在低温下会互相反应的物质在进入沉积区之前应隔开。图 5.30 为几种开口体系的反应器示意图,前两种类型是反应器壁和原料都不加热,即所谓的冷壁反应器,这类反应器的反应物在室温下是气体或者是具有较高蒸气压的物质;后两种类型的原料区和反应器壁是加热的,即所谓的热壁反应器。反应器壁的加热是为了防止反应物的冷凝。

开口体系工艺具有以下特点。

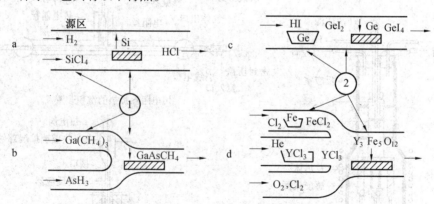

图 5.30 几种开口体系的反应器示意图

a—不加热非活性;b—不加热活性;c—加热非活性;d—加热活性
①—源区和反应器壁是冷的;②—源区和反应器壁是热的

①物料的运输一般是靠外加的且不参与反应的惰性气体来实现的。

②开口体系至少有一种反应产物可以连续地从反应区排出,使沉积反应总是处于不平衡状态,有利于形成沉积层。

③用开口体系进行化学气相沉积,大多数情况下是在一个大气压下或稍高于一个大气压下进行的,这有利于废气的排除;也可以在真空下以连续的脉冲供气及不断地抽出副产物,这种系统有利于沉积层的均匀性。

④开口体系的沉积工件易于取放,工艺易于控制,结果易于重现,且同一装置可以重复

使用,成本低。

开口体系有两个最主要的优点:一是沉积反应的热力学条件放宽了;二是有的原料可装在气瓶中,提供了可广泛地选择反应物或反应条件的可能性。

(2)密闭体系。

密闭体系是将一定量的反应物和工件分别放在反应器两端,在管内抽空后冲入一定的传输剂,然后熔封,再将反应器置于双温区炉内,使反应器内形成一定的温度梯度。温度梯度造成的负自由能变化是传输反应的推动力,物料便从封管的一端传输到另一端并沉积下来。在理想情况下,密闭反应器中所进行的反应,其平衡常数值应接近于1。

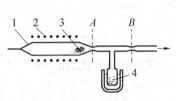
(a) 反应器示意图

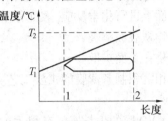
(b) 炉温沿反应管分布和晶体生长图

图 5.31 制备 ZnSe 单晶设备示意图
A,B—熔断处;1—反应管;2—电炉丝;3—ZnSe 原料;4—碘

Ⅱ~Ⅵ族化合物单晶生长多采用密闭体系,图 5.31 是制备 ZnSe 单晶设备示意图。图 5.31(a) 是装管封管示意图,图 5.31(b) 为炉温沿反应管分布和晶体生长图。反应管是一个锥形石英管,其锥形端连接一个实心棒,另一端放置高纯度的 ZnSe 原料,盛碘瓶用液氮冷却。烘烤反应管(200 ℃左右)并同时抽真空(约 10 Pa),在虚线 B 处以氢氧焰熔封,随后除去液氮冷阱,待碘升华进入反应管后,并使碘的浓度在合适的范围内,再在虚线 A 处熔断。然后,将反应管置于温度梯度炉的适当位置上(用石英棒调节),使 ZnSe 原料端处于高温区,$T_2 \approx 850 \sim 860$ ℃;锥端(生长端)位于较低的温度区,$T_1 = T_2 - \triangle T$,$\triangle T = 13.5$ ℃,生长端温度梯度约为 2.3 ℃/cm。在精确控制的温度范围内(± 0.5 ℃)进行 ZnSe 单晶生长。其反应如下

$$ZnSe_{(s)} + I_2 \rightleftharpoons ZnI_{2(g)} + \frac{1}{2}Se_{2(g)}$$

在 ZnSe 原料区(T_2)反应向右进行,ZnSe 进入气相,形成的 ZnI_2 和 Se_2 气体运动到生长端,在较低温度下(T_1)发生逆反应,重新形成 ZnSe 的单晶体。

密闭体系的优点:
① 可以降低来自空气或气氛的偶然污染。
② 不必连续抽气也可以保持真空,对于必须在真空下进行的沉积十分方便。
③ 可以将高蒸气压物质限制在管内充分反应而不外逸,原料转化率高。

密闭体系的缺点是:
① 材料生长速率慢,不适于进行大批生产。
② 反应管(一般为高纯石英管)只能使用一次,不但成本高而且在反应管拆封过程中还可能引入杂质。

③在管内压力无法测定的情况下,一旦温度控制失灵,可能引起内部压力过大而产生爆炸,因而反应器的材料选择、装料时压力的计算、温度的选择和控制等是密闭工艺的关键环节。

4. 化学气相沉积涂层工艺

由于化学沉积反应生成物的浓度、分压、扩散、输运、温度等参数不同,可以产生多种不同的化合物,虽然其物理化学过程较复杂,但在衬底表面反应如下。

①反应气体向衬底表面扩散。

②反应气体分子被吸附于衬底表面。

③在表面上进行化学反应、表面移动、成核及膜生长。

④生成物从表面解吸。

⑤生成物在表面扩散。

化学气相沉积制备薄膜的主要工艺参数有温度、反应物供给及配比、压力等。

(1)温度。

温度对 CVD 膜的生长速度有很大的影响,温度升高 CVD 化学反应速度加快,基材表面对气体分子或原子的吸附及它们的扩散加强,故成膜速度增加。

(2)反应物供给及配比。

进行 CVD 的原料,要选择常温下是气态的物质或具有高蒸气压的液体或固体,一般为氢化物、卤化物以及金属有机化合物。通入反应器的原料气体应与各种氧化剂、还原剂等按一定配比混合通入。气体组成比例会严重影响镀膜质量及生长率,当用硅烷热分解制取多晶硅膜时,采用不同浓度的硅烷或用不同流量惰性气体载气稀释时,将严重影响膜的生产率。

(3)压力。

反应器内压力与化学反应过程密切相关,压力将会影响反应器内热量、质量及动量传输,因此影响 CVD 反应效率、膜质量及膜厚度的均匀性。在常压水平反应器内,气体流动状态可以认为是层流;而在负压反应器内,由于气体扩散增强,可获质量好、厚度大及无针孔的薄膜。

5.2.2 常用气相沉积方法

CVD 技术有多种分类方法,按激发方式可分为热 CVD、等离子体 CVD、光激发 CVD、激光(诱导)CVD 等;按反应室压力可分为常压 CVD、低压 CVD 等;按反应温度可分为高温 CVD、中温 CVD、低温 CVD。有人把常压 CVD 称为常规 CVD,而把低压 CVD、等离子体 CVD、激光 CVD 等列为非常规 CVD。也有按源物质归类,如金属有机化合物 CVD、氯化物 CVD、氢化物 CVD 等。这里按主要特征进行综合分类,可分为等离子体 CVD、金属有机化合物 CVD、低压 CVD、激光(诱导)CVD、热激发 CVD 等。

1. 等离子体 CVD

等离子体化学气相沉积(Plasma Chemical Vapor Deposition,PCVD)是将低气压气体放电等离子体应用于化学气相沉积中的一项技术。在常规的化学气相沉积中,促使其化学反应的能量来源是热能,而等离子体化学气相沉积除热能外,还借助外部所加电场的作用引起放电,使原料气体成为等离子体状态,变为化学上非常活泼的激发分子、原子、离子和原子团等,促进化学反应,在基材表面形成薄膜。PCVD 由于等离子体参与化学反应,因此基材温度可以降低很多,具有不易损伤基材等特点,并有利于化学反应的进行,使通常难以发生的反应变为可能,从而能开发出各种组成比的新材料。

PCVD 装置按频率分为:直流、射频和微波三种,其装置结构简单,主要包括反应器、真空系统、配气系统、电源系统等。

(1)直流等离子体化学气相沉积。

图 5.32 为直流等离子体化学气相沉积(Derected Corrent Plasma Chemical Vapor Deposition,DCPCVD)装置示意图。镀膜室接电源正极,基板接负极,基板负偏压为 1~2 kV。首先用机械泵将其抽真空至 10 Pa;通入氢气和氮气,接通电源后产生辉光放电;产生的氢离子和氮离子轰击基板,进行预轰击清洗净化并使基板升温;到达 500 ℃以后,通入 $TiCl_4$,气压调至 $10^2 \sim 10^3$ Pa,进行等离子化学气相沉积氮化钛过程。

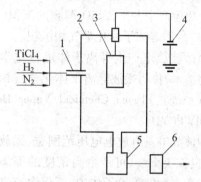

图 5.32 直流 PCVD 装置示意图
1—进气系统;2—工件;3—真空泵;4—电源;
5—冷阱;6—机械泵

反应器即镀膜室,一般用不锈钢制作。阴极输电装置与离子镀、磁控溅射等相同,此膜会受到阳极附近的空间电荷所产生的强磁场的影响,为了避免发生这种情况,必须要有可靠的间隙屏蔽措施。基板-工件可以吊挂,也可以采用托盘结构。配气系统中所通入的 $TiCl_4$ 容器不需要加热,由于容器与负压反应器相通,故 $TiCl_4$ 液体很容易汽化。由于 PCVD 采用的源物质和产物中多含有还原性很强的卤族元素或其氢化物(HCl 等)气体,且沉积气压为 $10^2 \sim 10^3$ Pa,故真空系统只需要选用机械泵即可。由于排放腐蚀性较强的气体,因此在抽气管路上应设置冷阱,使腐蚀气体冷凝,以减少对环境的污染。

直流 PCVD 的缺点是不能应用于非金属基体或薄膜,因为在阴极上电荷产生积累,并会造成积累放电,破坏正常的反应。

(2)射频等离子体化学气相沉积。

以射频辉光放电的方法产生等离子体的化学气相沉积技术,称为射频等离子体化学气相沉积(Radio Freqency Plasma Chemical Vapor Deposition,RFPCVD)。一般射频放电有电感耦合与电容耦合两种,在选用管式反应腔体时,这两种耦合电极均可置于管式反应腔体外。在放电中,电极不会发生腐蚀,也不会有杂质污染,但往往需要调整电极和基片的位置。前者结构简单,造价较低,不宜用于大面积基片的均匀沉积和工业化生产。比较普遍的是在反应室内采用平行圆板形的电容耦合方式,用这种结构的电容耦合射频功率输入,可获得比较均匀的电场分布。

在平板形的电容耦合系统中,反应室的外壳一般用不锈钢制作,直径也可做得比较大。反应室圆板电极可选用铝合金,其直径比外壳略小。基片台为接地电极,两极间距离较小,仅几厘米,这与输入射频功率大小有关。一般来说,极间距只要大于离子鞘层,即暗区厚度的 5 倍,能保证充分放电即可。基片台可用红外加热,下电极可旋转,以便于改善膜厚的均匀。底盘上开有进气、抽气、测温等孔道。图 5.33 是平板形反应室的截面图。通常采用功率为 50 W 至几百瓦,频率为 450 kHz 或 13.56 MHz 的射频电源。

目前,射频等离子 CVD 可用于半导体器件工业化生产中 SiN 和 SiO_2 薄膜的沉积。

(3)微波等离子体化学气相沉积。

用微波放电产生等离子体进行化学气相沉积的技术,称为微波等离子体化学气相沉积(Micro-wave Plasma Chemical Vapor Deposition,MWPCVD)。

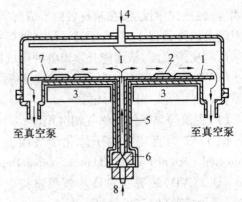

图 5.33 平板形反应室的截面图
1—圆板电极;2—基片台;3—加热器;4—RF 输入;5—转轴;6—磁转动装置;7—旋转基座;8—气体入口

微波放电具有放电电压范围宽、无放电电极、能量转换率高、可产生高密度的等离子体的优点。在微波等离子体中,不仅含有高密度的电子和离子还含有各种活性基团(活性粒子),可以在工艺上实现气相沉积、聚合和刻蚀等各种功能,是一种先进的现代表面技术。

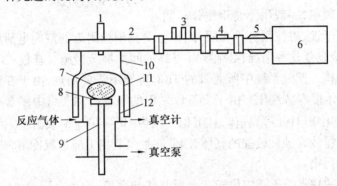

图 5.34 微波等离子体 CVD 装置示意图
1—发射天线;2—矩形波导;3—三螺钉调配器;4—定向耦合器;5—环形器;6—微波发生器;7—等离子体球;8—衬底;9—样品台;10—模式转换器;11—石英钟罩;12—均流罩

微波等离子体 CVD 装置一般由微波发生器、波导系统(包括环行器、定向耦合器、调配器等)、发射天线、模式转换器、真空系统与供气系统、电控系统与反应腔体等组成。图 5.34 是一台典型的微波等离子体 CVD 装置示意图。从微波发生器(微波源)产生的 2.45 GHz 频率的微波能量耦合到发射天线,再经过模式转换器,最后在反应腔体中激发流经反应腔体的低压气体形成均匀的等离子体。微波放电非常稳定,所产生的等离子体不与反应容器壁接触,对制备沉积高质量的薄膜极为有利。然而微波等离子体放电空间受限制,难以实现大面积均匀放电,对沉积大面积的均匀优质薄膜尚存在技术难度。

近年来,在发展大面积的微波等离子体 CVD 装置上已经取得了较大进展,美国 Astex 公司已有 75 kW 级的微波等离子体 CVD 装置出售,可在 $\phi200$ mm 的衬底上实现均匀的薄膜沉积。

PCVD 最早是利用有机硅化合物在半导体基材上沉积 SiO_2，后来在半导体工业上获得了广泛的应用，如沉积 Si_3N_4、Si、SiC、磷硅玻璃等。目前，PCVD 已不仅用于半导体，还用于金属、陶瓷、玻璃等基材上，作保护膜、强化膜、修饰膜、功能膜。PCVD 另两个重要应用是制备聚合物膜以及金刚石、立方氮化硼薄膜等，展现了良好的发展前景。

2. 金属有机化合物气相沉积

金属有机化合物化学气相沉积(Metal Organic Compound Chemical Vapor Deposition，MOCVD)是一种利用金属有机化合物热分解反应，进行气相外延生长的方法。把含有外延材料组分的金属有机化合物通过载气输运到反应室，在一定温度下进行外延生长。该方法现在主要用于化学半导体气相生长上，由于其组分及界面控制精度高，广泛应用于Ⅱ～Ⅵ族化合物半导体超晶格量子阱等低维材料的生长。

金属有机化合物是一类含有碳-金属键的物质，适用于 MOCVD 法，具有易于合成和提纯，在室温下是液体并有适当的蒸气压，较低的热分解温度，对沉积薄膜沾污小和毒性小等特点。目前常用的金属有机化合物(通常称为 MO 源)主要是Ⅱ～Ⅵ族的烷基衍生物见表5.9。

表5.9 常用的金属有机化合物

族	金属有机化合物
Ⅱ	$(C_2H_5)_2Be,(C_2H_5)_2Mg,(CH_3)_2Zn,(C_2H_5)_2Zn,(CH_3)_2Cd,(CH_3)_2Hg$
Ⅲ	$(C_2H_5)_3Al,(CH_3)_3Al,(CH_3)_3Ga,(C_2H_5)_3In,(CH_3)_3In$
Ⅳ	$(CH_3)_4Ge,(C_2H_5)_4Sn,(CH_3)_4Sn,(C_2H_5)_4Pb,(CH_3)_4Pb$
Ⅴ	$(CH_3)_3N,(CH_3)_3P,(C_2H_5)_3As,(CH_3)_3As,(C_2H_5)_3Sb,(CH_3)_3Sb$
Ⅵ	$(C_2H_5)_2Se,(CH_3)_2Se,(C_2H_5)_2Te,(CH_3)_2Te$

在室温下，除$(C_2H_5)_2Mg$ 和$(CH_3)_3In$ 是固体外，其他均为液体。制备这些 MO 源有多种方法，并且为了适应新的需求和 MOCVD 工艺的改进，新的 MO 源被不断开发出来。

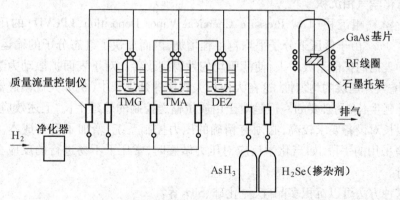

图 5.35 $Ga_{1-x}Al_xAs$ MOCVD 装置原理图

MOCVD 技术所用的设备包括温度精确控制系统、压力精确控制系统、气体流量精确控制系统、高纯载气处理系统、尾气处理系统等。为了提高异质界面的清晰度，在反应室前通常设有一个高速、无死区的多通道气体转换阀；为了使气体转换顺利进行，一般设有生长气路和辅助气路，两者气体压力要保持相等。图 5.35 为 $Ga_{1-x}Al_xAs$ MOCVD 装置原理图。

MOCVD 生长装置大致分为纵向型生长装置和横向型生长装置,图 5.35 为纵向型生长装置。沉积源物质大多为三甲基镓、三甲基铝,有时也使用三乙烷基镓(TEG)和三乙烷基铝(TEA)。P 型掺杂源使用充入到不锈钢发泡器中的 $(C_2H_5)_2Zn$(二乙烷基锌 DEZ)。掺杂源为 AsH_3 气体和 H_2Se 气体,用高纯度氢分别稀释至 5% ~10%,甚至百万分之几十至百万分之几百,充入到高压器瓶中供使用。在晶体生长时,TMG、TMA 和 DEZ 等通过与净化预处理后的氢气混合而制成饱和蒸气导入反应室内。反应室采用石英制造,内部设置石墨托架(试样加热架)。导入的气体在被石墨架加热至高温的 GaAs 基片表面上发生热分解反应,沉积成含有 P 型掺杂的 $Ga_{1-x}Al_xAs$ 膜层。因为在气态下发生的反应会阻碍外延生长,所以需要控制气流的流速,以便不在气相状态下发生反应。反应生成的气体从反应室下部排入废气回收装置,以消除废气的危险性和毒性。反应室的压力约为 10 Pa。

与其他方法相比,具有以下特点。

①单一的生长温度范围是生长的必要条件,反应装置容易设计,较气相外延法简单;生长温度范围较宽,适合于工业化大批量生产。

②由于原料能以气体或蒸气状态进入反应室,所以容易实现导入气体量的精确控制,并可分别改变原料各组分量值;膜厚和电性质具有较好的再现性,能在较宽范围内实现控制。

③能在蓝宝石、尖晶石等基片上实现外延生长。

④只改变原料就能容易地生长出各种成分的化合物晶体。

MOCVD 技术存在以下问题:原料的纯度难以满足要求,其稳定性较差,对反应机理还未充分了解,工艺监测方法有待改进和完善,最优化反应室结构设计有待开发。

MOCVD 广泛应用于微波和光电子器件、先进的激光器(如双异质结构、量子阱激光器)、双极场效应晶体管、红外线探测器和太阳能电池等。MOCVD 在表面技术材料中的应用,主要包括涂层、化合物半导体材料以及细线和图形的描绘。

3. 低压化学气相沉积

低压化学气相沉积(Low Pressure Chemical Vapor Depositlon,LPCVD)的压力一般在 $(1~4)\times 10^4$ Pa。由于低压下分子平均自由程增加,因而加快了气态分子的输运过程,反应物质在工件表面的扩散系数增大,使薄膜均匀性得到改善。对于表面扩散动力学控制的外延生长,可增大外延层的均匀性,这在大面积大规模外延生长中(例如大规模硅器件工艺中的介质膜外延生长)是必要的。但是对于由质量输送控制的外延生长,上述效应并不明显。低压外延生长对设备要求较高,必须有精确的压力控制系统,增加了设备成本。低压外延有时是必须采用的手段,如当化学反应对压力敏感时,常压下不易进行的反应在低压下变得容易进行。

利用这种方法可以沉积多晶硅、氮化硅、SiO_2 等。

4. 激光(诱导)化学气相沉积

激光(诱导)化学气相沉积(Laser Induced Chemical Vapor Deposition,LCVD)是一种在化学气相沉积过程中利用激光束的光子能量激发和促进化学反应的薄膜沉积方法,它的沉积过程是激光光子与反应主体或衬底材料表面分子相互作用的过程。

激光化学气相沉积装置主要由激光器、导光聚焦系统、真空系统、送气系统和沉积反应室等部件组成。其沉积设备结构示意图和导光系统示意图,如图5.36和5.37所示。激光器一般用CO_2或准分子激光器,沉积反应室由带水冷的不锈钢制成,内设有温度可控的样品工作台及通入气体和通光的窗口。沉积反应室与真空分子泵相连,能使沉积反应室的真空度低于10^{-4} Pa,气源系统装有Ar,SiH_4,N_2,O_2的质量流量计,沉积过程中工作总炉压通过安装在沉积反应室与机械泵之间的阀门调节,通过容量压力表进行测量。

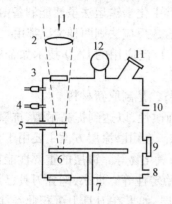
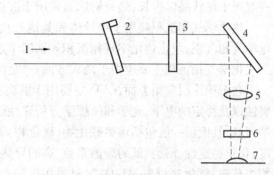

图5.36 激光气相沉积设备结构示意图
1—激光;2—透镜;3—窗口;4—反应气进入管;5—水平工作台;6—试样;7—垂直工作台;8—真空泵;9—测温加热电控;10—复合真空计;11—观察窗;12—真空泵

图5.37 导光系统示意图
1—激光;2—光刀马达;3—折光器;4—平面反射镜;5—透镜;6—窗口;7—试样

按激光作用机制分激光热解和激光光解沉积。在激光热解沉积中,激光波长的选择,要求反应物质对激光是透明的,无吸收,要求基体是吸收体。这就可在基体上产生局部加热点,利于该点的沉积,其沉积机制如图5.38所示。而激光光解沉积,如图5.39所示,要求气相有高的吸收截面,基体对激光束是透明与不透明均可,化学反应是光子激发,不需加热,沉积可在室温下进行。但沉积速度太慢是致命的弱点,大大限制了它的应用。若能开发出高功率的、廉价的准分子激光器,激光光解沉积就可与热CVD、激光热解沉积相竞争。特别在诸多关键的半导体器件加工技术中,降低沉积温度对工艺技术至关重要。

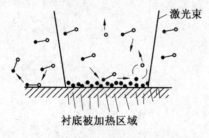
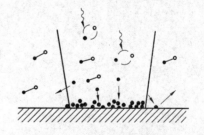

图5.38 激光热解机制示意图
图5.39 激光光解机制示意图

和一般的CVD工艺相比,激光CVD工艺更独特,如可局部加热选区沉积,膜层成分灵活,可形成高纯膜、多层膜,也可获得快速非平衡结构的膜层;沉积速率高,而且可低温沉积(基体温度200 ℃),还可方便地实现表面改性的复合处理。

激光化学气相沉积是迅速发展的先进表面沉积技术,其应用前景广阔。在太阳能电池、超大规模集成电路、特殊功能膜及光学膜、硬膜及超硬膜等方面都有重要的应用。

5. 热化学气相沉积

热化学气相沉积(Thermo Chemical Vapor Deposition,TCVD)是利用高温激活化学反应进行气相生长的方法。按其化学反应形式又可分为三类:化学输运法、热分解法、合成反应法。这些反应过程已在前面介绍的 CVD 原理中列出,其中化学输运法虽然能制备薄膜,但一般用于块状晶体生长;热分解法通常用于沉积薄膜;合成反应法则两种情况都用。

热化学气相沉积应用于半导体和其他材料的镀膜,广泛应用的 CVD 技术如金属有机化学气相沉积、氢化物化学气相沉积等都属于这个范围。

化学气相沉积主要应用于两大方面:一是沉积涂层;二是制取新材料。

在沉积涂层应用方面,CVD 主要用于解决材料表面改性,以达到提高耐磨、抗氧化、抗腐蚀以及特定的电学、光学和摩擦学等特殊性能的要求。在耐磨涂层方面主要用于金属切削刀具,其镀层一般包括难熔硼化物、碳化物、氮化物和氧化物等。镀层的重要性能包括硬度、化学稳定性、耐磨、低的摩擦系数、高的导热性和热稳定性等。近来,陶瓷刀具已经变得相当普遍,氮化硅和 Si-Al-O-N 材料用于陶瓷刀具涂层,如果在刀具上沉积此类涂层,既能提高刀具耐磨损性,也能使刀具的切削性能得到提高。在耐腐蚀和摩擦设备(如喷砂设备的喷嘴、泥浆传输设备、煤的汽化设备和矿井设备等)上,化学气相沉积也越来越受到重视。另外,化学气相沉积还被用在枪管内壁镀耐磨层,在电镀镍枪管的内壁用 CVD 镀钨后,枪管的耐蚀性能几乎提高 10 倍。

第6章 表面改性技术

表面改性是指采用某种工艺手段使材料表面获得与其基体材料的组织结构、性能不同的一种技术。材料经表面改性处理后,既能发挥基体材料的力学性能,又能使材料表面获得各种特殊性能,如耐磨、耐腐蚀、耐高温,合适的射线吸收、辐射和反射能力,超导性能,润滑,绝缘,储氢等。

表面改性技术可以掩盖基体材料表面的缺陷,延长材料和构件的使用寿命,节约稀、贵材料,节约能源,改善环境,并能推进高新技术的发展。

6.1 金属表面形变强化

6.1.1 表面形变强化原理

表面形变强化是通过机械手段(滚压、内挤压和喷丸等)在金属表面产生压缩变形,使表面形成深度为 0.5～1.5 mm 的形变硬化层。在此形变硬化层中产生两种变化:一是在组织结构上,亚晶粒极大地细化,位错密度增加,晶格畸变程度增大;二是形成较高的宏观残余压应力。以喷丸为例,奥赫弗尔特认为其残余应力是由两方面的原因产生的:一方面由于弹丸的冲击产生的表面法向力引起了赫芝压应力与亚表面应力的结合;另一方面,由于大量弹丸压入产生的切应力造成了表面塑性延伸。根据赫芝理论,这种压应力在一定深度内造成了最大的切应力,并在表面产生了残余压力,其分布如图 6.1 所示。表面压应力防止裂纹在受压的表层萌生和扩展,在大多数材料中这两种现象并存。在软质材料情况下第二种现象占优势;而在硬质材料的情况下第一种现象起主导作用。经喷丸和滚压后,金属表面产生的残余压应力的大小,不但与强化方法、工艺参数有关,还与材料的晶体类型、强度水平以及材料在单调拉伸时的硬化率有关。具有较高硬化率的面心立方晶体的镍基或铁基

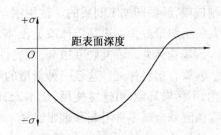

图 6.1 喷丸形成的残余应力示意图

奥氏体热强合金,表面产生的压应力高,可比材料自身屈服点高 1～3 倍。材料的硬化率越高,产生的残余压应力越大。

此外,一些表面形变强化手段还可能使表面粗糙度略有增加,但却使切削加工的尖锐刀痕圆滑,因此可减轻由切削加工留下的尖锐刀痕的不利影响。这种表面形貌和表层组织结构产生的变化,有效地提高了金属表面强度、耐应力腐蚀性能和疲劳强度。

6.2.2 表面形变强化的主要方法

表面形变强化是近年国内外广泛研究应用的工艺之一,成本低廉,强化效果显著。常用的金属表面形变强化方法有喷丸、孔挤压和滚压等工艺,而尤以喷丸强化应用最为广泛。

1. 喷丸

(1)喷丸强化的原理。

喷丸是广泛应用的一种再结晶温度以下的表面强化方法,即利用高速弹丸强烈冲击零部件表面,使之产生形变硬化层并产生残余压应力。喷丸强化已广泛用于弹簧、齿轮、链条、轴、叶片、火车轮等零部件,可显著提高抗弯曲疲劳、抗腐蚀疲劳、抗应力腐蚀疲劳、抗微动磨损、耐点蚀(孔蚀)能力。

(2)喷丸材料。

①铸铁弹丸。冷硬铸铁弹丸是最早使用的金属弹丸,冷硬铸铁弹丸 $w_C=2.75\%\sim3.60\%$,硬度很高,可达到 $58\sim65HRC$,但冲击韧性较低。弹丸经退火处理后,硬度降低至 $30\sim57HRC$,但可提高弹丸的韧性。铸铁弹丸的尺寸为 $0.2\sim1.5$ mm,使用中铸铁弹丸易于破碎,损耗较大,要及时分离排除破碎弹丸,否则会影响零部件的喷丸强化质量。此种弹丸强化目前应用很少。

②铸钢弹丸。铸钢弹丸的品质与碳质量分数有很大关系,其 $w_C=0.85\%\sim1.20\%$ 之间,$w_{Mn}=0.60\%\sim1.20\%$。目前国内常用的铸钢弹丸,$w_C=0.95\%\sim1.05\%$,$w_{Mn}=0.6\%\sim0.8\%$,$w_{Si}=0.4\%\sim0.6\%$,$w_P,w_S\leq0.005\%$。

③玻璃弹丸。这是近十几年发展起来的新型喷丸材料,已在国防工业和飞机制造业中广泛应用。玻璃弹丸 $w_{Si}>67\%$,直径为 $0.05\sim0.4$ mm,硬度为 $46\sim50HCR$,脆性较大,密度为 $2.45\sim2.55$ g/cm^3。目前市场上按直径分为 ≤0.05 mm,$0.05\sim0.15$ mm,$0.16\sim0.25$ mm 和 $0.26\sim0.35$ mm 等四种。

④钢丝切割弹丸。当前使用的钢丝切割弹丸是 $w_C=0.7\%$ 的弹簧钢丝(或不锈钢丝)切制成段,经磨圆加工制成的。常用钢丝直径为 $0.4\sim1.2$ mm,硬度为 $45\sim50HRC$。钢丝弹丸的组织最好为回火马氏体或贝氏体,使用寿命比铸铁弹丸高 20 倍左右。

⑤陶瓷弹丸。弹丸硬度很高,但脆性较大,喷丸后的表层可获得较高的残余应力。

⑥聚合塑料弹丸。这是一种新型的喷丸介质,以聚合碳酸酯为原料,颗粒硬而耐磨,无粉尘,不污染环境,可连续使用,成本低,即使有棱边的新丸也不会损伤工件表面。常用于消除酚醛或金属零件毛刺和耀眼光泽。

⑦液态喷丸介质。其包括二氧化硅颗粒和氧化铝颗粒等。二氧化硅颗粒粒度为 $40\sim170$ μm,很细的可用于液态喷丸,抛光模具或其他精密零件的表面。喷丸时用水混合二氧化硅颗粒,利用压缩空气喷射。氧化铝颗粒也是一种广泛应用的喷丸介质,电炉生产的氧化铝颗粒粒度为 $53\sim1700$ μm,其中颗粒小于 180 μm 的氧化铝可用于液态喷丸,光整加工,但喷射工件中会产生切屑。氧化铝干喷则用于花岗岩和其他石料的雕刻、钢和青铜的清理、玻璃的装饰加工等。

应当指出,强化用的弹丸与清理、成型、校形用的弹丸不同,必须是圆球形,不能有棱角毛刺,否则会损伤零件表面。

一般来说,黑色金属制件可以用铸铁丸、铸钢丸、钢丝切割丸、玻璃丸和陶瓷丸。有色金属如铝合金、镁合金、钛合金和不锈钢制件则需采用不锈钢丸、玻璃丸和陶瓷丸。

(3)喷丸强化用的设备。

喷丸采用的专用设备,按驱动弹丸的方式分为机械离心式喷丸机和气动式喷丸机两大类。喷丸机又有干喷和湿喷之分,干喷式工作条件差,湿喷式是将弹丸混合在液态中成悬浮状,然后喷丸,因此工作条件有所改善。

①机械离心式喷丸机,又称叶轮式喷丸机或抛丸机。工作时,弹丸由高速旋转的叶片和叶轮离心力加速抛出,弹丸的速度取决于叶轮转速和弹丸的质量。这种喷丸机功率小,生产效率高,喷丸质量稳定,但设备制造成本较高。主要用于要求喷丸强度高、品种少批量大、形状简单尺寸较大的零部件。

②气动式喷丸机。工作时以压缩空气驱动弹丸达到高速度后撞击工件的受喷表面。这种喷丸机工作室内可以安置多个喷嘴,因其方位调整方便,能最大限度地适应受喷零件的几何形状。而且可通过调节压缩空气的压力控制喷丸强度,操作灵活。一台喷丸机可喷多个零件,适用于要求喷丸强度低、品种多、批量少、形状复杂、尺寸较小的零部件。缺点是功耗大,生产效率低。

气动式喷丸机根据弹丸进入喷嘴的方式又分为吸入式、重力式和直接加压式三种。吸入式喷丸机结构简单,多使用密度较小的玻璃弹丸或小尺寸金属弹丸,适用于工件尺寸较小、数量较少、弹丸大小经常变化的场合,如实验室等。重力式喷丸机结构比吸入式复杂,适用于密度和直径较大的金属弹丸。

不论哪一类设备,喷丸强化的全过程必须实行自动化,而且喷嘴距离、冲击角度和移动(或回转)速度等的调节都稳定可靠。

(4)喷丸强化工艺参数的确定。

合适的喷丸强化工艺参数要通过喷丸强度试验和表面覆盖率试验来确定。

①喷丸强度试验。将一薄板试片紧固在夹具上进行单面喷丸,由于喷丸面在弹丸冲击下产生塑性变形而伸长,喷丸后的试片产生凸向喷丸面的球面弯曲变形,如图6.2所示,试片凸起大小可用弧高度f表示。弧高度f与试片厚度h、残余压力层深度d以及强化层内残余应力平均值σ有如下关系

$$f = \frac{3a^2(1-\nu)\sigma d}{4Eh^2}$$

式中　　E——试片弹性模;

　　　　ν——泊松比;

　　　　a——测量弧高度的基准圆直径。

试片材料一般采用具有较高弹性的70弹簧钢,试片尺寸应根据试片喷丸强度来选择,常用的三种试片规格参见表6.1。

当试片A(或Ⅱ)测得的弧高度$f<0.15$ mm时,应改用试片N(或Ⅰ)来测量喷丸强度;当用试片A(或Ⅱ)测得的弧高度$f>0.6$ mm时,应改用试片C(或Ⅲ)来测量喷丸强度。

②表面覆盖率试验。喷丸强化后表面弹丸坑占有的面积与总面积的比值称表面覆盖率。一般认为,喷丸强化零件要求表面积覆盖率达到表面积的100%即全覆盖时,才能有效改善疲劳性能和抗应力腐蚀性能。但是在实际生产时应尽量缩短不必要的过长的喷丸时

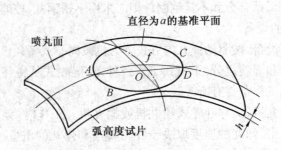

图 6.2 单面喷丸后试片的变形及弧高度的测量位置

间。

表 6.1 三种试片规格

规 格	试片代号		
	N(或Ⅰ)(73~76HRC)	A(或Ⅱ)(44~50HRC)	C(或Ⅲ)(44~50HRC)
厚度/mm	0.79±0.025	2.3±0.025	2.4±0.025
平直度/mm	±0.025	±0.025	±0.025
长×宽 /mm×mm	$(76±0.2)×19_0^{-0.1}$	$(76±0.2)×19_0^{-0.1}$	$(76±0.2)×19_0^{-0.1}$
表面粗糙度 Ra/μm	>0.63~1.25	>0.63~1.25	>0.63~1.25
使用范围	低喷丸强度	中喷丸强度	高喷丸强度

③选定喷丸强化工艺参数。金属材料的疲劳强度和抗应力腐蚀性能并不随喷丸强度的增加而直线提高,而是存在一个最佳喷丸强度,它由试验确定。

(5)喷丸强化的应用实例。

①20CrMnTi 圆辊渗碳淬火回火后进行喷丸处理,残余压应力为 880 MPa,寿命从 55 万次提高到 150~180 万次。

②40CrNiMo 钢调质后再经喷丸处理,残余压应力为 880 MPa,寿命从 $4.6×10^5$ 次提高到 $1.04×10^7$ 次以上。

③铝合金 LD2,经喷丸处理后,寿命从 $1.1×10^6$ 次提高到 $1×10^8$ 次以上。

④在质量分数为 3% 的氯化钠水溶液中工作的 45 钢,经喷丸处理后,其疲劳强度 σ_{-1} 从 100 MPa 提高到 202 MPa。

⑤铝合金[$w_{Zn}=6\%$,$w_{Mg}=2.4\%$,$w_{Cu}=0.7\%$,$w_{Cr}=0.1\%$]悬臂梁试验,经喷丸处理后,腐蚀临界应力从 357 MPa 提高到 400 MPa。

⑥耐蚀镍合金(Hastelloy 合金),鼓风机叶轮在 150 ℃ 氮气中运行,六个月后发生应力腐蚀破坏。经喷丸强化并经玻璃珠去污,Hastelloy 合金 B_2 反应堆容器在焊接后,局部喷丸以对应力腐蚀裂纹进行修复,在未喷丸表面重新出现裂纹,而经喷丸处理的部分几乎未产生进一步破裂。

⑦液体推进容器的钛制零部件未喷丸强化时,在40 ℃以下使用14 h就发生应力腐蚀破坏,容器内表面经玻璃珠喷丸强化后,在同样条件下试验30天还没有产生破坏。

此外,喷丸和其他形变强化工艺在汽车工业中的变速箱齿轮、宇航飞行器的焊接齿轮、喷气发动机的铬镍铁合金(Incone1718)涡轮盘等制造中获得应用。

2. 孔挤压

内孔挤压是使孔的内表面获得形变强化的工艺,效果明显。美国已发表专利。

3. 滚压

图6.3(a)为表面滚压强化示意图。目前滚压强化用的滚轮及滚压力的大小等尚无标准。对于圆角、沟槽等可通过滚压获得表层形变强化,并能在表面产生约5 mm深的残余压力,其分布如图6.3(b)所示。

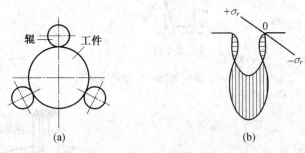

图6.3　表面滚压强化示意图

6.2　感应加热表面淬火

感应加热表面淬火是将感应圈放置在距工件很近的外表面或内表面,通以快速交变电流,利用钢铁的感应电流使表面迅速发热,然后喷水冷却,达到淬火的目的。

6.2.1　感应加热表面淬火的原理

感应加热表面淬火的原理是利用感应电流的集肤效应、临近效应和环状效应。集肤效应的原理如图6.4所示,在导体的表面施加交变磁场时,磁力线大部分集中在导体表面通过,感生电流也主要产生于导体表面。如果导体与感应圈间隙足够小,则磁力线全部为导体所吸收,在高频的交流电作用下,表面会在很短时间内产生很大的感生电流,使表面迅速发热,而很快达到临界点(Ac_3,Ac_m)以上。

临近效应表现为,两个相邻载有高频电流的导体由于磁场相互影响,磁力线将重新分布,当两个导体内电流方向相同时,电流从外侧通过;当电流相反时,电流从内侧通过,如图6.5所示。

环状效应使之高频电流通过环状或螺旋状导体时,最大电流密度分布在环状导体内侧,外侧实际没有电流。这种效应对加热圆形工件外表面是有利的,而对于圆形工件内表面加热则是不利的,磁力线大部分损失,即漏磁很大。为解决这一问题,一般采用加装导磁体来改变磁力线,使其从内侧移向外侧,如图6.6所示。

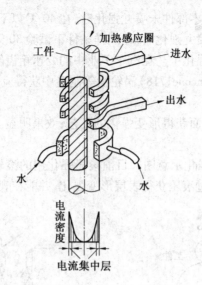

图 6.4 感应加热淬火原理示意图

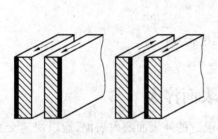

图 6.5 邻近效应

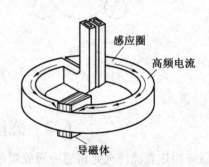

图 6.6 导磁体改变电流分布

6.2.2 感应加热表面淬火的特点

①加热速度范围宽,可在 3～1 000 ℃/s,加热时间短,一般几秒至几十秒就可以完成,晶粒更细。奥氏体晶粒最高可达 14～15 级,因为晶粒细小,淬火后可以获得隐晶马氏体,硬度很高。比一般淬火硬度高出 2～4HRC,因此耐磨性较高。

②工艺参数容易调节和控制。比如通过调整输出功率、频率和加热时间来准确地控制淬火层深度、硬度。对于同一批工件来说,一旦工艺参数确定,则可以稳定下来,不必再进行调整。因而工效很高,可以实现机械化作业,特别适合大批量生产。

③表面质量高。这是因为加热速度快,表面氧化脱碳少使表面质量高。同时感应加热是局部和薄层加热,因此工件几乎不变形。很多情况下都作为最终加工工序。

④灵活性较差。感应加热淬火需要很大的设备投入,需要专门的中频或高频电源装置。需要针对特定的工件制作特定的感应圈,所以单件小批量生产时生产成本高。对大型工件淬火,它无法完成,因此灵活性相对较差。

6.2.3 感应加热表面淬火的工艺流程和技术要点

感应加热表面淬火的工艺流程如图 6.7 所示,在工艺制定中要充分考虑诸多影响因

素,概括起来主要有:

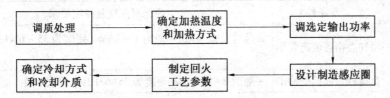

图6.7 感应加热淬火工艺流程示意图

1. 前期的预先处理

表面淬火适合中高碳钢和铸铁,因为这些材料的碳质量分数决定了其可以通过快速淬火得到中高碳马氏体,强度和硬度会明显提高。而低碳钢则不会收到这样的效果。中高碳钢经过调质处理后,心部可以获得强度和韧性的最佳性能配合,也就是综合机械性能好,使用中与表面淬硬层形成配合。

2. 表面硬度的选择

零件的硬度应根据零件的使用性能确定。

①用于摩擦部分,如曲轴轴颈、凸轮表面,硬度越高,耐磨性越好,曲轴颈常用HRC55~62,凸轮轴常用HRC56~64。

②用于压碎、扭转及剪切部分的零件,硬度应高一些,如锻锤锤头表面、汽车半轴、钢板弹簧等,常用HRC50~64。

③承受冲击载荷的零件,如齿轮、花键轴,既要求表面硬度,也要求足够的韧性,因此硬度应适当降低,常采用HRC40~48。

④对于灰铁件,硬度可达HRC38或更高;球铁硬度为HRC45~55。

感应淬火后钢表面的硬度主要取决于碳质量分数。当$w_C = 0.15\% \sim 0.75\%$时,淬火硬度可由下式计算

$$HRC = 20 + 60(2w_C - 1.3(w_C)^2)$$

式中 w_C——钢的炭质量分数,%;

HRC——马氏体淬硬层硬度的平均值。

表6.2为几种常用钢感应淬火后平均硬度值。

表6.2 几种常用钢感应淬火后平均硬度值

钢号	20	20Mn	25	35	40	45	50Mn	T7
加热温度/℃	1030~1050	1010~1030	990~1020	940~960	940~960	910~40	900~930	880~900
硬度 HRC	36.5	43.5	47.0	52.0	55.5	58.5	61.5	66.0

3. 硬化层深度选择

硬化层深度也需要根据工件的工作条件选择,表6.3为零件失效原因和工件条件对硬化层的要求。

表6.3 零件失效原因和工作条件对硬化层的要求

失效原因	工作条件	硬化层深度及硬度要求
磨损	滑动磨损且负荷较小	以尺寸公差为限,一般为1~2 mm,硬度为55~63HRC,可取上限
	负荷较大或承受冲击	一般为2~6.5 mm,硬度为55-63HRC,可取下限
疲劳	交变弯曲或扭转	一般为2~12 mm,中小型轴类可取半径的10%~20%,直径40 mm取下限,过渡层为硬化层的25%~30%

4. 加热温度的确定

加热温度要针对不同的材料和表面硬度的要求确定,碳钢和合金钢的加热温度是不同的,合金成分不同,加热的温度也会明显不同。而且,因为感应加热速度比空气加热和火焰加热都快,会明显提高钢的 Ac_3 和 Ac_1 点,一般会高出几十至上百度,所以要认真分析各种钢的加热温度。

5. 设备输出频率的确定

感应电源的输出频率主要有高频(100~500 kHz)、超音频(20~100 kHz)、中频(0.5~10 kHz)、和工频(50 Hz)。频率是根据零件的尺寸和硬化层深度确定的。

①电流透入深度、热透入深度与硬化层的关系。感应淬火主要依靠感生电流直接加热,可以近似认为热透入深度与电流透入深度相等,即

$$\triangle H = \triangle T \approx \frac{500}{\sqrt{F}} \text{mm} \tag{6.1}$$

由式6.1可以得出不同频段的透热层深度,表6.4为电流频率与热透入深度的关系。

表6.4 电流频率与热透入深度的关系

频段	高频				超音频		中频			
频率/kHz	500~600	300~500	200~300	100~200	30~40	8	4	2.5	1
热透入深度/mm	0.7~0.56	0.9~0.7	1.1~0.9	1.6~1.1	2.9~2.5	5.6	7.9	10	15.8

感应淬火时为提高生产效率,获得更高的表面硬度,要求热透入深度大于硬化层厚度,即全部采用电流直接加热,而不是依靠传导式加热。为获得较大的残余压应力,一般要求过渡层厚度不超过硬化层深度的1/4,这时选取透热层深度为硬化层深度的2倍,即

$$\triangle H = 2\delta \tag{6.2}$$

式中 δ——硬化层深度。

②不同形状零件的最佳频率。将式(6.2)代入式(6.1)可得到感应加热最佳频率,即

$$f_{op} \approx \frac{250\,000}{4\delta^2} \tag{6.3}$$

很多情况下工件直径越大,所需硬化层深度越大,所以要根据工件尺寸选择频率,见表6.5。

表 6.5　工件直径与频率的关系

工件直径/mm	10~20	20~40	40~100
选用频率/kHz	200~300	8	2.5

6. 感应圈的制作

感应圈的制作要满足两点要求,①形状要与工件加热部位尽量接近;②尺寸要尽量保持与加热面的小间隙,只有这样才能发挥感应电流的集肤效应。

6.2.4　感应加热淬火设备

感应加热需要特定的设备和必要的条件,包括感应电源、感应器(感应圈)、喷水装置与加热工件的间隙要尽量地小。其中感应电源是设备的关键和核心。按照输出电流频率的不同,分为工频电源、中频电源、超音频和高频电源。在生产实践中,中频电源的输出频率为 0.5~10 kHz,超音频输出功率为 20~100 kHz,高频电源的输出频率为 100~500 kHz。输出功率一定时,频率越高,加热速度越快,而同样的加热时间下,则透热深度会减小。图 6.7 为工频电源的原理图。

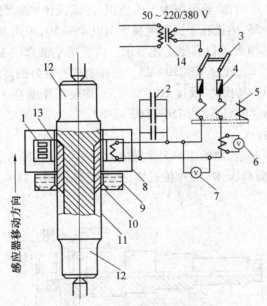

图 6.7　工频电源原理图

在几类感应电源中,工频电源在感应加热设备中输出频率最小的,透热时间较长,但深度最大,适合对大型零件的深度淬火。高频加热电源则更适合薄层和更细化晶粒的快速加热。相对而言,中频电源输出频率和功率是适用范围最宽的,它的输出频率为 1 kHz,2.5 kHz 和 8 kHz。输出功率有 10 kW,20 kW,50 kW,100 kW,200 kW,250 kW。中频电源现在基本上作为可控硅整流设备,图 6.8 为可控硅中频电源的原理图。中频电源结构简单,维护容易,适用范围宽。在调整好输出功率和频率时,可以在较短时间内(几秒至十几秒)获得

中等厚度(~2 mm)的加热层。它适合对承受弯曲、扭转等交变载荷的零件,比如曲

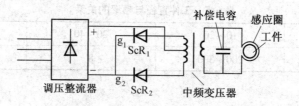

图 6.8 中频电源简图

轴、主轴、大齿轮等零件的感应加热淬火。为获得更薄的淬硬层,需要加热速度更快的高频电源。

6.2.5 感应加热表面淬火的应用

(1)齿轮的表面淬火。

齿轮一般用调质钢制造,如 45、40Cr 钢。它们经调质处理后进行表面淬火,然后自回火。齿轮表面组织为隐晶回火马氏体,硬度为 HRC54~58,心部组织为回火索氏体,硬度 HRC20~25。

(2)轴类的表面淬火。

车床主轴如图 6.9 所示,原始组织为正火组织,即索氏体+铁素体,硬度 HB180~220。表面硬度要求 HRC52~55,内锥孔表面硬度要求 HRC45~50,采用高频感应连续加热淬火+炉内 220~250 ℃ 低温回火可以满足上述要求。内燃机主轴选用 40Cr 钢制造,先进行调质处理,组织为回火索氏体,硬度 HRC20~25。表面要求有良好的耐磨性,因此用中频加热淬火+低温回火,得到回火马氏体,硬度 HRC52~55,淬硬层深度在 3~4 mm。整体的抗拉强度为 800~1 000 MPa,冲击韧性为 750~800 kJ/m²。

(3)机床导轨表面淬火。

车床导轨由 HT320 制造,原始组织为珠光体+细片状石墨,导轨表面要求耐磨,因此用高频加热表面淬火,获得马氏体+细片状石墨,硬度提高到 HRC48~52,淬硬层深度为 1.5 mm。

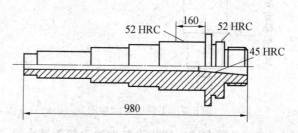

图 6.9 车床主轴

6.3 火焰加热表面淬火

火焰加热表面淬火是应用氧-乙炔或其他气体火焰喷射到工件表面,使其表面迅速地加热到淬火温度,然后将一定的冷却介质喷射到加热表面,或将工件浸入到冷却介质中进行淬火,该工艺方法称为火焰加热表面淬火,简称火焰淬火。其目的与感应加热淬火基本相同。

6.3.1 火焰加热表面淬火的特点

火焰加热表面淬火与感应加热表面淬火等方法相比,具有如下特点:

①设备简单,投资少。

②操作灵活,适用钢种广泛,特别适用于超大异形工件,并可进行现场处理。

③通过调整喷枪的行进速度及喷嘴与工件淬火表面的距离,可获得较为平缓的淬硬层,并可在一定程度上调整淬硬层深度(2~10 mm)。

④多为手工操作,机械化、自动化程度较低,噪音大,劳动条件差,混合气体不够安全。

⑤只适用于喷射方向的表面,薄壁零件不适合火焰加热表面淬火。

6.3.2 火焰加热表面淬火使用的燃料

火焰加热表面淬火中,使用的燃料主要是煤气(CO)或碳氢化合物(比如 C_2H_2),还有天然气、液化石油气等。几种常用燃料气体的特征可从表6.6中看出。实际操作中,通过控制火焰与工件相对位置及两者相对移动速度来控制工件的表面温度、加热层深度、加热速度等。一般情况下,工件在火焰区停留时间越长,表面温度越高;火焰面积大小一定时,单位时间内消耗的燃气越多,工件表面加热速度越快。

表6.6 几种常用燃料气体的性质

性质	煤气	甲烷	乙炔	丙烷	氢
燃烧值/($kJ \cdot m^{-3}$)	17 974~19 228	39 823	58 896	101 658	12 749
容积密度/($kg \cdot m^{-3}$)	0.646	0.714	1.170 9	2.019	0.089 87
理论需氧量/($m^3 \cdot m^{-3}$)	0.795~0.890	2	2.5	5	0.5
实际需氧量/理论需氧量/%	75	100	40~70	70~80	70
火焰最高温度/℃	2 800	2 930	3 100	2 750	2 650
混合气体中的氧含量/%	35	55	55	55	22
火焰最高速度/($cm \cdot s^{-1}$)	705	330	1 350	370	890
混合气体中的氧量/%	45	65	72.5	88	29
最大火焰烈度/$kJ \cdot (cm \cdot s^{-1})^{-1}$	12.67	8.40	44.73	10.70	13.96
混合气体中的氧量/%	42	62	70	80	25
热容/($kJ \cdot m^{-3}$)	640	1 129	577	941	1 095
混合气体中的氧量/%	37	65	50	80	40
要求的气体压力/10^5 Pa	0.3	0.5	0.8	1.0	0.5

6.3.3 火焰加热表面淬火方法

火焰加热表面淬火方法可分为同时加热法和连续加热法,其操作方法、工艺特点和适用范围见表6.7。

表6.7 火焰加热表面淬火方法

加热方法	操作方法	工艺特点	适用范围
同时加热	固定法（静止法）	工件和喷嘴固定，当工件被加热到淬火温度后喷射冷却液或进入冷却	淬火部位不太大的工件
	快速旋转法	一个或几个固定喷嘴对旋转（75～150 r/min）的工件表面加热一定时间后冷却（常用喷冷）	处理直径和宽度不大的齿轮、轴颈、滚轮等
连续加热	平面前进法	工件相对喷嘴作 50～300 mm/min 作直线运动，喷嘴上距火孔 10～30 mm 设有冷却介质喷射孔，使工件淬火	淬硬各种尺寸平面型工件表面
	旋转前进法	工件以 50～300 mm/min 的速度围绕固定喷嘴旋转，喷嘴上距火孔 10～30 mm 的孔喷射冷却液介质	制动轮、滚轮、轴承圈等直径大表面窄的工件
	螺旋前进法	工件以一定速度旋转，喷嘴轴向配合运动，螺旋状淬硬层	螺旋状淬硬层
	快速旋转前进法	一个或几个喷嘴沿旋转（75～150 r/min）工件定速移动，加热和冷却表面工件	轴、锤杆和轧辊等

6.3.4 火焰加热表面淬火工艺

1. 对钢原始组织的要求

火焰加热速度比较快，与普通热处理比较其奥氏体化时间短，晶粒不易长大，故奥氏体化温度向高温推移。正因为火焰加热奥氏体化时间短，火焰加热淬火前要对工件进行正火或调质处理，获得细粒状或细片状珠光体或回火索氏体，以得到综合机械性能。

火焰加热淬火适宜的材料也很广泛，一般情况下，中碳及中碳合金结构钢、工模具钢、马氏体不锈钢都可以采用火焰表面淬火，灰铸铁、球墨铸铁也可以采用火焰淬火。

2. 对加热温度的控制

由于火焰加热时间短，奥氏体化时间短，晶粒长大的时间也极短，故其实际晶粒度较为细小。因此可适当提高其奥氏体化温度，以促进其碳化物的溶解和均匀化，不同材料的火焰加热淬火温度要比普通淬火温度高 20～30 ℃，一般钢件淬火温度为 Ac_3+(80～100 ℃)，铸铁为(730+28) ℃。

火焰加热表面淬火温度与喷嘴和工件的距离及喷嘴移动速度密切相关，但火焰加热的移动速度和加热时间的掌握比较困难，尤其是异形表面、局部尖角、孔洞、键槽边缘的温度控制更为困难，实际操作中主要由操作者目测火色来确定。

3. 对淬火硬化层深度的控制

火焰加热表面淬火硬化层深度主要取决于钢材的淬透性、工件尺寸、加热层深度以及冷却条件等,对具体工艺的控制则主要取决于加热温度、加热时间或淬火行进速度以及冷却介质。

6.3.5 火焰加热表面淬火中出现的问题及其控制

1. 淬火开裂

淬火开裂是火焰加热表面淬火的常见缺陷,尤其是齿轮淬火极易在齿顶处出现密集裂纹。一般合金结构钢(如40Cr,40CrMo,35CrMo)齿轮火焰加热表面淬火推荐使用合成淬火剂,否则采用水淬很难通过磁粉或着色探伤检验。乳化剂可以避免碳钢件的淬火裂纹,但对合金结构钢的效果不明显。此外操作中要避免起头和收尾的重叠,应当有 5~10 mm 软带,中间中断淬火后,重新起头时也应当留 5~10 mm 软带,否则在这些重叠区很容易产生淬火。火焰应距离边缘或尖角 5~10 mm,否则边缘或尖角也极易由于温度高、淬火应力大而产生裂纹。

2. 硬度不足或不均匀

火焰加热表面淬火硬度不足的主要原因有材料碳质量分数偏低,加热温度不高、冷却不良(冷却水压低,水量不足)等;硬度不均匀则是由于火孔大小不一、火孔堵塞、喷水孔堵塞等原因。

3. 熔化

火焰加热表面淬火时移动速度慢,火停顿可引起淬火表面烧熔,此外尖角、孔边也极易烧熔,轻微熔化可用砂轮打磨修复。

4. 畸变

板状工件单面淬火时,火焰加热表面淬火极易产生变形,可以通过改善加热条件,调整喷嘴尺寸等减小淬火变形。对于单面淬火可以采用夹具固定、淬火后采用长时间回火消除应力,以减少变形,并可采用加热校直的方法恢复工件尺寸精度。

6.3.6 应用实例

1. 电铲提升卷筒火焰加热表面淬火

提升卷筒是采煤挖掘设备电铲的重要部件,尺寸大,筒壁厚,材料为45钢,其工作面承受钢丝绳频繁剧烈的摩擦和交变应力。采用丙烷-氧火焰加热表面淬火处理,其工艺参数为:丙烷流量为 2~2.3 m³/h,氧气流量为 2.8~3.6 m³/h,丙烷压力为 0.08 MPa,淬火速度 95~105 mm/min,喷嘴与工件间隙 10~14 mm。淬火处理后表面硬度达到50HRC,淬硬层深度≥3.5 mm,表层组织为贝氏体,过渡层为贝氏体+珠光体+铁素体组织。采用该工艺处理后,卷筒表面的耐磨性大幅度提高,切应力分布理想,不易产生内裂纹或表层剥落现象。

2. 发动机挺杆火焰加热表面淬火

挺杆是发动机上的关键部件,与凸轮形成高应力接触,摩擦较大,因而工件表面要求高硬度及高耐磨性,基体具有一定的综合力学性能。挺杆原来热处理采用盐浴整体淬火或高频感应加热淬火,常出现裂纹、变形或表面硬度不足。采用火焰加热表面淬火工艺对挺杆进行处理,保证了产品质量,降低了生产成本,取得良好效果。

图 6.10 为挺杆的外形尺寸,该件为铬钼铜冷镦合金铸铁。图 6.11 为挺杆火焰加热表面淬火装置示意图,火焰加热温度为 880±20 ℃,挺杆旋转速度为 30~60 r/min,乙炔压力

为 0.04～0.06 MPa,氧气压力为 0.5～0.7 MPa,喷嘴距加热表面的距离为 50 mm,淬火后经 190 ℃×120 min 回火。采用该工艺处理后,淬硬层深度≥3 mm,冷激层深度≥4 mm,底面硬度为 63～69HRC,杆部硬度为 93～104HRB。

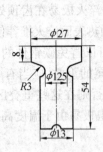
图 6.10　挺杆外形尺寸图

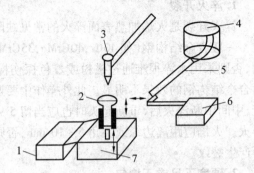
图 6.11　挺杆火焰加热表面淬火装置示意图
1—油槽;2—挺杆;3—乙炔加热喷枪;4—振动料斗;5—排料槽;6—送料机构;7—旋转打料装置

3.高压管件内表面火焰加热表面淬火

高压管件广泛用于石油矿山高压管路的链接,承受高压介质的冲刷和磨损,要求内表面具有高硬度、高耐磨性,同时具有一定的综合力学性能。高压管件采用 35CrMo 钢制造,其火焰加热表面淬火装置如图 6.12 所示。火焰加热表面淬火的工艺参数为:火焰加热温度 900±40 ℃,乙炔压力为 0.04～0.06 MPa,氧气压力为 0.5～0.7 MPa,工件旋转速度 2～4 r/min,喷嘴与工件的相对移动速度 100～140 mm/min,淬火后进行 220 ℃×(80～100) min 回火。该工件处理后表层为回火马氏体,硬度为 50～55HRC,次表层为回火马氏体+铁素体。

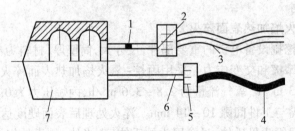
图 6.12　管件内表面火焰加热表面淬火装置示意图
1—火焰喷嘴;2—乙炔氧气流量计;3—乙炔氧气输送管;4—输水管;5—水流量计;
6—冷却喷嘴;7—高压管件

6.4　金属表面化学热处理

6.4.1　概　述

1.金属表面化学热处理过程

金属表面化学热处理是利用元素扩散性能,使合金元素渗入金属表层的一种热处理工艺。其工艺过程是,首先将工件置于含有渗入元素的活性介质中加热到一定温度,使活性介质通过分解(包括活性组分向工件表面扩散,以及界面反应产物向介质内部扩散)并释放出欲渗入元素的活性原子,活性原子被表面吸附并溶入表面、溶入表面的原子向金属表层扩散渗入,形成一定厚度的扩散层,从而改变表层的成分、组织和性能。

2. 金属表面化学热处理的目的

①提高金属表面的强度、硬度和耐磨性。

②提高材料疲劳强度,如渗碳、渗氮、渗铬等渗层中由于相变使体积发生变化,导致表层产生很大的残余压应力,从而提高疲劳强度。

③使金属表面具有良好的抗粘着、抗咬合的能力和降低摩擦系数,如渗硫等。

④提高金属表面的耐蚀性,如渗氮、渗铝等。

6.4.2 渗硼

1. 渗硼过程和目的

渗硼是把工件置于含有硼原子的介质中加热到一定温度,保温一段时间,通过化学或电化学反应,使硼原子渗入工件表层形成一层坚硬的硼化物渗层。渗硼主要是为了提高金属表面的硬度、耐磨性和耐蚀性。可用于钢铁材料、陶瓷和某些有色金属材料,如钛、钽和镍基合金。渗硼最合适的钢种为中碳钢和中碳合金钢。

2. 渗硼层组织

图 6.13 为铁-硼状态图,可以看出硼原子在 γ 相或 α 相的溶解度很小,当硼的质量分数超过其溶解度时,就会产生硼的化合物 $Fe_2B(\varepsilon)$。当 $w_B > 8.83\%$ 时,会产生 $FeB(\eta)$。当 $w_B = 6\% \sim 16\%$ 时,会产生 FeB 与 Fe_2B 白色针状混合物。一般希望得到相对单相的 Fe_2B。钢中的合金元素大多数可溶于硼化物层中(例如铬和锰),因此认为硼化物是 $(Fe,M)_2B$ 或 $(Fe,M)B$ 更为恰当(其中 M 为一种或多种金属元素)。碳和硅不溶于硼化物层,而被硼从表面推向硼化物前方而进入基材。图 6.14 为这些元素在碳钢的硼化物层中的分布示意图。硅在硼化物层前方的富集量可达百分之几,使低碳铬合金钢硼化物层前方形成软的铁素体层,只有降低钢的 Si 质量分数才能解决这一问题。碳的富集会析出渗碳体或硼渗碳体,例如 $Fe_3B_{0.8}C_{0.2}$。

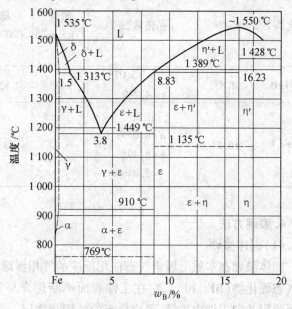

图 6.13 铁-硼状态图(部分)

3. 渗硼层的性能

①渗硼层的硬度很高,例如 Fe_2B 的硬度为 1 300 ~ 1 800HV;FeB 的硬度为 1 600 ~

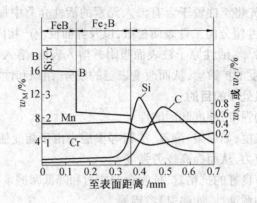

图6.14 硼化物层之中及其前方元素分布示意图

2 200HV。由于FeB脆性大,一般希望得到单相的,厚度为0.07~0.15 mm的Fe₂B层。如果合金元素含量较高,由于合金元素有阻碍硼在钢中的扩散作用,则渗硼层厚度较薄。硼化铁的物理性能参见表6.8。

②热硬性高,渗硼层在800 ℃时仍保持高的硬度。

③在盐酸、磷酸、硫酸和碱中有良好的耐腐蚀性,但不耐硝酸。

④在600 ℃以下抗氧化性能较好。

表6.8 硼化铁的物理性能

硼化铁类型	w_B/%	晶格常数	密度 /(g·cm⁻¹)	膨胀系数 (200~600 ℃)	杨氏模量 /MPa	硼在铁矿中的扩散系数 (950 ℃时)/ (cm²·s⁻¹)
FeB	8.83	正方 $a=5.078$ $c=4.249$	7.43	7.85×10⁻⁶/℃	3×10⁵	1.5×10⁻⁷ (扩散区)
Fe₂B	16.23	正交 $a=4.053$ $b=5.495$ $c=2.946$	6.75	23×10⁻⁶/℃	6×10⁵	1.82×10⁻⁸ (硼化物层)

4. 渗硼方法

(1)固体渗硼。

固体渗硼在本质上属于气态催化反应的气相渗硼,供硼剂在高温和活化剂的作用下形成气态硼化物(BF_2、BF_3),它在工件表面不断化合与分解,释放出活性硼原子不断被工件表面吸附并向工件内扩散,形成稳定的铁硼化物层。

固体渗硼是将工件置于含硼的粉末或膏剂中,装箱密封,放入加热炉中加热到950~1 050 ℃保温一定时间后,工件表面上获得一定厚度的渗硼层。这种方法设备简单,操作方便,适应性强,但劳动强度大,成本高。欧美国家多采用固体渗硼,常用的固体渗硼剂有:

①粉末渗硼。粉末渗硼是由供硼剂(硼铁、碳化硼、脱水硼砂等)、活性剂(氟硼酸钾、

碳化硅、氯化物、氟(供硼剂)化物等)、填充剂(木炭或碳化硅等)组成。例如配方5% B_4C(供硼剂)+KBF_4(活性剂)+90% SiC(填充剂),其各成分所占比例与被渗硼的材料有关。对于铬含量高的钢种,建议在渗硼粉中加入适量铬粉。

②膏剂渗硼。膏剂渗硼是将供硼剂加一定比例的黏结剂组成一定粘稠膏状物涂在工件表面上进行加热渗硼处理。膏剂渗硼的配方有:

a. 由50%碳化硼粉末(0.063~0.056 mm)和50%冰晶石组成,用水解四乙氧基甲硅烷作黏结剂组成膏状物质,渗硼前先在200 ℃干燥1 h后再进行渗硼。

b. (5%~50%)的碳化硼粉末(0.100 mm)+(5%~50%)的冰晶石(粉末状)+(40%~49%)的氟化钙(0.154 mm),混合后用30%松香+70%酒精调成糊状,在工件上涂>2 mm的涂层,然后晾干密封装箱,最后装入加热炉中进行渗硼。

若膏剂渗硼是在高频感应加热条件下进行,不仅可以得到与炉子加热条件下相同的渗硼层,而且可大大缩短渗硼时间。

(2)气体渗硼。

与固体渗硼的区别是供硼剂为气体,气体渗硼需用易爆的乙硼烷或有毒的氯化硼,故没有用于工业生产。

(3)液体渗硼。

也叫盐浴渗硼,这种方法应用广泛。它主要是由供硼剂硼砂还原剂(碳酸钠、碳酸钾、氟硅酸钠等)组成的盐浴,生产中常用的配方有:80% $Na_2B_4O_7$+20% SiC 或 80% $Na_2B_4O_7$+10% Al+10% NaF 等。

(4)等离子渗硼。

等离子渗硼可以用与气体渗硼类似的介质,该方法正在研究中,还没有工业应用的实例。

5. 渗硼的应用

渗硼在生产实际中的应用见表6.9。

表6.9 渗硼在生产实际中的应用

模具名称	模具材料	被加工材料	处理工艺	寿命(件/模)	使用单位
冷镦六方螺母凹模	Cr12MoV	Q235钢	原处理工艺	(0.3~0.5)万	北京标准件厂
			渗硼	(5~6)万	
冷冲模	CrWMn	25钢	淬火+回火	(300~500)千	北京机电研究所
			渗硼	(0.3~0.5)万	
冷轧顶头凸模	65Mn	Q235钢螺母	淬火+回火	(0.3~0.5)万	沙市标准件厂
			渗硼	2万	
热锻模	5CrMnMo	齿轮40Mn2	淬火+回火	300~500	江西机械厂
			渗硼	600~700	

6.4.3 渗碳、渗氮、碳氮共渗

1. 渗碳

渗碳是为了增加低碳钢和低碳合金钢表层的碳质量分数、获得一定的碳质量分数梯

度,将钢件在碳的活性介质中加热并保温,使碳原子渗入表层的一种表面化学热处理工艺。常用渗碳钢主要有低强度钢(15钢,20钢,20Mn2,20Cr等)、中强度钢(20CrMnTi,20CrMnMo,20MnTiB等)和高强度钢(18CrNiWA,20CrNi4A等)。渗碳钢要求渗碳层应具有高硬度、高强度和一定的塑性,所以渗碳工件表层的碳质量分数不应过高。要求渗碳工件具有良好的锻造性能、切削加工性能和热处理性能,而且要求渗碳工件不能有较多和粗大的非金属夹杂物,不允许有严重的带状组织。渗碳结束后,渗层中不得出现反常组织。

(1)结构钢的渗碳。

结构钢经渗碳后能使零件工作表面获得高的硬度、耐磨性、耐侵蚀磨损性、接触疲劳强度和弯曲疲劳强度,而心部具有一定强度、塑性、韧性。常用的渗碳方法有三种:

①气体渗碳。气体渗碳是生产中应用最广的一种渗碳方法,是在含碳的气介质中通过调节气体渗碳气氛实现渗碳的目的。气体渗碳根据所用渗碳气体的产生办法及种类,分为滴注式气体渗碳、吸热式气体渗碳和氮基气氛渗碳。常用渗碳设备可分为周期式炉和连续式炉两大类。周期式炉用于单件或小批量渗碳工艺;连续式炉实现了连续式装卸工件,生产率较高。

②盐浴渗碳,也叫液体渗碳。将被处理的零件浸入盐浴渗碳剂中,通过加热使渗碳剂分解出活性碳原子进行渗碳。如$(75\sim85)\% Na_2CO_3$,$(15\sim25)\% NaCl$,$(8\sim15)\% SiC$就是一种熔融的渗碳盐浴配方。10钢在950 ℃保温3 h后可获得总厚度1.2 mm的渗碳层。液体渗碳所用的设备简单,渗碳速度快,灵活性大,渗碳后便于直接淬火,适合于中小型零件的渗碳。

③固体渗碳。固体渗碳是一种传统的渗碳方法,将工件放在填充粒状渗碳剂的密封箱中进行渗碳的工艺。固体渗碳需要专门的渗碳设备,操作简单,成本低,但渗碳时间长,渗层不易控制,不能直接淬火,劳动条件也较差,主要在单件、小批量生产等特定条件下采用。为了提高渗碳速度而引进了快速加热渗碳法、真空、离子束、液态层渗碳等先进的工艺方法,这些方法均能提高渗碳速度和渗碳质量。

(2)影响渗碳的因素。

渗碳后表层的碳质量分数、渗碳层深度及碳质量分数变化梯度是决定工件渗碳淬火后组织和性能的主要因素,他们的数值与渗碳的时间、温度、钢的化学成分及渗碳剂活性有关。

①渗碳温度。在其他参数相同的条件下,渗碳温度越高,渗层越厚,表层碳质量分数越高;温度越低,则效果相反。主要原因为:第一,随着温度的升高,使碳在钢中的扩散速度加快;第二,随着温度的升高,碳在奥氏体中的溶解度增大。

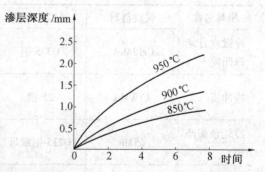

图6.15 渗碳时间与渗层深度的关系

②保温时间。碳在钢中的扩散速度及扩散层深度是温度和时间的函数,图6.15为三种渗碳温度所得的渗层深度与保温时间的关系。由图6.15可知,同一渗碳温度,渗层深度随时间的延长而增加,但增加的程度逐渐减慢,低温时减慢的速率更快,这是由于渗层中碳

质量分数随着时间的延长而逐渐减小的缘故。

（3）应用实例。

①可控气氛渗碳工艺。汽车转向器齿轮的材料是20CrNiMo，在可控气氛多用炉生产线上进行渗碳，其工艺参数见表6.10。图6.16为汽车转向器齿轮可控气氛渗碳工艺曲线。

表6.10　20CrNiMo钢齿轮可控气氛渗碳炉成分

工艺阶段	碳势 $w_C/\%$	$\varphi_{CO}/\%$	$\varphi_{CH_4}/\%$	$\varphi_{CO_2}/\%$
1	—	—	1.5~2.0	—
2	1.00	20	1.2~1.5	0.08
3	1.05	20	0.8~1.2	0.07
4	0.85	20	0.4~0.6	0.10
5	0.85	21	0.4~0.6	0.10
6	0.85	21	0.4~0.6	0.10

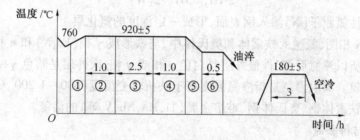

图6.16　可控气氛渗碳工艺 QUXIAN

齿轮渗碳后渗碳层深度为0.70~0.75 mm，表层硬度HRC58~63，心部硬度HRC35~42，表面为回火马氏体+极少量粒状碳化物，心部为低碳马氏体+铁素体。

②氮基气氛渗碳。20CrMnTi，20CrMo钢阀体及阀体类工件进行氮基可控气氛渗碳，用空分普氮[$\varphi(N_2)$为95%]作为氮源，以甲醇+N_2制备$N_2:H_2:CO=4:4:2$（体积比）的氮基气氛。富化气仍采用有机碳氮化合物。渗碳淬火后表面硬度可控制在HRC63~65，碳势控制精度达到±0.03%，渗层深度1.7~1.8 mm，其渗碳工艺如图6.17所示。

2. 渗氮

渗氮是在含有氮或氮原子的介质中将工件加热到一定温度，工件表面被氮原子渗入的一种工艺方法。渗氮处理通常在480~600 ℃进行，渗氮的介质可采用气体、熔盐或固态颗粒。渗氮工艺复杂，时间长，成本高，所以只用于耐磨、耐蚀和精度要求高的耐磨件，如发动机气缸、排气阀、阀门、精密丝杆等。

工件经渗氮后获得高的表面硬度，加热到500 ℃时，硬度变化不大，具有低的划伤倾向和高的耐腐蚀性。在自来水、潮湿空气、气体燃烧物、过热蒸汽、苯、不洁油、弱碱溶液、硫酸、醋酸、正磷酸等介质中均有一定的耐蚀性。

（1）渗氮的分类。

①低温渗氮。低温渗氮是指渗氮温度低于600 ℃的各种渗氮方法。渗氮层的结构主

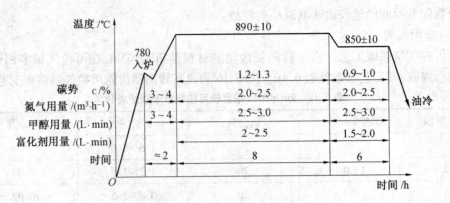

图 6.17 氮基可控气氛渗碳工艺曲线

要决定于 Fe-N 相图。其主要渗氮方法有气体渗氮、液体渗氮、离子渗氮等。低温渗氮主要用于结构钢和铸铁。目前广泛应用的是气体渗氮法,把需渗氮的零件放入密封渗氮炉内,通入氨气,加热至 500~600 ℃,氨发生以下反应

$$2NH_3 = 3H_2 + 2[N]$$

生成的活性氮原子[N]渗入钢表面,形成一定深度的氮化层。

根据 Fe-N 相图,氮融入铁素体和奥氏体中,与铁形成 γ 相(Fe_4N)和 ε 相($Fe_{2-3}N$),也溶解一些碳。所以渗氮后,工件最外层是白色 ε 相或 γ 相,次外层是暗色 γ+α 共析体层。

②高温渗氮。高温渗氮是指渗氮温度高于共析转变温度(600~1 200 ℃)下进行的渗氮。主要用于铁素体钢、奥氏体钢、难熔金属(Ti、Mo、Nb、V 等)的渗氮。

(2)各种材料渗氮。

①结构钢渗氮。任何珠光体类、铁素体类、奥氏体类以及碳化物类的结构钢都可以渗氮。为了获得具有高耐磨、高强度的零件,可采用液氮专用钢种(38CrMoAlA)。近年来出现了不采用含铝的结构钢的渗氮强化。结构钢渗氮温度一般选在 500~550 ℃,渗氮后可明显提高疲劳强度。

②高铬钢渗氮。工件经酸洗或喷砂去除氧化膜后才能进行渗氮。为了获得耐磨的渗层,高铬铁素体钢常在 500~600 ℃进行渗氮。渗氮层深度一般不大于 0.12~0.15 mm。

③工具钢渗氮。高速钢切削刀具短时渗氮可提高寿命 1.5~2 倍。推荐渗层深度为 0.01~0.025 mm,渗氮温度为 510~520 ℃。相对于小型模具(<φ15 mm)渗氮时间为 25~20 min,对较大工具(φ16~300 mm)为 25~30 min;对大型工具为 60 min。上述规范可得到高硬度(1 340~1 460HV),热硬性为 700 ℃仍可保持 700HV 的硬度。Cr12 模具钢经 150~520 ℃、8~12 h 渗氮后可形成 0.08~0.12 mm 的渗层,硬度可达 1 100~1 200HV 热硬性较高,耐磨性比渗氮高速钢还要高。

④铸铁除白口铸铁、灰铸铁、不含 Al 和 Cr 等合金铸铁外均可渗氮,尤其球墨铸铁的渗氮应用更为广泛。

⑤难熔合金也可以进行渗氮,用于提高硬度、耐磨性和热强性。

⑥钛及钛合金离子渗氮,经 850 ℃ 8 h 后形成 TiN,层深为 0.028 mm,硬度可达 800~1 200HV。

⑦钼及钼合金离子渗氮,经1 150 ℃以上温度渗氮1 h,渗氮层深度达150 μm,硬度达300~800HV。

⑧铌及铌合金渗氮,在1 200 ℃渗氮可得到硬度大于2 000HV的渗氮层。

(3)渗氮的应用实例。

①镗杆。镗杆渗氮层深度0.45~0.65 mm,硬度大于950HV,脆性1~2级,生产周期65~80 h。其气体渗氮工艺曲线如图6.18所示。如采用等温渗氮则需在(535±10)℃或(540±5)℃保温80~110 h。

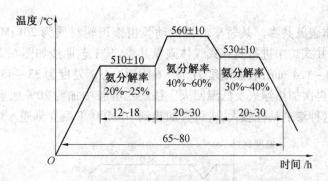

图6.18 镗杆气体渗氮工艺曲线

②活塞环(6Cr13Mo)。活塞环渗层深度大于0.12 mm,脆性1~2级,硬度900HV0.1。其渗氮温度为560 ℃,时间20 h,氨分解率控制在30%~50%,缓慢升温及缓慢降温是解决活塞环变形问题的关键点。这是目前汽车、摩托车活塞环表面强化工艺中广泛采用的一种方法。

③35钢阀杆的抗蚀渗氮。35钢阀杆经调质(840~860 ℃保温1.5 h,油淬;580 ℃保温1 h)处理后,进行抗蚀渗氮表面处理,阀杆经渗氮后,表面形成厚约0.015~0.06 mm的致密耐蚀渗氮层。35钢阀杆抗蚀渗氮工艺曲线如图6.19所示。

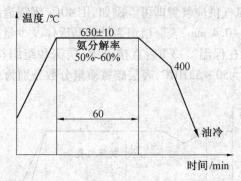

图6.19 35钢阀杆抗蚀渗氮工艺曲线

3.碳氮共渗

在奥氏体温度下,同时将碳、氮活性原子渗入工件表面,且以渗碳为主的表面化学热处理工艺称为碳氮共渗。碳氮共渗层比渗碳层具有更高的耐磨性、抗疲劳强度和耐蚀性。

(1)碳氮共渗分类。

碳氮共渗处理按共渗温度可分为低温碳氮共渗(低于750 ℃)、中温碳氮共渗(750~

880 ℃)和高温碳氮共渗(高于880 ℃);按渗层深度可分为薄层碳氮共渗(小于0.2 mm)、普通碳氮共渗(0.2~0.8 mm)和深层碳氮共渗(大于0.8 mm);按共渗方式不同可分为固体碳氮共渗、液体碳氮共渗和气体碳氮共渗。

(2)碳氮共渗过程。

碳氮共渗过程可分为三个阶段:①共渗介质分解产生活性碳原子和氮原子;②分解出来的活性氮原子和碳原子被钢表层吸收,并逐渐达到饱和状态;③钢表层饱和的碳氮原子向内层扩散。

(3)应用举例。

①滴入式气体碳氮共渗。某轿车后桥被动弧齿锥齿轮材质为20CrMnTi,该工件用三乙醇胺在RJJ-60井式炉中进行滴入式气体碳氮共渗,其工艺曲线如图6.20所示。齿轮深层深度要求为1.0~1.4 mm,表面硬度为58~64HRC,心部硬度为33~48HRC。工件共渗后缓冷,然后进行再次加热淬火及低温回火。往三乙醇胺中约20%尿素,可提高渗层中的氮含量。由于这种渗剂粘性较大,应将其加热到70-100 ℃后立刻通入炉内。

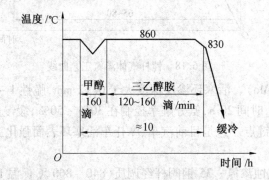

图6.20 滴入式气体碳氮共渗工艺曲线

②采用煤油加氨气的碳氮共渗。这种工艺大多数是在井式渗碳炉中进行,利用原有的气体渗碳设备加一套氨气供应装置即可。例如,用40Cr钢制造的汽车变速箱及齿轮,工件要求渗层深度为0.25~0.4 mm,表面组织为针状马氏体及少量残留奥氏体。按图6.21所示工艺规范碳氮共渗,在保温2~3 h后直接淬火,层深和组织符合技术要求,表面硬度为60~63HRC,心部硬度为50~53HRC,表层碳氮质量分数分别为0.8%及0.3%~0.4%。

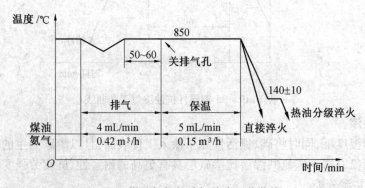

图6.21 煤油加氨气碳氮共渗工艺曲线

6.4.4 渗金属

渗金属方法是使工件表面形成一层金属碳化物的工艺方法,即渗入元素与工件表层中的碳结合形成金属碳化物层的化合物层,如$(Cr、Fe)_7C_3$、VC、NbC、TaC 等,次层为过渡层,此类工艺方法适用于高碳钢,渗入元素大多数为 W、Mo、Ta、V、Nb、Cr 等碳化物形成元素。为了获得碳化物层,基材碳的质量分数必须超过 0.45%。

1. 渗金属层的组织

渗金属形成的化合物层一般很薄,约 0.005~0.02 mm。层厚的增长率符合抛物线定则,$x^2=kt$,式中 x 为层厚;k 是与温度有关的常数;t 为时间。经过液体介质扩渗的渗层组织光滑而致密,呈白亮色。当工件 $w_C=0.45\%$ 时,除碳化物层外还有一层极薄的贫碳 α 层。当工件 $w_C>1\%$ 时,只有碳化物层。

2. 渗金属层的性能

渗金属层的硬度极高,耐磨性很好,抗咬合和抗擦伤能力也很高,并且具有摩擦系数小等优点。表 6.11 是 100 g 负荷测得的显微硬度值。

表 6.11　渗金属层硬度 $HM/_{100\,g}$

渗层	Cr12	GCr15	T12	T8	45
铬碳化物层	1765~1887	1404~1665	1404~1482	1404~1482	1331~1404
钒碳化物层	2166~3880	2422~3259	2422~3380	2136~2280	1580~1870
铌碳化物层	3254~3784	2897~3784	2897~3784	2400~2665	1812~2665
钽碳化物层	1981~2397	2397	2397~2838	1981	

3. 渗金属方法

(1)气相渗金属法。

①在适当温度下,可以挥发的金属化合物中析出活性原子沉积在金属表面上与碳形成化合物。一般使用金属卤化物作为活性原子的来源,其工艺过程是将工件置于含有渗入金属卤化物层的容器中,通入 H_2 或 Cl_2 进行置换还原反应,使之析出活性原子,然后进行渗金属操作。

②利用羟基化合物在低温下能分解的性质进行表面沉积,例如 $W(CO)_6$ 在 150 ℃条件下能分解出 W 活性原子,然后渗入金属表面形成钨的化合物层。

(2)固相渗金属法。

固相渗金属法中应用较广泛的是膏剂渗金属法,是将渗金属膏剂涂在金属表面上,加热到一定温度后,使元素渗入工件表层。一般膏剂的组成如下:

①活性剂。多数是 0.050~0.071 mm 的纯金属粉末。

②熔剂。熔剂的作用是与渗金属粉末相互作用后形成相应的各种卤化物,它是被渗原子的载体。

③黏结剂。一般用四乙氧基甲硅烷,起黏结作用并形成膏剂。

4. 渗铬

(1)渗铬层的组织和性能。

①渗铬层的组织。渗铬层的组织和渗入金属状况主要与基体材料成分有关,而对其工艺的影响较小。钢的渗层组织和渗入金属状况受钢中碳质量分数影响最大。对于低碳钢和低碳合金钢渗铬,表面形成固溶体,并有游离分布的碳化物,渗入金属含量由表及里逐渐减少。中碳钢渗层有两层,外层为铬的碳化物层,内层为固溶体。高碳钢渗铬在表面形成铬的碳化物层,如$(Cr、Fe)_7C_3$,$(Cr、Fe)_{23}C_6$,$(Cr、Fe)_3C$等,层厚仅$0.01\sim0.04$ mm,硬度为1500HV。

②渗铬层的性能。工件渗铬后可显著改善在强烈磨损条件下以及在常温、高温腐蚀介质中工件的物理、化学、力学性能。中碳钢、高碳钢渗铬层性能均优于渗碳层和渗氮层,但略低于渗硼层。特别是高碳钢渗铬后,不仅能提高硬度,而且还能提高热硬性,在加热到850 ℃后,仍能保持1200HV左右的高硬度,超过高速钢。同时渗铬层也具有较高的耐蚀性,对碱、硝酸、盐水、过热空气、淡水等介质均有良好的耐蚀性,但不耐盐酸。渗铬件能在750 ℃以下长期工作,有良好的抗氧化性,但在750 ℃以上工作时不如渗铝件。

(2)渗铬方法。

①气体渗铬。在气体渗铬介质条件下进行,采用接触法直接电加热或高频感应加热可加快气体渗铬速度。

②固体膏剂渗铬。这是利用活性膏剂进行渗铬的方法。一般膏剂组成如下:

a.渗铬剂。金属铬或合金铬粉末,其尺寸为$0.050\sim0.071$ mm。

b.熔剂。形成铬的卤化物后,再与金属表面反应,常用冰晶石。

c.黏结剂。品种较多,其中以水解硅酸乙酯效果较好。

5. 渗钒、渗铌

工件渗钒、渗铌是为了获得高硬度的表面渗层,主要应用于钢铁件。由于钒、铌与碳的亲和力比铁、铬强,能从铁、铬中获得碳原子,形成钒、铌碳化物渗层。与铬渗层相比,钒、铌渗层更薄,但渗层硬度更高,耐磨性更好。目前国内渗钒、渗铌的方法主要是硼砂熔盐法和固体粉末法。

(1)渗钒、渗铌组织。

渗钒、渗铌层的组织和渗入金属状况主要与基体材料成分有关。钢的渗钒、渗铌层的组织和渗钒、渗铌层渗入金属状况受钢中碳质量分数的影响最大。中、高碳(合金)钢渗钒、渗铌后,表面形成碳化物渗层,渗层中渗入金属含量极高,渗层中几乎不含基体金属,界面含量曲线形成陡降,图6.22、图6.23分别是渗层中矾、铌含量分布。

(2)渗钒、渗铌层性能。

①硬度。钢的金属碳化物覆层具有很高的硬度,其基体材料的化学成分是决定渗金属层组织的主要因素,也是影响渗层硬度的主要因素。表6.12是典型钢材渗钒、渗铌的碳化物覆层硬度值。钢的渗钒、渗铌层硬度主要受钢的碳质量分数的影响。从表6.12可以看出,随着钢中碳质量分数的增加,渗金属层硬度增加;合金含量增加对硬度的影响不大。

表6.12 典型钢材渗钒、渗铌的碳化物覆层硬度HV0.1(1 000 ℃×6 h)

工艺	45	T8	T12	GGr15	Gr12
渗钒	1560~1870	2136~2288	2422~3380	2422~3259	2136~3380
渗铌	1812~2665	2400~2665	2897~3784	2897~3784	3259~3784

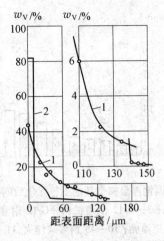

图 6.22 渗层中的钒含量分布(气体渗钒 1 100 ℃×6 h)
1—w_C=0.03% 阿姆科铁;2—w_C=1.18% 钢

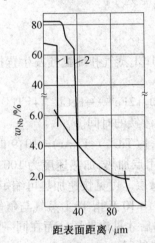

图 6.23 渗层中的铌含量分布(气体渗铌 1 200 ℃×6 h)
1—w_C=0.03% 阿姆科铁;2—w_C=1.18% 钢

②耐磨性。渗钒、渗铌的耐磨性很好,渗钒、渗铌等形成的碳化物覆层具有较低的摩擦系数。表 6.13 为几种材料不同处理工艺的摩擦系数。图 6.24 为不同钢渗金属与经其他工艺强化后的耐磨性比较。图中数据显示渗钒、渗铌的耐磨性不但远远好于渗碳淬火,而且明显好于渗硼、渗铬,这是由于渗钒、渗铌处理的硬度更高,摩擦因数也更小,所以渗钒、渗铌广泛应用于工模具等高耐磨工件。

表 6.13 几种材料不同处理工艺的摩擦系数比较(以低合金钢为摩擦偶件)

试样	Cr12MoV 模具钢 淬火回火	钢渗铬	钢渗钒	钢渗铌
摩擦系数	0.36~0.37	0.27~0.33	0.28~0.32	0.30~0.31

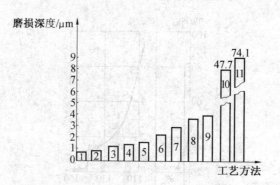

图 6.24 不同钢渗金属与其他工艺强化后的耐磨性比较

1—45 钢渗氮渗钒；2—T12 钢渗钒；3—Gr12 钢渗钒；4—Gr12 钢渗铌；6—45 钢渗碳渗铌；7—45 钢渗碳渗铬；8—Gr12 钢渗铬；9—45 钢渗硼；10—45 钢渗碳淬火；11—45 钢液体碳-氮共渗淬火

③耐蚀性,抗氧化性。渗钒、渗铌形成的金属碳化物覆层具有很好的耐蚀性和抗氧化性能,尤其是在 600 ℃ 内抗氧化性能更好。

6. 渗钛

(1)气体渗钛。

①气相渗钛。如工业纯铁在 $TiCl_4$ 蒸气和纯氩气发生置换反应,产生活性钛原子,高温下向工件表面吸附与扩散

$$TiCl_4 + 2Fe \longrightarrow FeCl_2\uparrow + [Ti]$$

若此过程采用电加热,可缩短渗钛的时间。

若渗钛温度为 950~1 200 ℃,$V(TiCl_4):V(Ar)=10:9$ 时,炉内加热速度为 1 ℃/s,保温时间为 9 min,无渗钛层。若采用点加热,加热速度为 100~1 000 ℃/s,保温时间为 3~8 min,可获得 30~70 μm 厚的渗钛层。可见快速加热可缩短渗钛时间。

②蒸气渗钛。$V(TiCl_4):V(Ar)=10:9$ 指 $TiCl_4$ 蒸气与氩气的体积比为 10:9,是在 $TiCl_4$ 和 Mg 蒸气混合物中进行渗钛,1 h 后才见渗钛层。而在同一温度下在 $TiCl_4+Ar+Mg$ 进行渗钛,1 h 后可见到 20~80 μm 厚的渗钛层。

(2)活性膏剂渗钛法。

活性膏剂渗钛法是一种固体渗钛法,活性膏剂的主要成分是活性钛源(30.5% Ti,5.16% Si,17.08% Al),其数量为 70%~95%。此外还加入水晶石,其主要作用是去除工件表面的氧化物,促使氟化钛的形成,而氟化钛是原子钛的供应源。实践证明,使用 95% Ti+5% NaF 的膏剂成分效果最好,快速加热能缩短渗钛时间。

(3)液体渗钛。

液体渗钛是使用电解或电解质方法进行渗钛,电解时采用可溶性钛作阳极,电解液为 $KCl+NaCl+TiCl_2$。电解在氩气中进行,最佳电流密度视过程的温度不同而在 0.1~0.3 A/cm² 的范围内变化,温度为 800~900 ℃ 时,渗钛层可达几十微米,扩散层仅几微米。

(4)渗钛层性能。

钛的碳化物渗层具有极高的显微硬度,极好的耐磨性和耐蚀性,但热稳定性较差。

7. 渗铝

渗铝是指铝在金属或合金表面扩散渗入的过程,许多金属材料如钢、合金钢、铸铁、热

强钢和耐热合金、难熔金属和以难熔金属为基的合金、钛、铜和其他材料都可进行渗铝。渗铝的主要目的在于提高材料的热稳定性、耐磨性和耐蚀性。适用于石油、化工、冶金等工业管道和容器、炉底板、热电偶套管、盐浴坩埚和叶片等。

（1）渗铝层的性能。

当钢中铝的质量分数大于8%时，其表面能形成致密的铝氧化膜。但铝含量过高时，钢的脆性增加。

低碳钢渗铝后能在780 ℃以下长期工作；低于900 ℃能较长期工作；900～980 ℃仍可比未渗铝工件寿命提高20倍，因此渗铝的抗高温氧化性能好。

（2）渗铝的方法。

工业上渗铝主要有三种方法。

①固体粉末渗铝。固体粉末渗铝的主要成分为铝粉、铝铁合金或铝钼合金粉末、氯化物或其活性剂、氧化铝（惰性添加剂）等。粉末渗铝在专用的易熔合金密封的料罐中进行。在固体渗铝中，常用方法之一是活性膏剂渗铝。一种由铝粉、冰晶石和不同比例的其他组分的粉末混合剂，并用水解乙醇硅酸乙酯作为黏结剂涂在工件表面，厚度为3～5 mm，在70～100 ℃下烘干20～30 min。为了防氧化，可用特殊涂料覆盖层作为保护剂涂在活性膏剂层的外面。膏剂渗铝的最佳成分为88%（Fe–Al）、10%石英粉、2% NH_4Cl（活性剂）。

②在铝浴中渗铝。工件在铝浴或铝合金浴中于700～800 ℃保温一段时间后，就可在表面得到一层渗铝层。这种方法的优点是渗入时间较短，温度不高，但坩埚寿命短，工件上易黏附熔融物和氧化膜，形成脆性的金属化合物。为降低脆性，往往在渗铝后进行扩散退火。

③表面喷镀铝再扩散退火的渗铝法。在经过喷丸处理或喷砂处理的构件表面，使用喷镀专用的金属喷镀装置（电弧喷镀/火焰喷镀等），按规定的工艺规程喷镀铝。铝层厚度为0.7～1.2 mm为防止铝喷镀层熔化、流散和氧化，应在扩散退火前采用保护涂料，然后在920～950 ℃进行4～6 h扩散退火。

8. 应用实例

渗金属工艺的应用随着我国工业产品水平的提高而逐步增多，表6.14为一些工件渗金属应用的工艺和使用效果。

表6.14 工件渗金属的应用和效果

工件名称	材料	渗金属工艺	原工艺	寿命提高倍数
汽车钢板零件冲头	Cr12MoV	渗铌	淬火，回火	10
冷挤压201轴承环凹模	GGr15	950 ℃×3 h/渗钒+常规淬火，回火	常规淬火，回火	8
冷锻M18螺母下冲模	Gr12	960 ℃×6 h/渗钒油冷，低温回火	常规淬火，回火	
冷挤GHB2不锈钢M12方螺母凹模	Gr12	960 ℃×6 h/渗钒油冷，低温回火	常规淬火，回火	20

续表 6.14

工件名称	材料	渗金属工艺	原工艺	寿命提高倍数
精密锻造冲头	M12 硬质合金	渗钒	淬火,回火	3.5
压铸模	D2 硬质合金	渗钒	淬火,回火	1.3
M4 螺栓冷锻模	Cr12MoV	960 ℃×4 h/渗钒后直接升温至 1 020 ℃淬火,180~210 ℃回火	1000 ~ 1300℃淬火,低温回火	2
安全阀的提升阀	GGr15	渗钒	淬火,回火	3
薄片铣刀	T12	950 ℃×3 h 渗钒,820 ℃淬火,180 ℃回火	煤气保护加热淬火	2-3
无缝钢管冷拔模具	GGr15	950 ℃渗钒,180 ℃回火	840 ℃淬火,180 ℃回火	4
锥芯阀	GGr15	渗钒	常规处理	20~40
锁厂的扳手球整形模	Gr12	渗钒	常规处理	4~6
拉深模	Gr12	渗钒	淬火,回火加镀硬铬处理	3
辐条冷锻模	T10A	950 ℃×5 h 渗钒	常规处理	8
轴碗拉深模	GGr15	950 ℃×5 h 渗钒	常规处理	23

第7章 化学转化膜

化学转化膜是金属或镀层金属表层原子与水溶液介质中的阴离子相互反应,在金属表面形成含有自身成分附着性好的化合物膜。成膜的典型反应式如下

$$mM + nA^{z-} \longrightarrow M_mA_n + nze \tag{7.1}$$

式中　M——与介质反应的金属或镀层金属;

　　　A^{z-}——介质中价态为 z 的阴离子。

转化膜是表层的基底金属直接与介质阴离子反应,形成基底金属化合物(M_mA_n)。可见化学转化膜实际上是一种受控的金属腐蚀过程。上述反应式中,电子可视为反应产物,转化膜的形成可以是金属与介质界面间的化学反应,也可以是施加外电源进行的电化学反应。前者为化学法,后者为电化学法(阳极氧化)。化学法时反应式产生的电子将传递给介质中的氧化剂。电化学法时所产生的电子将传递给与外电源相接的阳极,以阳极电流形式脱离反应体系。实际上,化学转化膜形膜过程相当复杂,存在着伴生或二次反应。因此得到的转化膜的实际组成往往也不是按上式反应生成典型的化合物膜。例如,钢铁件在磷酸盐溶液中进行磷化处理时,所得到磷化膜的主要组成是二次反应生成的产物,即锌和锰的磷酸盐。尽管如此,考虑到化学转化膜形成过程的复杂性,以及二次反应产物也是金属基底自身转化的诱导才生成的,所以一般不再严格进行区分,都称为化学转化膜。

转化膜的形成方法大多是化学法,也可以用电化学法。化学法是将金属在溶液中浸渍,通过化学反应形成转化膜,也可将溶液喷射于工件表面,通过化学反应成膜。转化膜按它的组成物分为氧化物膜、硫化物膜、铬酸盐膜、磷酸盐膜和草酸盐膜。电化学氧化法(阳极氧化法)是指工件作为阳极,在电解液中电化学处理,在金属表面形成 $10\sim20~\mu m$ 稳定的转化膜的过程,也称电化学转化膜。阳极氧化法可以大大提高铝及铝合金耐蚀耐磨性;可以改善外观,作为装饰用。还能提高金属的热绝缘性和表层电阻,同时也可以作为油漆的底层。

转化膜用途十分广泛,分为涂装底材用转化膜,塑性加工用转化膜,耐磨损用转化膜,防锈用转化膜,绝缘用转化膜和其他功能转化膜(如搪瓷底材用转化膜、装饰用转化膜)。化学转化膜几乎在所有的金属表面都能生成,目前工业上应用较多的是铁、铝、锌、铜、镁及其合金的转化膜。转化膜技术在机械、电子、仪器仪表、汽车、船舶及飞机制造等众多领域得到广泛应用。

7.1 氧化处理

7.1.1 钢铁的化学氧化

钢铁的化学氧化是指钢铁在含有氧化剂的溶液中进行处理,使其表面生成一层均匀的蓝黑到黑色膜层的过程,也称钢铁的"发蓝"或"发黑"。根据处理温度的高低,钢铁的化学氧化可分为高温化学氧化和常温化学氧化。这两种方法所用的处理液成分不同,膜的组成不同,成膜机理也不同。

1. 钢铁高温化学氧化

高温化学氧化是传统的发黑处理方法,采用含有亚硝酸钠的浓碱性处理液,在140 ℃左右的温度下处理 15~90 min。高温化学氧化得到的是以磁性氧化铁(Fe_3O_4)为主的氧化膜,膜厚一般只有 0.5~1.5 μm,最厚可达 2.5 μm。氧化膜具有较好的吸附性,将氧化膜浸油或作其他后处理,其耐蚀性能大大提高。由于氧化膜很薄,对零件的尺寸和精度几乎没有影响,因此在精密仪器、光学仪器、武器及机器制造业中得到广泛应用。

(1)钢铁高温氧化机理。

钢铁在含有氧化剂的碱性溶液中的氧化处理是一种化学和电化学过程。

①化学反应机理。钢铁浸入溶液后,在氧化剂和碱的作用下,表面生成 Fe_3O_4 氧化膜,该过程包括三个阶段。

a. 钢铁表面在热碱溶液和氧化剂(亚硝酸钠等)的作用下生成亚铁酸钠

$$3Fe + NaNO_2 + 5NaOH = 3Na_2FeO_2 + H_2O + NH_3\uparrow$$

b. 亚铁酸钠进一步与溶液中的氧化剂反应生成铁酸钠

$$6Na_2FeO_2 + NaNO_2 + 5H_2O = 3Na_2Fe_2O_4 + 7NaOH + NH_3\uparrow$$

c. 铁酸钠($Na_2Fe_2O_4$)与亚铁酸钠(Na_2FeO_2)相互作用生成磁性氧化铁

$$Na_2FeO_2 + Na_2Fe_2O_4 + 2H_2O = Fe_3O_4 + 4NaOH$$

在钢铁表面生成的 Fe_3O_4 在浓碱性溶液中的溶解度极小,很快就从溶液中结晶析出,并在钢铁表面形成晶核,而后晶核逐渐长大形成一层连续致密的黑色氧化膜。

在生成 Fe_3O_4 的同时,部分铁酸钠可能发生水解而生成含水的氧化铁。

$$Na_2Fe_2O_4 + (m+1)H_2O = Fe_2O_3 \cdot mH_2O + 2NaOH$$

含水氧化铁在较高温度下失去部分水而形成红色沉淀物附在氧化膜表面,成为红色挂灰,或称"红霜",这是钢铁氧化过程中常见的故障,应尽量避免。

②电化学反应机理。钢铁浸入电解质溶液后即在表面形成无数的微电池,铁在微阳极区发生溶解

$$Fe \longrightarrow Fe^{2+} + 2e$$

在强碱性介质中有氧化剂存在的条件下,二价铁离子转化为三价铁的氢氧化物

$$6Fe^{2+} + NO_2^- + 11H^+ \longrightarrow 6FeOOH + H_2O + NH_3\uparrow$$

与此同时,在微阴极上氢氧化物被还原

$$FeOOH + e \longrightarrow HFeO_2^-$$

随之,FeOOH 和 $HFeO_2^-$ 相互作用,并脱水生成磁性氧化铁

$$2FeOOH+HFeO_2^- \longrightarrow Fe_3O_4+OH^-+H_2O$$

③氧化膜的成长。上面讨论了氧化膜的形成过程,氧化膜实际成长时,由于四氧化三铁在金属表面上成核和长大的速度不同,氧化膜的质量也不同。氧化物的结晶形态符合一般结晶理论,四氧化三铁晶核能够长大必须符合总自由能减小的规律,否则晶核就会重新溶解。四氧化三铁在各种饱和浓度下都有自己的临界晶核尺寸。四氧化三铁的过饱和度愈大,临界晶核尺寸愈小,能长大的晶核数目愈多,晶核长大成晶粒并很快彼此相遇,从而形成的氧化膜比较细致,但厚度比较薄。反之,四氧化三铁的过饱和度愈小,则临界晶核尺寸愈大,单位面积上晶粒数目愈少,氧化膜结晶粗大,但膜比较厚。因此所有能够加速形成四氧化三铁的因素都会使膜厚减小;而能减缓四氧化三铁形成速度的因素能使膜增厚,所以适当控制四氧化三铁的生成速度是钢铁化学氧化的关键。

(2)钢铁高温氧化工艺。

表 7.1 为钢铁高温氧化工艺,有单槽法和双槽法两种工艺。单槽法操作简单,使用广泛,其中配方 1 为通用氧化液,操作方便,膜层美观光亮,但膜较薄。配方 2 氧化速度快,膜层致密,但光亮度稍差。双槽法是钢铁在两个质量浓度和工艺条件不同的氧化溶液中进行两次氧化处理,此法得到的氧化膜较厚,耐蚀性较高,而且还能消除金属表面的红霜。配方 3 可获得保护性能好的蓝黑色光亮的氧化膜。配方 4 可获得较厚的黑色氧化膜。

表 7.1 钢铁高温氧化工艺

		单槽法		双槽法			
		配方 1	配方 2	配方 3		配方 4	
				第一槽	第二槽	第一槽	第二槽
氧化液组成/$(g \cdot L^{-1})$	氢氧化钠	550~650	600~700	500~600	700~800	550~650	700~800
	亚硝酸钠	150~250	200~250	100~150	150~200		
	重铬酸钾		25~32				
	硝酸钠					100~150	150~200
工艺	温度/℃	135~145	130~135	135~140	145~152	130~135	140~150
	时间/min	15~60	15	10~20	45~60	15~20	30~60

影响钢铁高温氧化的主要因素有:

①氢氧化钠。提高氢氧化钠的质量浓度,氧化膜的厚度稍有增加,但容易出现疏松或多孔的缺陷,甚至产生红色挂灰;质量浓度过低时,氧化膜较薄,产生花斑,防护能力差。

②氧化剂。提高氧化剂的质量浓度,可以加快氧化速度,膜层致密牢固。氧化剂的浓度低时得到的氧化膜厚而疏松。

③温度。提高溶液温度生成的氧化膜层薄,且易生成红色挂灰,导致氧化膜的质量降低。

④铁离子含量。氧化溶液中必须含有一定的铁离子才能使膜层致密,结合牢固。铁离子浓度过高,氧化速度降低,钢铁表面易出现红色挂灰。对铁离子含量过高的氧化溶液,可用稀释沉淀的方法,将以 Na_2FeO_4 及 Na_2FeO_2 形式存在的铁变成 $Fe(OH)_3$ 沉淀去除。然后加热浓缩此溶液,待沸点升至工艺范围,便可使用。

⑤钢铁含碳量。钢铁中含碳量增加,组织中的 Fe_3C 增多,即阴极表面增加,阳极铁的溶解过程加剧,促使氧化膜生成的速度加快,故在同样温度下氧化,高碳钢所得到的氧化膜一定比低碳钢的薄。

钢铁发黑后,经热水清洗、干燥后,在 105~110 ℃ 的油、锭子油或变压器油浸 3~5 min,以提高耐蚀性。

2. 钢铁常温化学氧化

钢铁常温化学氧化一般称为钢铁常温发黑,这是20世纪80年代迅速发展起来的新技术。与高温发黑相比,常温发黑具有节能、高效、操作简便、成本低、环境污染小等优点。常温发黑得到的表面膜主要成分是 $CuSe$,其功能与 Fe_3O_4 膜相似。

(1)钢铁常温发黑机理。

常温发黑的机理到目前为止研究得尚不够成熟,下面简单介绍一些观点。

① 当钢铁件浸入发黑液中,表面的 Fe 置换了溶液中的 Cu^{2+},铜覆盖在工件表面

$$CuSO_4+Fe=FeSO_4+Cu\downarrow$$

覆盖在工件表面的金属铜进一步与亚硒酸反应,生成黑色的硒化铜表面膜

$$3Cu+3H_2SeO_3=2CuSeO_3+CuSe\downarrow+3H_2O$$

② 除上述机理外,钢铁表面还可以与亚硒酸发生氧化还原反应,生成的 Se^{2-} 与溶液中的 Cu^{2+} 结合生成 $CuSe$ 黑色膜

$$Fe+H_2SeO_3+4H^+\longrightarrow Fe^{2+}+Se^{2-}+3H_2O$$

$$Cu^{2+}+Se^{2-}=CuSe\downarrow$$

尽管目前对常温发黑机理的认识尚不完全一致,但是黑色表面膜的成分经各种表面分析被一致认为主要是 $CuSe$。

(2)钢铁常温发黑工艺。

表 7.2 为钢铁常温发黑液配方,常温发黑操作简单,速度快,通常 2~10 min,是一种非常有前途的新技术。目前还存在发黑液不够稳定、膜层结合力稍差等问题。常温发黑膜用脱水缓蚀剂、石蜡封闭,可大大提高其耐蚀性。

表 7.2 钢铁常温发黑液配方

		配方 1	配方 2
发黑液组成/$(g\cdot L^{-1})$	硫酸铜	1~3	2.0~2.5
	亚硒酸	2~3	2.5~3
	磷酸	2~4	
	有机酸	1.0~1.5	
	十二烷基硫酸钠	0.1~0.3	
	复合添加剂	10~15	
	氯化钠		0.8~1.0
	对苯二酚		0.1~0.3
工艺	pH	2~3	1~2

常温发黑液主要由成膜剂、pH缓冲剂、络合剂、表面润湿剂等组成,这些物质的正确选用和适当的配比是保证常温发黑质量的关键。

①成膜剂。在常温发黑液中最主要的成膜物质是铜盐和亚硒酸,它们最终在钢铁表面生成黑色CuSe膜。在含磷发黑液中,磷酸盐亦可参与生成磷化膜,称为辅助成膜剂。辅助成膜剂的存在往往可以改善发黑膜的耐蚀性和附着力等。

②pH缓冲剂。常温发黑一般将pH控制在2~3的范围之内。若pH过低,则反应速度太快,膜层疏松,附着力和耐蚀性下降。若pH过高,反应速度缓慢,膜层太薄,且溶液稳定性下降,易产生沉淀。在发黑处理过程中,随着反应的进行溶液中的H^+不断消耗,pH将升高。加入缓冲剂的目的是维持发黑液的pH值在使用过程中的稳定性。磷酸、磷酸二氢盐是常用的缓冲剂。

③络合剂。常温发黑液中的络合剂主要用来络合溶液的Fe^{2+}和Cu^{2+},但对这两种离子络合的目的是不同的。

当钢件浸入发黑液中时,在氧化剂和酸的作用下,Fe被氧化成Fe^{2+}进入溶液。溶液中的Fe^{2+}可以被发黑液中的氧化性物质和溶解氧进一步氧化成Fe^{3+}。微量的Fe^{3+}即可与SeO_3^{2-}生成白色$Fe_2(SeO_3)_3$沉淀,使发黑液浑浊失效。若在发黑液中添加如柠檬酸、抗坏血酸等络合剂,它们会与Fe^{2+}生成稳定的络合物,避免了Fe^{2+}的氧化,起到了稳定溶液的作用。因此,有人称这类络合剂为溶液稳定剂。

另外,表面膜的生成速度对发黑膜的耐蚀性、附着力、致密度等有很大的影响。发黑速度太快会造成膜层疏松,使附着力和耐蚀性下降。因此为了得到较好的发黑膜,必须控制好反应速度,不要使成膜速度太快。有效降低反应物的浓度,可以使成膜反应速度降低。Cu^{2+}是主要成膜物质,加入柠檬酸、酒石酸盐、对苯二酚等能与Cu^{2+}形成络合物的物质可以有效地降低Cu^{2+}的浓度,使成膜时间延长至10 min左右。这类络合剂也称之为速度调整剂。

④表面润湿剂。表面润湿剂的加入可降低发黑溶液的表面张力,使液体容易在钢铁表面润湿和铺展,从而保证得到均匀一致的表面膜。所使用的表面润湿剂均为表面活性剂,常用的有十二烷基磺酸钠、OP-10等,有时也将两种表面活性剂配合使用,效果可能会更好。表面润湿剂的用量一般占发黑液总量的1%左右。

7.1.2 有色金属的化学氧化

1. 铜及其合金的化学氧化

铜在含过硫酸盐($Na_2S_2O_3$)苛性碱溶液中得到的氧化膜,主要是氧化铜CuO。由于溶液中氧化剂浓度和温度的差别,氧化膜中Cu_2O的含量也不同。氧化铜为主时,其颜色从棕色到黑色;而Cu_2O含量较高时,颜色可能是黄、橙、红或紫到棕色。在仪器、仪表和日用品制造上,一般要求铜件上的膜呈黑色的装饰外观。铜的氧化膜耐蚀性不高,但也稍具防护作用,称为着色。

铜件着色后如需要部分露出铜基体本色,达到仿古效果,可以用滚光、抛光等方法对局部进行抛磨或滚磨。最后在铜件表面罩上有机防护膜,以保护色泽的持久和光泽。表7.3为铜及其合金的化学氧化配方及工艺条件。

表7.3 铜合金化学氧化配方及工艺条件

		配方1	配方2	配方3
溶液组成/($g \cdot L^{-1}$)	硫酸铜	60	60	
	碳酸铜	10		
	氨水		200	
	高锰酸钾		8	7.5
	硫化铵	40		
	氢氧化钾	20		
工艺	温度/℃	35	25	90
	时间/min	15	8	2
色泽		红~黑	棕黑	棕

2. 铝及铝合金的化学氧化

铝及铝合金经过化学氧化可得到厚度为 0.5~4 μm 的氧化膜,膜层多孔具有良好的吸附性,可作为有机涂层的底层,但其耐磨性和耐蚀性均不如阳极氧化膜好。化学氧化法的特点是设备简单,操作方便,生产效率高,不消耗电能,成本低。该法适用于一些不适合阳极氧化的铝制品表面处理。铝及铝合金化学氧化所用溶液几乎都是碳酸钠为基本成分,添加碱金属的铬酸盐、硅酸盐、磷酸盐等。所获得的转化膜主要是铝的水合化合物 AlOOH 或 $Al_2O_3 \cdot H_2O$ 的晶体结构。成膜温度较高时,也可能以 $Al_2O_3 \cdot 3H_2O$ 晶体结构存在。根据溶液中添加的盐类不同,转化膜中还可能含其他化合物。对于 $Na_2CO_3-Na_2CrO_4$ 类型溶液中得到的转化膜,大致是 $75Al_2O_3 \cdot H_2O-25Cr_2O_3 \cdot H_2O$ 的氧化膜。

铝在pH值4.45~8.38之间均能形成化学氧化膜,初步认定与铝在沸水介质中成膜反应是一致的。铝在沸水中成膜属于电化学的性质,即在局部电池的阳极上发生如下的反应

$$Al \longrightarrow Al^{3+} + 3e$$

同时阴极上发生

$$3H_2O + 3e \longrightarrow 3OH^- + \frac{3}{2}H_2$$

反应,阴极反应导致金属与溶液界面液相区的碱度升高,于是进一步发生反应,产生在界面液层的 AlOOH 转化为难溶的 $\gamma-Al_2O_3 \cdot H_2O$ 晶体,并吸附在表面上,形成氧化膜。

$$Al^{3+} + 3OH^- \longrightarrow AlOOH + H_2O$$

铝及铝合金的化学氧化膜在海水、过氧化氢、碱金属的硫酸盐、钙和锌的氯化物的溶液

中,以及在乙醇、果汁、酸奶等腐蚀介质中都具有良好的耐蚀性,所以常被应用于牛奶场和啤酒厂的铝合金器械的防护。转化膜在2%的水玻璃溶液中封闭处理后,其防护性能可进一步提高。

表 7.4 为铝化学氧化溶液组成与工艺条件,其中 MBV 法得到的转化膜可以进行无机盐着色,但效果不佳。这种转化膜经 3%~5% 水玻璃,90 ℃,15 min 封闭处理后,耐蚀性和力学性能均有所提高。MBV 法适用于纯铝、Al-Mg、Al-Mn、Al-Si 合金以及铜质量分数低于 4% 的 Al-Cu 合金。

表 7.4 铝化学氧化溶液组成与工艺条件

		MBV 法		EW 法	Pylumin 法			
		1	2		1	2	3	4
氧化液组成/$(g \cdot L^{-1})$	碳酸钠	50	60	45	50	75	60	40~80
	铬酸钠	15		14	17	23	20	
	重铬酸钠		15					
	氢氧化钠					5		
	硅酸钠			0.06~0.1				
	碱式碳酸钠				5	5		
	碳酸铬							20~25
	磷酸氢钠						2	5
	高锰酸钾							5~30
工艺	温度/℃	90~95	90~95	95~100	100	70	90~100	90~100
	时间/min	5~10	5~10	8~10	3~5	3~5	3~5	3~5

铝和某些铝合金在 MBV 溶液中添加 3~3.5 g/L 氟化钠,于 95~100 ℃ 氧化处理 10~30 min,可获得无色透明略带金属光泽的膜,这种膜的防护性能不低于 MBV 法得到的膜。

EW 法是 MBV 法的改进型,溶液中添加微量的硅酸钠。硅酸钠进入转化膜之中,其孔隙度减少,以致缩短了达到极限厚度的时间,转化膜因而变薄。

Pylumin 法所得转化膜最适用作油漆的底层,无需进行封闭处理。这种方法的优点在于几乎适用所有铝合金,而且溶液可以长期使用,不废弃,只需定期分析和调整消耗掉的组分。

3. 镁合金的化学氧化

用氧化法可在镁合金表面获得厚度为 0.5~3 μm 的氧化膜。由于氧化膜薄而软,使用中容易损伤,所以一般用作有机涂料的底层,易提高涂料与基体的结合力和防护性能。

镁合金化学氧化的配方很多,使用时应根据合金材料、零件表面状况及使用要求,选择合适的工艺。表 7.5 为部分典型化学氧化配方及工艺条件。

表7.5 部分化学氧化配方及工艺条件

		配方1	配方2	配方3	配方4
溶液组成/(g·L^{-1})	重铬酸钾	125~160	40	30~50	15
	铬酐	1~3			
	硫酸铵	2~4			15
	醋酸	10~40		5~8	
	硫酸铬钾		20		
	硫酸铝钾			8~12	
	重铬酸铵				15
	硫酸锰				10
工艺	pH值	3~4		2~4	4~5
	温度/℃	60~80	80~90	60~90	90~100
	时间/min	0.5~2	0.1~1	3~5	10~20
特 点		适用于切削加工零件	适用于尺寸精密的电子制件	通用氧化液	黑色氧化

7.2 铝及铝合金的阳极氧化

阳极氧化是指在适当的电解液中,金属作为阳极,在外加电流作用下,使其表面生成氧化膜的方法。通过选用不同类型不同浓度的电解液,以及控制氧化时的工艺条件,可以获得具有不同性质、厚度在几十至几百微米(铝自然氧化膜层厚0.010~0.015 μm)的阳极氧化膜。铝及其合金氧化膜的性质和用途如下。

①氧化膜结构的多孔性。氧化膜具有多孔的蜂窝状结构,膜层的空隙率决定于电解液的类型和氧化的工艺条件。氧化膜的多孔结构可使膜层对各种有机物、树脂、地蜡、无机物、染料及油漆等表现出良好的吸附能力,可作为涂镀层的底层,也可将氧化膜染成各种不同的颜色,提高金属的装饰效果。

②氧化膜的耐磨性。铝氧化膜具有很高的硬度,可以提高金属表面的耐磨性。当膜层吸附润滑剂后,能进一步提高其耐磨性。

③氧化膜的耐蚀性。铝氧化膜在大气中很稳定,因此具有较好的耐蚀性,其耐蚀能力与膜层厚度、组成、空隙率、基体材料的成分以及结构的完整性有关。为提高膜的耐蚀能力,阳极氧化后的膜层通常再进行封闭或喷漆处理。

④氧化膜的电绝缘性。阳极氧化膜具有很高的绝缘电阻和击穿电压,可以用作电解电容器的电介质层或电器制品的绝缘层。

⑤氧化膜的绝热性。铝氧化膜是一种良好的绝热层,其稳定性可达1 500 ℃,因此在瞬间高温下工作的零件,由于氧化膜的存在,可防止铝的熔化。氧化膜的热导率很低,约为0.419~1.26 W/(m·K)。

⑥氧化膜的结合力。阳极氧化膜与基体金属的结合力很强,很难用机械方法将它们分离,即使膜层随基体弯曲直至破裂,膜层与基体金属仍保持良好的结合。

7.2.1 阳极氧化膜的形成机理

铝阳极氧化膜的生成过程是,铝及其合金在电解液中为阳极,通电后在表面生成氧化膜层,此氧化过程称为阳极氧化。在铝阳极上可能发生下列不同过程:金属阳极的溶解过程;阳极表面上生成极薄的钝化膜,同时伴随着氧化膜的溶解。此外,还有氧的析出过程。

铝的阳极氧化实际上就是水的电解,如图7.1所示。电解液通电后在电流的作用下发生水解,在阴极上获得电子释放出氢气,即

$$H^+ + e \longrightarrow H$$
$$2H \longrightarrow H_2$$

在阳极上释放电子形成原子氧,即

$$4OH^- - 4e \longrightarrow 2H_2O + 2O$$

其中一部分新生原子氧与阳极铝反应,生成无水氧化铝膜,即

$$2Al^{3+} + 3O + 6e \longrightarrow Al_2O_3 + Q$$

此过程与电解液的性质、反应生成物、电流、电压、温度以及处理时间等因素有关。阳极氧化一开始,在通电后的数秒钟内铝表面立即生成一层致密的、附着性强的、具有高绝缘性能的氧化膜,即阻挡性氧化膜。

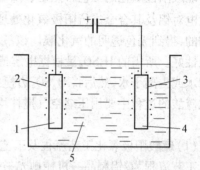

图7.1 铝和阳极氧化示意图
1—铝阳极;2—Al_2O_3层产生氧气;3—释放氢气;
4—阴极;5—氧化电解液

该氧化膜厚度约为 $0.01 \sim 0.1~\mu m$,称之为阻挡层,又称无孔层。随着氧化膜的不断生成,电解液对膜的溶解作用也就开始了。由于初始生成的膜层并不均匀,膜薄的地方就首先被溶解而形成孔隙。正是由于这些针孔的存在,保证了电解液进入氧化膜内部,在铝基体上连续不断地成长氧化膜。但是,由于氧化膜同时又不断地被溶解,以至最终氧化膜的针孔由表及里呈锥形结构。

阳极氧化膜的生成是两种不同的化学反应同时进行的结果,一种是电化学反应,铝与阳极析出的氧作用生成 Al_2O_3;另一种是化学反应,即电解液对 Al_2O_3 不断地溶解。因此只有当生成速度大于溶解速度时,氧化膜才能顺利地生长并保持一定厚度。这个现象可以通过阳极氧化过程中电压-时间曲线的变化进一步说明。

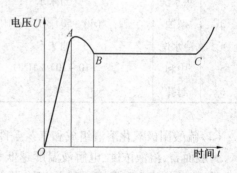

图7.2 阳极氧化过程中电压-时间曲线

如图7.2所示,曲线 OA 段表示通电数秒钟内,铝表面立即生成薄而致密的无孔氧化膜层,此层有较高的电阻,阻碍电流的通过和氧化反应的继续进行。曲线 AB 段表示电压从最高值下降约10%~15%,这是由于电解液对氧化膜溶解所造成的;氧化膜产生孔穴,电化学反应继续进行,氧化膜继续生成,当电压回降到 B 点后,在一定时间内氧化膜生成与溶解速率的比值基本恒定,并趋向平稳,如 BC 段。但随着时间的延长,孔穴加深,多孔层逐渐加

厚,过了 C 点,由于氧化膜的厚度增加,内层氧化膜的化学溶解作用减缓,电阻增大。若其电压不足以击穿膜层,则氧化膜停止生长。因此要想得到厚层氧化膜,必须随着膜层的增厚升高电压以维持氧化膜继续生长。

7.2.2 铝及其合金的阳极氧化工艺

铝和铝合金的阳极氧化工艺种类很多,应用最广泛的是硫酸阳极氧化工艺,其次是草酸阳极氧化、铬酸阳极氧化及特种阳极氧化。

1. 硫酸阳极氧化

硫酸阳极氧化的工艺特点是在质量分数为 10%～20% 的 H_2SO_4 电解液中通以直流或交流电对铝及其合金进行阳极氧化处理,且配制电解液用的 H_2SO_4 最好用试剂级或蓄电池专用的,得到无色透明的氧化膜。该氧化膜层具有较强的吸附能力,易于着色,硬度较高,耐蚀性好。所需的 H_2SO_4 量根据电解槽的容积计算,在槽内先注入欲配制溶液体积 3/4 的蒸馏水或去离子水,然后将 H_2SO_4 边搅拌边缓慢地加入,最后补充蒸馏水至所需体积。在加入硫酸的过程中要用压缩空气搅拌均匀并使其冷却,取样分析,调整至合格,方可投入生产。

(1) 硫酸阳极氧化工艺流程及工艺参数。

工艺流程为:铝制品→机械抛光→化学脱脂→热水洗→流动冷水洗→碱蚀→热水洗→流动冷水洗→化学抛光或电化学抛光→流动冷水洗→阳极氧化→清洗→中和→染色→清洗→封闭→清洗→干燥。各工序的主要参数见表 7.6。

表 7.6 硫酸阳极氧化工序的主要参数

顺序	工序	溶液成分(质量分数)	温度/℃	时间/min	其他
1	脱脂	2% Na_3PO_4,1% Na_2CO_3,0.5% NaOH	45～60	3～5	
2	热水洗	自来水	40～60	洗净为止	
3	碱蚀	(40～50)g/L NaOH	50～60	1～5	
4	冷水洗	自来水	室温	洗净为止	
5	中和	(10～30)% HNO_3	室温	3～8	
6	封孔	纯水	90℃以上	>20	pH4～6

(2) 硫酸阳极氧化溶液组成和工艺条件。

一般而言,溶液浓度、电解液温度越低氧化膜越硬,若要想得到染色性好、透明度高的氧化膜,溶液的浓度和温度应稍高,但也易产生白霜,所以处理条件应控制在表 7.7 规定的范围内。降低硫酸浓度虽然可以提高抗蚀性和耐磨性,但是电解电压上升,氧化膜光亮度降低,颜色变黑,着色能力下降。一般硫酸浓度控制在 15% 左右为佳。

表 7.7 硫酸阳极氧化处理条件

目项	标准处理条件	允许差	最佳条件
电解液组成(φ_B)	(10~30)% H_2SO_4	±2%	15% H_2SO_4
铝/(g·L^{-1})	<20		5
溶液温度/°C	15~40	±2	21±1
电流密度/(A·dm^{-2})	0.6~3	±7%	1.3~1.5
时间/min	视氧化膜厚度而定,一般 10~60		见注
电压/V	13~21	±2	直流 16

注:6063 合金处理 30 min,膜厚 10 μm;处理 60 min,膜厚 18 μm。1200 工业纯铝处理 10 min,膜厚 3.8 μm;处理 60 min,膜厚 23 μm。

表 7.8 为部分常用的硫酸阳极氧化溶液的组成和工艺条件。

表 7.8 硫酸阳极氧化溶液的组成和工艺条件

配方	组成	质量浓度/(g·L^{-1})	温度/°C	电压/V	电流密度/(A·dm^{-2})	阴极材料	时间/min	搅拌	电源
1	硫酸	150~200	15~25	13~22	0.5~2.0	Pb 或 Pb-Sn	20~6 或 0	空气	直流
2	硫酸	150~200	0~7	13~22	0.5~2.0	Pb 或 Pb-Sn	20~6 或 0	空气	直流
3	硫酸 草酸	150~200 5~6	15~28	18~25	0.8~1.5	Pb 或 Pb-Sn	20~6 或 0	空气	直流
4	硫酸	100~150	15~25	15~30	1~2.5	Pb 或 Pb-Sn	20~6 或 0	空气	交流
5	硫酸 草酸 甘油 添加剂	180~360 5~15 60~100 mL/L	5~30	18~25	4~8	Pb 或 Pb-Sn	20~6 或 0	空气	交流

注:①配方 1、4 适用于一般要求的铝制品表面装饰处理。
②配方 2 适用于对硬度、耐磨性要求高的铝制品表面处理。
③配方 3 加入草酸后溶液工作温度可适当提高。
④配方 5 适用于纯铝及多种铝合金阳极氧化处理,膜层厚,耐磨性好,其中添加剂是湖南大学化工系研制的。

(3)硫酸阳极氧化膜的特点。

①透明度高,一般硫酸氧化膜无色、透明。铝越纯其氧化膜透明性越好,铝中合金元素如 Si,Fe,Mn 会使透明度下降,Mg 对透明度无影响。

②抗蚀性、耐磨性好,硬度高,着色性好。

③颜色随氧化条件而异,硫酸氧化膜一般是无色透明膜,但当电流密度、溶液温度等电解条件改变时,氧化膜的颜色也会有所改变。高温产生灰白至乳白色不透明膜,低温与高电流密度时形成灰至黑色氧化膜。

④成本低,硫酸价格低,操作简单,电解电压低,耗电少。电解液中不含有毒物质,废液处理容易,成本最低。

2. 铬酸阳极氧化

铬酸阳极氧化法得到的膜层比硫酸、草酸阳极氧化膜层薄得多,一般仅为 3 μm 左右,可保持工件原有的精度。膜层有弹性,但耐蚀性不如硫酸氧化膜,呈不透明的灰白至深灰色,孔隙少,不易着色,不用封闭处理,且很少直接用于装饰使用。但因膜层与油漆结合力好,所以是油漆的良好底层,并广泛用于橡胶黏结件。铬酸阳极氧化法主要有 BS(Bengough-Stuart)法和恒电压法。

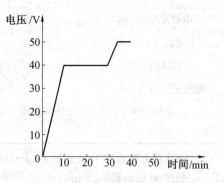

图 7.3　BS 分段提高电压法

BS 法实际上是分阶段提高电解电压进行处理的方法,如图 7.3 所示。首先在 10 min 内使电压升到 40 V,在 40 V 下进行电解处理,然后在 5 min 内升压到 50 V,再进行电解处理,这时电流密度为 $(0.3 \sim 0.4)$ A/dm^2,可得到 $(2 \sim 5)$ μm 的氧化膜。氧化膜呈不透明的灰色,柔软、着色性差。

处理铸件时,溶液温度为 25~30 ℃,先在 10 min 内使电压升到 40 V,然后在此电压下电解 30 min。

恒电压法始于美国,是一种强化型铬酸氧化法。溶液含 5%~10% 的铬酸,在 40 V 恒压下电解,溶液寿命长,处理时间也比 BS 法短。

工艺流程为:铝制品机械抛光→脱脂→清洗→酸液出光→碱蚀→酸液出光→铬酸阳极氧化→清洗→烘干。铬酸阳极氧化溶液组成和工艺条件见表 7.9。

表 7.9　铬酸阳极氧化溶液组成和工艺条件

配方	成分	质量浓度/(g·L^{-1})	温度/℃	电压/V	电流密度/(A·dm^{-2})	时间/min	pH 值	说明
1	铬酸	30~40	40±2	0~40	0.2~0.6	60	0.65~0.8	①适用于尺寸公差小的抛光零件;②采用阶梯式升压;③允许杂质含量 $\rho(Cl^-)<0.2$ g/L, $\rho(SO_4^{2-})<0.5$ g/L
2	铬酸	50~55	39±2	0~40	0.3~0.7	60	<0.8	①适用于一般切削加工及钣金工零件;②采用阶梯式升压;③允许杂质含量 $\rho(Cl^-)<0.2$ g/L, $\rho(SO_4^{2-})<0.5$ g/L

续表7.9

配方	成分	质量浓度/(g·L^{-1})	温度/°C	电压/V	电流密度/(A·dm^{-2})	时间/min	pH值	说 明
3	铬酸	95~100	17±2	0~40	0.3~0.5	35	<0.8	①适用于一般工件、焊接件或做油漆底层; ②采用阶梯式升压; ③允许杂质含量 $\rho(Cl^-)<0.2$ g/L, $\rho(SO_4^{2-})<0.5$ g/L

注:①阴极材料可以用铅板或石墨板,也可用不锈钢或低碳钢。
②$\rho(Cl^-)$,$\rho(SO_4^{2-})$分别表示Cl^-和SO_4^{2-}的浓度。

由于铬酸氧化膜几乎没有孔穴,一般不易着色,膜层不需要封孔就可以使用。在同样厚度下,未经封孔处理的BS法氧化膜的抗蚀性虽不如封孔硫酸膜,但高于未经封孔的硫酸膜。铬酸氧化膜的耐磨性比硫酸氧化膜差,且其对油漆的吸附能力不如化学氧化膜与硫酸氧化膜。氧化膜的空隙率较低,不封孔也可以使用,所以适用处理铸件、铆接件、钣金件等。铜含量高的合金不宜用铬酸处理,因为铬酸对铜的溶解度大。铬酸阳极氧化的成本较高,耗电量大。

3. 草酸阳极氧化

草酸阳极氧化成本较高,由于草酸电解液的电阻比硫酸、铬酸大,因此氧化过程电能消耗大,电解液易发热,因此必须配备良好的冷却装置。

在氧化过程中只要改变工艺条件(如草酸的浓度、温度、电流密度、电流波形等),便可直接得到银白色、金黄色至棕色等装饰性膜层,不需要再进行染色处理(含铜的铝材除外)。

草酸溶液有一定的毒性,氧化过程中草酸在阴极上被还原,并在阳极上被氧化成CO_2,因电解液的稳定性较差,故该工艺的应用受到一定的限制。

目前,草酸阳极氧化工艺主要用于电气绝缘保护层、日用品及建材等表面装饰。

(1)草酸阳极氧化工艺流程。

工艺流程为:化学脱脂→清洗→中和→清洗→上挂具→草酸阳极氧化→清洗→下挂具→清洗→封闭。

根据配制槽液容积计算,先在槽内加入3/4的蒸馏水,加热至60~70 °C,在搅拌下缓慢加入计算好的草酸,使其全部溶解后再加蒸馏水至所需体积,搅拌均匀,取样分析调整至要求状态即可使用。

(2)草酸阳极氧化溶液组成和工艺条件。

草酸阳极氧化溶液对铝基体及氧化膜的溶解度小,所以膜层孔隙率低,富有弹性,其耐蚀性、耐磨性和电绝缘性比硫酸阳极氧化膜好,容易获得较厚的氧化膜,厚度约为8~40 μm。草酸阳极氧化溶液的组成及工艺条件见表7.10,而与硫酸阳极氧化膜的比较见表7.11。

表7.10 草酸阳极氧化溶液组成及工艺条件

配方	成分	质量浓度/(g·L^{-1})	温度/°C	电压/V	电流密度/(A·dm^{-2})	时间/min	说明
1	草酸	30~50	15~20	110 (DC)	1~3	90~120	①适用于电气绝缘;②阶梯式升压(0~40)V/5 min,(40~70)V/5 min,(70~90)V/5 min,(90~110)V/90 min;③膜厚24 μm/120 min
2	草酸	50~70	25~30	40~60 (DC)	1~2	30~40	①适用于表面装饰;②纯铝和铝镁合金的膜为淡金黄色,耐磨、耐蚀性好
3	草酸	30~50	25~35	40~60 (DC)	2~3	40~60	①适用于线材;②纯铝的膜为黄色,较软,韧性好
4	草酸 甲酸	80~85 55~60	12~18	40~60 (DC 或 AC)	4~4.5	15~25	①适用于快速表面装饰;②膜呈淡黄色

草酸氧化膜经高压水蒸气封孔后,抗蚀性显著增加,增加的幅度要比硫酸氧化膜大得多。这种氧化膜的着色性、耐热性、耐光性很好。例如,氧化膜在500℃加热数小时不变色,在室外放置数年也不褪色。这是由于在氧化膜的微孔中,存在草酸氧化还原反应引起缩聚作用而生成的焦油状物质。用交流电处理的氧化膜孔隙率高,着色性很好,是绕组铝线的良好绝缘层,体积电阻率为$10^{12}\Omega\cdot cm$,氧化膜一般呈黄褐色。交直流重叠法也是普遍采用的方法,使用浓度较低草酸溶液(3%~4%),不产生局部腐蚀,能获得均匀的氧化膜。草酸阳极氧化零件的尺寸会增加,如5A02及3A21合金零件经处理后,单面尺寸会增大19~27 μm。

4. 特种阳极氧化

(1)硬质阳极氧化。

铝及铝合金阳极氧化膜有良好的抗蚀性、着色性和装饰性,但其硬度和耐磨性仍不高。硬质阳极氧化得到的膜层厚(≥50 μm)、硬度大,故硬质阳极氧化又称为厚膜阳极氧化。其氧化膜的主要特点是,在纯铝上膜层硬度可达1 200~1 500HV,超过淬火工具钢和镀铬层的硬度。在铝合金上氧化膜硬度为250~500 HV。而且由于膜层呈大量微孔,能吸附各种润滑剂,提高了耐磨能力。

配制硬质阳极氧化液须用蒸馏水或去离子水,氯离子含量≤1%,Mg含量≤5 g/L,否则就会影响氧化膜质量。

表7.11 草酸阳极氧化膜与硫酸阳极氧化膜的厚度、硬度与耐磨性比较

阳极氧化类型	工艺条件			膜厚/μm	硬度/N	耐磨性（往返移动次数）
	温度/°C	电压/V	电源			
草酸法	19	40~60	直流	35.3	105	44000
	35	30~35	直流	39	410	40000
	30	20~60	直流	14.7	149	5700
	25	40~60	交直流	5.9	52	4000
硫酸法	19	15~30	直流	14.7	38	8500

注：硬度衡量指标为划穿膜层所需的力，N(牛)。

获得硬质阳极氧化膜的电解液种类较多，常用的是硫酸和混合酸电解液，其他还有草酸、丙二酸、苹果酸、磺基水杨酸等。常用直流电，也可用交流电、交直流叠加和各种脉冲电源。

(2)瓷质阳极氧化。

用钛盐为基础的溶液或以铬酐为基础的溶液，可以在抛光后的硬铝上获得均匀、光滑、外观类似搪瓷色泽或瓷釉的氧化膜，此过程称为瓷质阳极氧化。瓷质阳极氧化所得到的氧化膜厚度为6~20 μm，耐磨性较好，硬度较高，绝热性和电绝缘性都比较好，抗蚀性也优于硫酸氧化膜，有一定的韧性，进行机械加工时不会脆裂。瓷质阳极氧化膜不会改变零件的表面粗糙度，也不会影响零件尺寸精度。

瓷质阳极氧化的电解液目前有很多种，但主要可以分为两大类：

①在草酸或硫酸电解液中添加稀有金属元素（如钛、锆、钍等）盐类。在氧化过程中，主要依赖于所添加盐类的水解作用，产生发色物质沉积于整个氧化膜的孔隙中，形成似釉的膜层。膜层质量好，硬度较高，但电解液价格贵，使用周期短，且对工艺条件的控制要求十分严格。

②以铬酸酐为基础的混合酸电解液。它具有成分简单、价格低廉、形成膜层的弹性好等优点，但膜层硬度比较低。

(3)磷酸阳极氧化。

在磷酸水溶液中生成的阳极氧化膜是电镀、涂漆的良好底层，同时由于磷酸氧化膜与胶粘剂的结合力比化学氧化膜、铬酸氧化膜以及胶粘剂的结合力都强，所以在航空工业胶接件上得到广泛的应用，作为胶接铝合金工件的表面预处理。

一般，在25%~30%（质量分数）磷酸溶液中，温度为20~30 ℃，电流密度为1~2 A/dm^2，电压为30~60 V，进行10 min的阳极氧化处理，就可得到3 μm厚的氧化膜。磷酸阳极氧化膜相对于铬酸阳极氧化膜，其孔隙率小，但孔径较大，而且能够处理不宜在铬酸中氧化的含铜量高的铝合金，可获得优异的氧化膜层。磷酸氧化膜有较强的防水性，很适合保护在高湿度条件下工作的铝合金零件。磷酸氧化膜可以着色，耐碱性比硫酸氧化膜强。

(4)快速阳极氧化。

普通阳极氧化处理方法,电流密度低、电解时间长,是不经济的。要使氧化膜生长速度快,就要采用大电流密度的快速阳极氧化法。

快速阳极氧化工艺为:硫酸浓度 150～180 g/L,添加剂浓度 45～85 g/L,温度 15～45 ℃,电流密度 1.5～6.0 A/dm^2,加强搅拌。其特点是氧化槽液温度范围宽,电流密度范围宽,氧化速度快,可达 0.5～1.8 μm/min,不需专用制冷设备,成本低,且氧化膜性能较好。

(5)溴酸阳极氧化。

溴酸阳极氧化法是最早采用的阳极氧化法,根据铝合金种类的不同,溴酸氧化膜可以从透明黄色到青铜色。溴酸阳极氧化膜着色性不如硫酸氧化膜,且操作复杂、耗电大。由于溴酸价格较高,所以成本也大。

溴酸阳极氧化法有直流电、交流电、交直流重叠电解法三种,其中以交直流重叠电解法使用较多。

溴酸电解液容易受到溶液中杂质的影响,控制氯离子不能超过 0.02～0.04 g/L,否则混入重金属离子会引起腐蚀,少量硫酸离子使氧化膜色调变暗,但是当硫酸离子的浓度超过某一限值时,氧化膜的颜色又会逐渐由暗变亮。

(6)硝酸阳极氧化。

硝酸是强氧化剂,对铝腐蚀严重,提高溶液温度可明显降低表面腐蚀程度。一般采用的处理方法是:60%～62%(质量分数)的硝酸溶液,温度 20 ℃,电流密度 1～3 A/dm^2,电解时间 1～10 min,生成的氧化膜是多孔无色透明膜,可以着色。

(7)碱性阳极氧化。

碱性电解液常用的有磷酸三钠($Na_3PO_4 \cdot 12H_2O$)和氢氧化钠等电解液。单独使用碱性溶液得到的阳极氧化膜薄,耐磨性差。但如果在碱性溶液里添加双氧水或某些金属盐、有机酸等就会改变碱性阳极氧化处理条件,得到的碱性氧化膜并不比酸性氧化膜差。例如,在氢氧化钠溶液里添加过氧化氢(双氧水)能提高氧化膜硬度、耐碱性和成长率,主要是因为过氧化氢电离提供氧离子,促进氧化作用。

碱性阳极氧化膜有如下特点:

①耐碱腐蚀性非常好,在酸性介质中也同样具有好的耐蚀性。

②是一种柔性很好的氧化膜,不容易出现裂纹,因此适合于加工成形。

③属于多孔质氧化膜,但结构不规则,表面粗糙,孔的密度小,孔径大,可以染色,且二次电解着色和染色比酸性氧化膜快,颜色也深。

④用电子衍射法观察,发现膜是由非晶态物质和 γ-Al_2O_3 构成,类似于硫酸液氧化膜。

7.2.3 着色和封闭处理

铝及其合金经阳极氧化处理后,在其表面生成了一层多孔氧化膜,经过着色和封闭处理后,可以获得各种不同的颜色,并能提高膜层的耐蚀性、耐磨性。

1. 氧化膜的着色

①无机颜料着色。无机颜料着色机理主要是物理吸附作用,即无机颜料分子吸附于膜层微孔的表面,进行填充。该法着色色调不鲜艳,与基体结合力差,但耐晒较好。表 7.12

是无机颜料着色的工艺规范。从表中可见,无机颜料着色所用的染料分为两种,经过阳极氧化的金属要在两种溶液中交替浸渍,直至两种盐在氧化膜中的反应生成物数量(颜料)满足所需的色调为止。

表7.12 无机颜料着色的工艺规范

颜色	组成	质量浓度/(g·L^{-1})	温度/℃	时间/min	生成的有色盐
红色	醋酸钴 铁氰化钾	50~100 10~50	室温	5~10	铁氰化钾
蓝色	亚铁氰化钾 氯化钾	10~50 10~100	室温	5~10	普鲁士蓝
黄色	铬酸钾 醋酸铅	50~100 100~200	室温	5~10	铬酸铅
黑色	醋酸钴 高锰酸钾	50~100 12~25	室温	5~10	氧化钴

②有机染料着色。有机染料着色机理比较复杂,一般认为是物理吸附和化学反应。有机染料分子与氧化铝化学结合的方式有:氧化铝与染料分子上的磺基形成共价键;氧化铝与染料分子上的酚基形成氢键;氧化铝与染料分子形成络合物。有机染料着色色泽鲜艳,颜色范围广,但耐晒性差。表7.13是有机染料着色的工艺规范。配制染色液的水最好是蒸馏水或去离子水而不用自来水,因为自来水中的钙、镁等离子会与染料分子络合形成络合物,使染色液报废。

表7.13 有机染料着色的工艺规范

颜色	染料名称	质量浓度/(g·L^{-1})	温度/℃	时间/min	pH
红色	茜素红(R) 酸性大红(GR) 活性艳红 铝红(GLW)	5~10 6~8 2~5 3~5	60~70 室温 70~80 室温	10~20 2~15 5~10	4.5~5.5
蓝色	直接耐晒蓝 活性艳蓝 酸性蓝	3~5 5 2~5	15~30 室温 60~70	15~20 1~5 2~15	4.5~5.5 4.5~5.5 4.5~5.5
金黄色	茜素黄(S) 茜素红(R) 活性艳橙 铝黄(GLW)	0.3 0.3 0.5 2.5	70~80 70~80 70~80 室温	1~3 1~3 5~15 2~5	5~6 5~6 5~5.5
黑色	酸性黑(ATT) 酸性元青 苯胺黑	10 10~12 5~10	室温 60~70 60~70	3~10 10~15 15~30	4.5~5.5 5~5.5

③电解着色。电解着色是把经阳极氧化的铝及其合金放入含金属盐的电解液中进行电解,通过电化学反应,使进入氧化膜微孔中的重金属离子还原为金属原子,沉积于孔底无

孔层上而着色。由电解着色工艺得到的彩色氧化膜具有良好的耐磨性、耐晒性、耐热性、耐蚀性和色泽稳定持久等优点,目前在建筑装饰用铝型材上得到了广泛的应用。表7.14为电解着色的工艺规范。电解着色所用电压越高,时间越长,颜色越深。

表7.14 电解着色的工艺规范

颜色	组成	质量浓度/($g \cdot L^{-1}$)	温度/℃	交流电压/V	时间/min
金黄色	硝酸银 硫酸	0.4~10 5~30	室温	8~20	0.5~1.5
青铜色 →褐色 →黑色	硫酸镍 硼酸 硫酸铵 硫酸镁	25 25 15 20	20	7~15	2~15
青铜色 →褐色 →黑色	硫酸亚锡 硫酸 硼酸	20 10 10	15~25	13~20	5~20
紫色→ 红褐色	硫酸铜 硫酸镁 硫酸	35 20 5	20	10	5~20
黑色	硫酸钴 硫酸铵 硼酸	25 15 25	20	17	13

2. 封闭处理

铝及其合金经阳极氧化后,无论是否着色都需及时进行封闭处理,其目的是把染料固定在微孔中,防止渗出,同时提高膜的耐磨性、耐晒性、耐蚀性和绝缘性。封闭的方法有热水封闭法、水蒸气封闭法、重铬酸盐封闭法、水解封闭法和填充封闭法。

①热水封闭法。热水封闭法的原理是利用无定形 Al_2O_3 的水化作用

$$Al_2O_3 + nH_2O = Al_2O_3 \cdot nH_2O$$

式中 n 为1或3。当 Al_2O_3 水化为一水合氧化铝($Al_2O_3 \cdot H_2O$)时,其体积可增加约33%;生成三水合氧化铝($Al_2O_3 \cdot 3H_2O$)时,其体积增大几乎100%。由于氧化膜表面及孔壁的 Al_2O_3 水化的结果,体积增大而使膜孔封闭。

热水封闭工艺为热水温度为90~100 ℃,pH值为6~7.5,时间为5~30 min。封闭用水必须是蒸馏水或去离子水,而不能用自来水,否则会降低氧化膜的透明度和色泽。

水蒸气封闭法的原理与热水封闭法相同,但效果要好得多,只是成本较高。

②重铬酸盐封闭法。此法是在具有强氧化性的重铬酸钾溶液中,并在较高的温度下进行的。当经过阳极氧化的铝件进入溶液时,氧化膜和孔壁的氧化铝与水溶液中的重铬酸钾发生化学反应

$$2Al_2O_3 + 3K_2Cr_2O_7 + 5H_2O = 2AlOHCrO_4 + 2AlOHCr_2O_7 + 6KOH$$

生成的碱式铬酸铝及碱式重铬酸铝沉淀和热水分子与氧化铝生成的一水合氧化铝及三水合氧化铝一起封闭了氧化膜的微孔。封闭液的配方和工艺条件见表7.15。

表 7.15 重铬酸盐封闭工艺

组成	重铬酸钾	50 ~ 70 g/L
工艺规范	温度	90 ~ 95 ℃
	时间	15 ~ 25 min
	pH 值	6 ~ 7

此法处理过的氧化膜呈黄色,耐蚀性较好,适用于以防护为目的的铝合金阳极氧化后的封闭,不适用于以装饰为目的着色氧化膜的封闭。

③水解封闭法。镍盐、钴盐的极稀溶液被氧化膜吸附后,即发生水解反应

$$Ni^{2+} + 2H_2O = Ni(OH)_2 + 2H^+$$

$$Co^{2+} + 2H_2O = Co(OH)_2 + 2H^+$$

生成的氢氧化镍或氢氧化钴沉积在氧化膜的微孔中,而将孔封闭。因为少量的氢氧化镍和氢氧化钴几乎是无色的,故此法特别适用于着色氧化膜的封闭处理。表 7.16 为常用的水解盐封闭工艺规范。

表 7.16 水解盐封闭工艺规范

	组成	配方 1	配方 2	配方 3
质量浓度 /(g·L^{-1})	硫酸镍	4 ~ 6	3 ~ 5	
	硫酸钴	0.5 ~ 0.8		
	醋酸钴			1 ~ 2
	醋酸钠	4 ~ 6	3 ~ 5	3 ~ 4
	硼酸	4 ~ 5	3 ~ 4	5 ~ 6
工艺规范	pH 值	4 ~ 6	5 ~ 6	4.5 ~ 5.5
	温度/℃	80 ~ 85	70 ~ 80	80 ~ 90
	时间/min	10 ~ 20	10 ~ 15	10 ~ 25

④填充封闭法。除上面所述的封闭方法外,阳极氧化膜还可以采用有机物质,如透明清漆、熔融石蜡、各种树脂和干性油等进行封闭。

7.3 磷化处理

把金属放入含有锰、铁、锌的磷酸盐溶液中进行化学处理,使金属表面生成一层难溶于水的磷酸盐保护膜,这种方法叫金属的磷酸盐处理,简称磷化。磷化膜层为微孔结构,与基体结合牢固,具有良好的吸附性、润滑性、耐蚀性、不黏附熔融金属(Sn,Al,Zn)性及较高的电绝缘性等。磷化膜主要用作涂料的底层、金属冷加工时的润滑层、金属表面保护层以及用做电机硅钢片的绝缘处理、压铸模具的防粘处理等。磷化膜厚度一般为 5 ~ 20 μm。磷化处理所需设备简单,操作方便,成本低,生产效率高,被广泛应用于汽车、船舶、航空航天、机械制造及家电等工业中。

7.3.1 钢铁的磷化处理

1. 磷化膜的形成机理

磷化处理是在含有锰、铁、锌的磷酸二氢盐与磷酸组成的溶液中进行的,金属的磷酸二氢盐可用通式 $M(H_2PO_4)_2$ 表示。在磷化过程中发生如下反应

$$M(H_2PO_4)_2 \longrightarrow MHPO_4 \downarrow + H_3PO_4$$

$$3MHPO_4 \longrightarrow M_3(PO_4)_2 \downarrow + H_3PO_4$$

或者以离子反应方程式表示

$$4M^{2+} + 3H_3PO_4^- \longrightarrow MHPO_4 \downarrow + M_3(PO_4) \downarrow + 5H^+$$

当金属与溶液接触时,在金属/溶液界面液层中 M^{2+} 离子浓度的增高或 H^+ 离子浓度的降低,都将促使以上反应在一定温度下向生成难溶磷酸盐的方向移动。由于铁在磷酸里溶解,氢离子被中和同时放出氢气

$$Fe + 2H^+ \longrightarrow Fe^{2+} + H_2 \uparrow$$

反应生成的不溶于水的磷酸盐在金属表面沉积成为磷酸盐保护膜,由于它们是在反应处生成的,所以与基体表面结合得很牢固。

从电化学的观点来看,磷化膜的形成可认为是微电池作用的结果。在微电池的阴极上,发生氢离子的还原反应,有氢气析出

$$2H^+ + 2e \longrightarrow H_2 \uparrow$$

在微电池的阳极上,铁被氧化为离子进入溶液,并与 $H_2PO_4^-$ 发生反应。由于 Fe^{2+} 的数量不断增加,pH 值逐渐升高,促使反应向右进行,最终生成不溶性的正磷酸盐晶核,并逐渐长大。下面是阳极反应

$$Fe - 2e \longrightarrow Fe^{2+}$$

$$Fe^{2+} + 2H_2PO_4^- \longrightarrow Fe(H_2PO_4)_2$$

$$Fe(H_2PO_4) \longrightarrow FeHPO_4 + H_3PO_4$$

$$FeHPO_4 \longrightarrow Fe_3(PO_4)_2 \downarrow + H_3PO_4$$

与此同时,阳极区溶液中的 $Mn(H_2PO_4)_2$、$Zn(H_2PO_4)_2$ 也发生如下反应

$$M(H_2PO_4)_2 \longrightarrow MHPO_4 \downarrow + H_3PO_4$$

$$3MHPO_4 \longrightarrow M_3(PO_4)_2 \downarrow + H_3PO_4$$

式中,M 代表 Mn 和 Zn。阳极区的反应产物 $Fe_3(PO_4)_2$,$Mn_3(PO_4)_2$,$Zn_3(PO_4)_2$ 一起结晶,形成磷化膜。

2. 磷化膜的组成和结构

磷化膜主要由重金属的二代和三代磷酸盐的晶体组成,不同的处理溶液得到膜层的组成和结构不同。通常,晶粒大小从几个微米到上百微米,晶粒愈大,膜层愈厚。在磷化膜中应用最广的有磷酸铁膜、磷酸锌膜和磷酸锰膜。

①磷酸铁膜。采用碱金属磷酸二氢盐为主要成分的磷化液处理钢材表面时,得到的非晶质膜是磷酸铁膜。磷酸铁膜的质量 0.21～0.88 g/m^2。外观呈灰色、青色乃至黄色。磷化液中的添加物也可共沉积于膜中,并影响膜的颜色。

②磷酸锌膜。采用以磷酸和磷酸二氢锌为主要成分,并含有重金属与氧化剂的磷化液

处理钢材时,形成的膜由两种物相组成:磷酸锌和磷酸锌铁$[Zn_2Fe(PO_4)_2 \cdot 4H_2O]$。当溶液中含有较高的$Fe^{2+}$时,就形成一种新相$[Fe_5H_2(PO_4)_4 \cdot 4H_2O]$。磷酸锌$[Zn_3(PO_4)_2 \cdot 4H_2O]$是白色不透明的晶体,属斜方晶系;磷酸锌铁是无色或浅蓝色的晶体,属单斜晶系。锌系磷化膜呈浅灰色至深灰结晶状。

③磷酸锰膜。采用磷酸锰为主的磷化液处理钢材时,得到的膜层几乎完全由磷酸锰$[Mn_3(PO_4)_2 \cdot 3H_2O]$和磷酸氢锰铁$[2MnHPO_4 \cdot FeHPO_4 \cdot 2.5H_2O]$组成。磷化膜中锰与铁的比,随磷化液中铁与锰的比而改变,但铁的含量远低于锰。此外,膜中还含有少量磷酸亚铁$[Fe_3(PO_4)_2 \cdot 8H_2O]$,而且在膜与基体接触面上还形成了氧化铁。用碱液脱脂后进行磷化时,磷化膜的结构呈板状。

3. 磷化工艺

(1)磷化配方及工艺规范。

磷化工艺主要有:高温、中温和常温磷化,详见表7.17。根据对钢铁表面磷化膜的不同要求,生产中选用不同的磷化工艺。

高温磷化的优点是膜层较厚,膜层的耐蚀性、耐热性、结合力和硬度都比较好,磷化速度快;缺点是溶液的工作温度高,能耗大,溶液蒸发量大,成分变化快,常需调整,且结晶粗细不均匀。

中温磷化的优点是膜层的耐蚀性接近高温磷化膜,溶液稳定,磷化速度快,生产效率高;缺点是溶液较复杂,调整较麻烦。

常温磷化的优点是节约能源,成本低,溶液稳定;缺点是耐蚀性较差,结合力欠佳,处理时间较长,效率低。

表7.17 钢铁磷化处理的配方及工艺规范

	组成	高温		中温		常温	
		1	2	3	4	5	6
质量浓度/$(g \cdot L^{-1})$	磷酸二氢锰铁盐	30~40		40		40~65	
	磷酸二氢锌		30~40		30~40		50~70
	硝酸锌		55~65	120	80~100	50~100	80~100
	硝酸锰	15~25					
	亚硝酸钠						0.2~1
	氧化钠					4~8	
	氟化钠					3~4.5	
	乙二胺四乙酸			1~2			
	游离酸度/点①	3.5~5	6~9	3~7	5~7.5	3~4	4~6
	总酸度/点①	36~50	40~58	90~120	60~80	50~90	75~95
工艺	温度/℃	94~98	88~95	55~65	60~70	20~30	15~35
	时间/min	15~20	8~15	20	10~15	30~45	20~40

注:①点相当于滴点10 mL磷化液,使指示剂在pH3.8(对游离酸度)和pH8.2(对总酸度)变色时所消耗浓度为0.1 mol/L氢氧化钠溶液的毫升数。

(2)磷化处理方法。

磷化处理一般有浸渍法、喷淋法和浸喷组合法。

浸渍法适用于高、中、低温磷化工艺,可处理任何形状的工件,并能得到比较均匀的磷化膜。这种方法设备简单,仅需磷化槽和相应的加热设备。最好用不锈钢或橡胶衬里的槽子,不锈钢加热管道应安装在槽子的两侧。

喷淋法适用于中、低温磷化工艺,可处理大面积的工件,如汽车壳体、电冰箱、洗衣机壳体等大型物件,作油漆底层和冷变形加工等。这种方法处理时间短,成膜反应速度快,生产效率高,设备占地面积较少,自动化生产程度较高。磷化处理室的所有设备均用不锈钢制作。

一般钢铁件的磷化处理工艺流程为:

化学除油→热水洗→冷水洗→酸洗→冷水洗→磷化处理→冷水洗→磷化后处理→冷水洗→去离子水洗→干燥

工件经喷砂处理所得磷化膜质量更佳,喷砂过的工件为防止重新锈蚀,应在 6 h 内进行磷化。

磷化前的酸洗溶液中不宜加入若丁、乌洛托品等缓蚀剂,因为这类有机物易吸附在工件表面,能抑制磷化反应,造成磷化膜不均匀。

为使磷化膜结晶细化致密,在磷化处理前可增加表面调整工序,一般可用钛盐溶液作为表面调整剂,常用的磷化液表面调整剂为胶体磷酸钛 $Ti_3(PO_4)_3$。表面调整剂的作用是增加表面活性中心。

(3)影响磷化的因素。

①游离酸度。游离酸度是指溶液中磷酸二氢盐水解后产生的游离磷酸的浓度。游离酸度过高时,氢气析出量大,晶核生成困难,膜的晶粒粗大,疏松多孔,耐蚀性差;游离酸度过低时,生成的磷化膜很薄,甚至得不到磷化膜。游离酸度高时,可加氧化锌或氧化锰调节;游离酸度低时,可加磷酸二氢锰铁盐、磷酸二氢锌或磷酸调节。

②总酸度。总酸度来源于磷酸盐、硝酸盐和酸的总合。总酸度高时磷化反应速度快,获得的膜层晶粒细致,但膜层较薄,耐蚀性降低;总酸度过低,磷化速度慢,膜层厚且粗糙。总酸度高时可加水稀释,低时加磷酸二氢锰铁盐、磷酸二氢锌或硝酸锌、硝酸锰调节。

③金属离子的影响。Mn^{2+} 的存在使磷化膜结晶均匀,颜色较深,提高膜的耐磨性、耐蚀性和吸附性。Mn^{2+} 含量过高则膜的晶粒粗大,耐蚀性变差;Mn^{2+} 含量过低则使晶粒太细,有不能形成磷化膜的可能。

一定量的 Fe^{2+} 能增加磷化膜的厚度,提高强度和耐蚀性能。但 Fe^{2+} 在高温时很容易被氧化成 Fe^{3+},并转化为磷酸铁($FePO_4$)沉淀,使游离酸度升高,造成磷化结晶几乎不能进行;Fe^{2+} 含量过高时,还会使磷化膜结晶粗大,表面产生白色浮灰。

Zn^{2+} 的存在可以加快磷化速度,生成的磷化膜结晶致密、闪烁有光。Zn^{2+} 含量过高时磷化膜晶粒粗大,排列紊乱,磷化膜发脆;Zn^{2+} 过低时膜层疏松发暗。磷化液中要控制金属离子的比例,铁与锰的质量浓度比为 1:9,锌与锰为 1.5~2.1,铁离子(Fe^{2+})的质量浓度应保持在 0.8~2.0 g/L 左右。

④P_2O_5 的影响。P_2O_5 来自磷酸二氢盐,能提高磷化速度,使磷化膜致密,晶粒闪烁有

光。P_2O_5含量过高时,膜的结合力下降,表面白色浮灰较多;P_2O_5含量过低时,膜的致密性和耐蚀性均差,甚至不产生磷化膜。

⑤NO_3^-、NO_2^-和F^-的影响。NO_3^-和NO_2^-在磷化溶液中作为催化剂(加速剂),可以加快磷化速度,使磷化膜致密均匀,NO_2^-还能提高磷化膜的耐蚀性。NO_3^-含量过高时,会使磷化膜变薄,并易产生白色或黄色斑点。F^-是一种活化剂,可以加快磷化膜晶核的生成速度,使结晶致密,耐蚀性提高,尤其是在常温磷化时,氟化物的作用非常突出。

⑥杂质的影响。除磷酸、硝酸和硼酸以外的酸,如硫酸根(SO_4^{2-})、氯离子(Cl^-)以及金属离子砷(As^{3+})、铝(Al^{3+})、铬(Cr^{3+}和Cr^{6+})、铜(Cu^{2+})都被认为是有害杂质,其中SO_4^{2-}和Cl^-的影响更为严重。SO_4^{2-}和Cl^-会降低磷化速度,并使磷化膜层疏松多孔易生锈,二者的质量浓度均不允许超过$0.5\ g/L$。金属离子As^{3+}、Al^{3+}使膜层耐蚀性下降,大量的Cu^{2+}会使磷化膜发红,耐蚀性下降。

⑦温度的影响。温度对磷化过程影响很大,提高温度可以加快磷化速度,提高磷化膜的附着力、耐蚀性、耐热性和硬度。但不能使溶液沸腾,否则膜变得多孔,表面粗糙,且易使Fe^{2+}氧化成Fe^{3+}而沉淀析出,使溶液不稳定。

⑧基体金属的影响。不同成分的金属基体对磷化膜有明显不同的影响,低碳钢磷化容易,结晶致密,颜色较浅;中、高碳钢和低合金钢磷化较容易,但结晶有变粗的倾向,磷化膜颜色深而厚;最不利于进行磷化的是含有较多铬、钼、钨、钒、硅等合金元素的钢。磷化膜随钢中碳化物含量和分布的不同而有较大差异,因此对不同钢材应选用不同的磷化工艺,才能获得较理想的效果。

⑨预处理的影响。预处理对磷化膜的外观颜色和膜的质量有很大的影响,经喷砂处理的钢铁表面粗糙,有利于形成大量晶核,获得致密的磷化膜。用有机溶剂清洗过的金属表面,磷化后所获得的膜结晶细而致密,磷化过程进行得较快。用强碱脱脂的金属表面,磷化膜结晶粗大,磷化时间长。经强酸腐蚀的金属表面,磷化膜结晶粗大,膜层重,金属基体侵蚀量大,磷化过程析氢多。

(4)磷化膜的后处理。

为了提高磷化膜的防护能力,在磷化后应对磷化膜进行填充和封闭处理,填充处理的工艺见表7.18。

表7.18 磷化后填充处理工艺

重铬酸钾(K_2CrO_7)	30~50 g/L
碳酸钠(Na_2CO_3)	29~4 g/L
温度	80~95 ℃
时间	5~15 min

填充后,可以根据需要在锭子油、防锈油或润滑油中进行封闭。如需涂漆,应在钝化处理干燥后进行,工序间隔不超过24 h。

7.3.2 有色金属的磷化处理

除钢铁外,有色金属铝、锌、铜、钛、镁及其合金都可进行磷化处理,但其表面获得的磷化膜远不及钢铁表面的磷化膜,故有色金属的磷化膜仅用作涂漆前的打底层。由于有色金属磷化膜应用的局限性,因此对有色金属磷化处理的研究和应用远远少于钢铁。有色金属及其合金的磷化与钢铁的磷化基本相同,大多采用磷酸锌基的磷化液,不过在磷化液中常添加适量的氟化物,铝及其合金磷化液的组成见表7.19。

表7.19 铝及其合金磷化工艺

铬酐(CrO_3)	78 ~12 g/L
磷酸(H_3PO_4)	58 ~67 g/L
氟化钠(NaF)	3 ~5 g/L

为了获得良好的膜层,溶液中 F^- 与 CrO_3 的质量浓度之比应控制在 0.10 ~ 0.40 之间,pH 值为 1.5 ~ 2.0。

7.4 铬酸盐处理

把金属或金属镀层放入含有某些添加剂的铬酸或铬酸盐溶液中,通过化学或电化学的方法使金属表面生成由三价铬和六价铬组成的铬酸盐膜的方法,叫做金属的铬酸盐处理,也称钝化。铬酸盐膜与基体结合力强,结构比较紧密,具有良好的化学稳定性,耐蚀性好,对基体金属有较好的保护作用。铬酸盐膜的颜色丰富,从无色透明或乳白色到黄色、金黄色、淡绿色、绿色、橄榄色、暗绿色和褐色,甚至黑色,应有尽有。铬酸盐处理工艺常用作锌镀层、镉镀层的后处理,以提高镀层的耐蚀性;也可用作其他金属如铝、铜、锡、镁及其合金的表面防腐。

7.4.1 铬酸盐膜的形成过程

铬酸盐处理是在金属-溶液界面上进行的多相反应,过程十分复杂,一般认为铬酸盐膜的形成过程大致分为以下三个步骤。

①金属表面被氧化并以离子的形式转入溶液,与此同时有氢气析出。

②所析出的氢促使一定数量的六价铬还原成三价铬,并由于金属-溶液界面处的 pH 值升高,使三价铬以胶体的氢氧化铬形式沉淀。

③氢氧化铬胶体自溶液中吸附和结合一定数量的六价铬,在金属界面构成具有某种组成的铬酸盐膜。

以锌的铬酸盐处理为例,其化学反应式如下:

锌浸入铬酸盐溶液后被溶解 $Zn+2H^+ \longrightarrow Zn^{2+}+H_2 \uparrow$

析氢引起锌表面的重铬酸离子的还原 $Cr_2O_7^{2-}+8H^+ \longrightarrow 2Cr(OH)_3+H_2O$

由于上述溶解反应和还原反应,锌-溶液界面处的 pH 值升高,从而生成以氢氧化铬为主体的胶体状的柔软不溶性复合铬酸盐膜

$$2Cr(OH)_3+CrO_4^{2-}+2H^+ \longrightarrow Cr(OH)_3 \cdot Cr(OH) \cdot CrO_4 \cdot H_2O+H_2O$$

这种铬酸盐膜像浆糊一样柔软,容易从锌表面去掉,待干燥脱水收缩后,则固定在锌表面上形成铬酸盐特有的防护膜

$$Cr(OH)_3 \cdot Cr(OH) \cdot CrO_4 \cdot H_2O \longrightarrow xCr_2O_3 \cdot yCrO_3 \cdot zH_2O$$

7.4.2 铬酸盐的组成和结构

铬酸盐膜主要由三价铬和六价铬的化合物,以及基体金属或镀层金属的铬酸盐组成。

不同基体金属采用不同的铬酸盐处理溶液得到的膜层颜色和膜的组成也不相同,见表7.20。

表7.20 锌、镉、铝的铬酸盐膜的组成和颜色

基体金属	铬酸盐溶液组成	膜的组成	膜的颜色
锌	重铬酸钠、硫酸	$\alpha-Cr_2O_3$,ZnO	黄绿色
	铬酸	$\alpha-CrOOH, 4ZnCrO_4 \cdot K_2O \cdot H_2O$	黄色
镉	重铬酸钠、硫酸	$\alpha-CrOOH, Cr(OH)_3, \gamma-Cd(OH)_2$	黄褐色
	铬酸或重铬酸盐	$CdCrO_4, \alpha-Cr_2O_3$	绿黄色
铝	铬酸、氟化物、添加剂	$\alpha-AlOOH \cdot Cr_2O_3$, $\alpha-CrOOH, Cr(NH_3)_3NO_2CrO_4$	无色、黄色和红褐色
	铬酸、重铬酸盐	$\alpha-CrOOH, \gamma-AlOOH$	褐色、黄色

在铬酸盐膜中,不溶性的化合物构成了膜的骨架,使膜具有一定的厚度。由于它本身具有较高的稳定性,因而使膜具有良好的强度。六价铬化合物以夹杂形式或由于被吸附或化学键的作用,分散在膜的内部起填充作用。当膜受到轻度损伤时,可溶性的六价铬化合物能使该处再钝化。一般认为,铬酸盐膜中六价铬化合物的含量越多,其防蚀效果越好。

从表7.20中看到,膜的颜色与其组成有一定的对应关系。用重铬酸盐和硫酸组成的溶液处理得到的黄色膜层,含以碱式铬酸铬或氢氧化铬及以可溶性铬酸盐形式存在的三价铬和六价铬。褐色的膜可能含有不同组分的碱式铬酸铬,黄绿色的膜主要是三价铬的化合物。

7.4.3 铬酸盐处理工艺

1. 铬酸盐处理的配方及工艺条件

铬酸盐处理被广泛应用于提高金属上镀锌层或镀镉层的耐蚀性能。

锌和镉的铬酸盐处理溶液主要由六价铬化合物和活化剂所组成。所用的六价铬化合物为铬酸或碱金属的重铬酸盐;活化剂则是硫酸、硝酸、磷酸、盐酸、氢氟酸等无机酸及其盐,以及醋酸、甲酸等有机酸及其盐类,溶液中也经常根据需要添加其他组分。表7.21为几种金属及其合金的铬酸盐处理工艺规范。

2. 影响铬酸盐膜质量的因素

①三价铬的影响。铬酸盐处理溶液中存在一定量的三价铬有利于形成较厚的膜。在溶液中其他组分不变的情况下,三价铬含量升高,形成的铬酸盐膜数量增多。另外,三价铬化合物的影响与处理溶液的酸度有关,pH≥2时,特别明显。

②Cr^{6+}与SO_4^{2-}质量浓度比的影响。铬酸盐溶液中,Cr^{6+}与SO_4^{2-}质量浓度比直接影响膜的颜色和厚度。图7.4给出在总质量浓度(Cr^{6+},SO_4^{2-})一定的条件下,Cr^{6+}与SO_4^{2-}的质量浓度之比对膜层颜色的影响。从图中可以看到,在Cr^{6+}与SO_4^{2-}的质量浓度之比不同的溶液中,可以形成颜色相同的膜,选择适当的Cr^{6+}与SO_4^{2-}的质量浓度之比,可以从同一种铬酸盐溶液中,得到各种颜色的铬酸盐膜。溶液中的活化剂可以选用硫酸、硫酸钠、硫酸锌

或硫酸铬等物质加入,其中采用含有硫酸铬的处理液可以获得质量较好的膜。

表7.21 金属及其合金的铬酸盐处理工艺规范

材料	组成	溶液的质量浓度	pH值	溶液温度/℃	处理时间/s
锌	铬酐 硫酸 硝酸 冰醋酸	5 g/L 0.3 mL/L 3 mL/L 5 mL/L	0.8~1.3	室温	3~7
镉	铬酐 硫酸 硝酸 磷酸 盐酸	50 g/L 5 mL/L 5 mL/L 10 mL/L 5 mL/L	0.5~20	10~50	15~120
锡	铬酸钠或 重铬酸钠 氢氧化钠 润湿剂	3 g/L 2.8 g/L 10 g/L 2 g/L	11~12	90~96	3~5
铝及其合金	铬酐 重铬酸钠 氟化钠	3.5~4 g/L 3.0~3.5 g/L 0.8 g/L	1.5	30	80
铜及其合金	重铬酸钠 氟化钠 硫酸钠 硫酸	180 g/L 10 g/L 50 g/L 6 mL/L		18~25	300~900
镁合金	重铬酸钠 硫酸镁 硫酸锰	150 g/L 60 g/L 60 g/L		沸腾	1 800

③pH值的影响。pH值对膜的形成影响很大,在没有添加酸或碱的铬酸盐溶液中,是不能形成铬酸盐膜的。只有在pH值达到最佳值时,才能得到较厚的铬酸盐膜,大于或小于这个值,膜的厚度都将减薄。

④溶液温度的影响。随铬酸盐溶液温度的升高,膜的生成质量增加。

⑤干燥温度的影响。经用水清洗过的铬酸盐膜,最好不要在高于50 ℃下干燥。因为铬酸盐膜在此温度下由可溶性转化为不溶性,降低了铬酸盐膜中的六价铬的含量,从而影响铬酸盐膜的自愈合能力。这种转化的程度随温度的升高而加剧,当干燥温度超过70 ℃后,膜层开始出现龟裂。

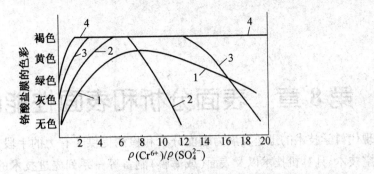

图 7.4 锌的铬酸盐膜的颜色随 Cr^{6+} 与 SO_4^{2-} 质量浓度之比变化
1—0.7 g/L;2—1.1 g/L;3—7.7 g/L;4—22.2 g/L

第8章 表面分析和表面性能的检测

现代科学技术的迅速发展为表面分析和检测提供了有力的手段,尤其是电测技术、超高真空技术、计算机技术以及表面(或薄膜)制备等一系列先进技术的迅速发展,各种显微镜和分析谱仪的不断出现和完善,为表面研究提供了良好的实验条件,可精确地直接获取各种表面信息,有条件地从电子、原子、分子水平去认识表面现象。在工程技术上各种表面检测对保证产品质量,分析产品失效原因是必要和重要的。

本章主要介绍表面分析的类别、特点和功能,然后介绍一些重要的表面分析技术,并用实例加以说明。

8.1 表面分析

8.1.1 概述

表面分析与表征研究,包括对各种表面形貌、表面层显微组织、表面层的晶体结构、表面层的化学成分与成分分布、表面原子态与表面电子态等的分析。这些分析对表面工程的设计、制造、研究和使用都是极为重要的。

表面分析测试是以获得固体表面(包括薄膜、涂层)成分、组织、结构及表面电子态等信息为目的的试验技术和方法。基于电磁辐射和运动粒子束(或场)与物质相互作用的各种性质而建立起来的各种分析方法构成了现代表面分析方法的主要部分,大致可分为衍射分析、电子显微分析、扫描探针分析、电子能谱分析、光谱分析及离子质谱分析等几类。由陆家和、陈长彦编著的《表面分析技术》一书中整理的常用表面分析方法名称及用途列于表8.1。

8.1.2 表面分析分类

表面分析依据表面性能的特征和所要获取的表面信息的类别可分为:表面形貌分析、表面成分分析、表面结构分析、表面电子态分析和表面原子态分析等几方面。同一分析目的可能有几种方法可采用,而各种分析方法又具有自己的特性(长处和不足)。因此,必须根据被测样品的要求来正确选择分析方法。有特殊要求的,需要采用几种方法对同一样品进行分析,然后综合各种分析方法所测得的结果,作出最终结论。

表8.1 常用表面分析方法名称及用途

探测粒子	发射粒子	分析方法名称	简称	主要用途
电子	电子	低能电子衍射	LEED	结构
	电子	反射式高能电子衍射	RHEED	结构
	电子	俄歇电子衍射	AES	成分
	电子	扫描俄歇探针	SAM	微区成分
	电子	电离损失谱	ILS	成分
	电子	能量弥散X射线谱	EDXS	成分
	电子	俄歇电子出现电势谱	AEAPS	成分
	电子	软X射线出现电势谱	SXAPS	成分
	电子	消隐电势谱	DAPS	成分
	电子	电子能量损失谱	EELS	原子及电子态
	电子	电子诱导脱附	ESD	吸附原子态及其成分
	电子	透射电子显微镜	TEM	形貌
	电子	扫描电子显微镜	SEM	形貌
	电子	扫描透射电子显微镜	STEM	形貌
离子	离子	离子探针质量分析	IMMA	微区成分
	离子	静态次级离子质谱	SSIMS	成分
	中性粒子	次级中性离子质谱	SNMS	成分
	离子	离子散射谱	ISS	成分、结构
	离子	卢瑟福背散射谱	RRS	成分、结构
	电子	离子中和谱	INS	最表层电子态
	光子	离子激发X射线谱	IEXS	原子及电子态
光子	电子	X射线光电子谱	XPS	成分
	电子	紫外线光电子谱	UPS	分子及固体的电子态
	电子	同步辐射光电子谱	SRPES	分子、原子及电子态
	光子	红外吸收谱	IR	原子态
	光子	拉曼散射谱	RAMAN	原子态
	光子	表面灵敏扩展X射线吸收谱细致结构	SEXAFS	结构
	光子	角分解光电子谱	ARPES	原子及电子态、结构
	离子	光子诱导脱附	PSD	原子态

续表 8.1

探测粒子	发射粒子	分析方法名称	简称	主要用途
电场	电子	场电子显微镜	FEM	结构
	离子	场离子显微镜	FIM	结构
	离子	原子探针场离子显微镜	APFIM	结构及成分
	电子	场电子发射能量分布	FEED	电子态
	电子	扫描隧道显微镜	STM	形貌
热	中性粒子	热脱附谱	TDS	原子态
中性粒子	光子	中性粒子碰撞诱导辐射	SCANIIR	成分
	中性粒子	分子束散射	MBS	结构、原子态
声波	声波	声显微镜	AM	形貌

1. 表面形貌分析

材料及表面层形貌的分析,主要由各种放大率和分辨率极高的显微镜来完成。根据不同需要设计而成的各种不同原理的各类显微镜,具有不同的分辨率,适应各种不同的要求。随着显微技术的发展,目前一些显微镜,如高分辨率电子显微镜(HRTEM)、扫描隧道显微镜(STM)、原子力显微镜(AFM)和场离子显微镜(FIM)等,已达到原子分辨能力,可直接在显微镜下观察到表面原子的排列。这样不但能获得表面形貌的信息,而且可进行真实晶格的分析。

表 8.2 为目前使用的显微镜及其特点和功能。

表 8.2 目前使用的显微镜及其特点和功能

类别	检测信号	分辨率/nm	基本功能
光学显微镜 Optical Microscope (OM)	光束	放大$(5\sim2)\times10^3$,最大分辨率为 0.2 μm	①显微组织和微细浮雕观察;②高倍光学显微镜可用来观察显微组织随温度的变化
透射电子显微镜 Transimission Electron Microscope (TEM)	透射电子和衍射电子	点分辨率为 0.3~0.5 晶格分辨率为 0.1~0.2	①形貌分析(显微组织、晶体缺陷);②晶体结构分析;③成分分析(配附件 EPMA 或 ELLS)
扫描电子显微镜 (SEM)	二次电子、背散射电子、吸收电子	3~6	①形貌分析(显微组织、晶体缺陷);②结构分析(配附件);③成分分析(配附件 EPMA 或 EDS);④断裂过程研究

续表 8.2

类别	检测信号	分辨率/nm	基本功能
高压电子显微镜（HVEM）	电子	点分辨率达 0.1	①形貌和显微组织分析；②试样室大,可装各种试验台；③结构和缺陷动态研究
扫描隧道显微镜（STM）	隧道电流	原子级,垂直 0.01,横向 0.1	①表面形貌与结构分析(表面原子三维轮廓)；②表面力学行为、表面物理与化学研究；③适用于多种环境
原子力显微镜（AFM）	隧道电流	原子级 0.1	①表面形貌与结构分析；②表面原子间利于表面力学性质的测定
场发射显微镜（FEM）	场发射电子	2	①晶面结构分析；②晶面吸附、脱附和扩散等分析
场离子显微镜（FIM）	正离子	当电极针尖半径为 100 nm 时,室温 0.55,低温 0.15	①形貌分析(直接观察原子组态)；②表面结构、扩散等分析

2. 表面成分分析

表面成分分析包括测定表面元素组成及元素在表面与沿纵向深度分布、表面元素的化学态等。表面成分分析方法的选择需要考虑测定元素的范围、判断元素的化学态、检测的灵敏度、表面探测深度、横向分布与深度剖析及进行定量的分析等。其他如谱峰分辨率及识谱难易程度、探测时对表面的破坏性以及理论的完整性等也应加以考虑。用于表面成分分析的方法主要有：电子探针 X 射线显微分析（EPMA）、俄歇电子能谱（AES）、X 射线光电子谱（XPS）、二次离子质谱（SIMS）等。表 8.3 为几种常用表面成分分析方法的特点与比较。

表 8.3 几种常用表面成分分析方法的特点与比较

名称	原理、方法	分析圆面积直径/μm	探测深度/nm	横向分辨率/nm	用途
俄歇电子能谱仪（AES）	测定俄歇电子的动能来鉴别元素	0.05～1.00	0.5～1.0	50	测定除 H,He 以外的 Li～U 元素
电子探针仪（EPMA）	由特征 X 射线能量测定元素及分布（微区）	1～300	≈1 μm	1 μm	微区元素鉴定 B-U

续表 8.3

名称	原理、方法	分析圆面积直径 /μm	探测深度 /nm	横向分辨率/nm	用途
离子探针(SIMA 或 IMA)	溅射离子的能量分布,质荷比鉴定元素及同位素	1~1 000	0.5~10	0.3~2.0	表面形貌全元素(包括 H,He)定性分析
X 射线荧光谱仪(XRFS)	由特征 X 射线能量鉴定宏观元素	宏观	几十 μm	1 mm	宏观元素鉴定一般 Na-U
X 射线光电子谱仪（XPS 或 ESCA）	基于爱因斯坦的光电理论,测定原子内壳逸出的光电子动能及位移,鉴定元素及价态	1~3 mm	0.5~2.0	1~30	>He 元素,表面吸附和电子结构,测定化学价态
电子能量损失谱仪(EELS)	测定电子能量损失谱进行元素分析	0.01	0.5~2.0	10	测定 Li-U 元素,化学状态和原子排列结构

此外,出现电势谱(APS)、卢瑟福背散射谱(RBS)、二次中性粒子质谱(SNMS)及离子散射谱(ISS)等方法也可用于表面成分分析。

3. 表面结构分析

固体表面结构分析的主要任务是探知表面晶体的原子排列、晶体大小、晶体取向、结晶对称性以及原子在晶胞中的位置等晶体结构信息。此外,外来原子在表面的吸附,在表面的化学反应、偏析和扩散等也会引起表面结构的变化,诸如吸附原子的位置、吸附模式等也是表面结构分析的内容。

表面结构分析主要采用衍射方法,有 X 射线衍射、电子衍射、中子衍射等。其中的电子衍射特别是低能电子衍射(LEED,入射电子能量低和反射式高能电子衍射(RHEED),入射电子束以掠射的方式照射试样表面,使电子弹性散射发生在近表面层,给出的是表层或近表层的结构信息,是表面结构分析的重要方法。

随着显微技术的日益进步,一些高分辨率电子显微镜、场离子显微镜(FIM)和扫描隧道显微镜(STM)等已具备原子分辨能力,可以直接原位观察原子排列,成为直接进行真实晶格分析。

此外其他谱仪,如离子散射谱(ISS)、卢瑟福背散射谱(RBS)、表面增强拉曼光谱(SERS)、表面灵敏扩展 X 射线吸收细微结构(SEXAFS)、角分解光电子谱(ARPES)、分子束散射谱(MBS)等,均可用来直接或间接进行表面的结构分析。

4. 表面电子态分析

固体表面由于原子的周期排列在垂直于表面方向上中断以及表面缺陷和外来杂质的影响,造成表面电子能级分布和空间分布与固体体内不同。表面的这种不同于体内的电子态(附加能级)对材料表面的性能和发生在表面的一些反应都有重要的影响。

研究表面电子态的仪器主要有 X 射线光电子能谱(XPS)和紫外线光电子能谱(UPS)。X 射线光电子能谱测定的是被光辐射激发出的轨道电子,是现有表面分析方法中能直接提供轨道电子结合能的惟一方法;紫外线光电子能谱通过对光电子动能分布的测定,获得表面有关价电子的信息。XPS 和 UPS 已广泛用于研究各种气体在金属、半导体及其他固体材料表面上的吸附现象,还用于表面成分分析。此外,用于表面电子态分析的还有离子中和谱(INS)、能量损失谱(ELS)等仪器。

5. 表面原子态分析

表面原子态分析主要是对表面原子或吸附粒子的吸附能、振动状态以及它们在表面的扩散运动等能量或势态的分析。通过测量的数据获得材料表面许多诸如吸附状态、吸附热、脱附动力学、表面原子化学键的性质以及成键方向等信息。表面原子态分析使用的仪器主要有热脱附谱(TDS)、光子和电子诱导脱附谱(EDS 和 PSD)、红外吸收光谱(IR)和拉曼散射光谱(RAMAN)等。

8.2 表面分析仪器

通常把一个或几个原子厚度的表面称为"表面",而厚一些表面称为"表层"。许多实用表面技术所涉及的表面厚度常为微米级,因此本节介绍的某些表面分析仪器和测试技术是包括表面和表层两部分的分析和测试。

8.2.1 显微分析仪器

光学显微镜作为观察金属材料微观组织的手段应用极为广泛,然而,由于受到波长的限制,其分辨率和放大倍率已远远不能满足现代科技发展的需求。为此相继出现了一系列高分辨本领的显微分析仪器,其中有以电子束特征为技术基础的电子显微镜(透射电子显微镜、扫描电子显微镜等);以电子隧道效应为技术基础的扫描隧道显微镜、原子力显微镜等;以场离子发射为技术基础的场离子显微镜和以场电子发射为技术基础的场发射显微镜等。这些新型的显微镜不但其分辨本领大大提高,可以达到原子尺度水平(约 0.1 nm),更值得一提的是,它们在获得高分辨图像的同时还可获得物质结构的其他信息,即当附加其他信息探测、分析器后,便可兼备多种分析功能(如图像显示、结构分析和成分分析等)。

1. 透射式电子显微镜(TEM)

电子被加速到 100 keV 时,其波长仅为 0.37 nm,为可见光的十万分之一左右,因此用电子束来成像,分辨本领大大提高。现在电子显微镜的分辨本领可高达 0.2 nm 左右。

透射式电子显微镜是应用较广的电子显微镜,其构造原理和光路示意图如图 8.1 所示。在高真空密封体内装有电子枪、电磁透镜(双聚光镜、物镜、中间镜及投影镜)、样品室和观察屏(底片盒)等。电子枪由阴极(灯丝)、栅极和阳极组成,电子枪发出的高速电子经聚光镜后平行射到试样上。试样要加工得很薄,也可按被观察实物的表面复制成薄膜。穿过试样而被散射的电子束经物镜、中间镜和投影镜三级放大,在荧光屏上成像。在物镜的后焦面处装有可控电子束的入射孔径角的物镜光阑,以便获得最佳的像衬度和分辨率。

实线为中间镜物平面与物镜像平面重合时观察到的显微图像。

虚线为中间镜物平面与物镜背焦面重合时观察到的电子衍射谱。

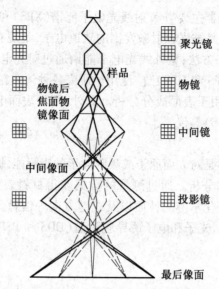

图 8.1 TEM 构造原理和光学系统示意图

2. 扫描电子显微镜(SEM)

扫描电子显微镜的成像原理是利用聚焦的电子束在样品表面扫描时激发出来的各种物理信号调制成像。扫描电镜的优点是景深长、视场调节范围宽、制备样品简单,可直接观察试样,对各种信息检测的适应性强,分辨率可达 3~4 nm,放大倍数从数倍到 20 万~80 万倍。

图 8.2 为扫描电镜的原理图,由电子枪发出的电子束,依次经两个或三个电磁透镜的聚焦,最后投射到试样表面的一小点上。末级透镜上面的扫描线圈使电子束扫描变成光栅式扫描。在电子束的轰击下,试样表面被激发而产生各种信号:反射电子、二次电子、阴极发光光子、导电试样电流、吸收试样电流、X 射线光子、俄歇电子、透射电子。这些信号是分析研究试样表面状态及其性能的重要依据。利用适当的探测器接受信号,经放大并转换为电压脉冲,再经放大,用以调制同步扫描的阴极射

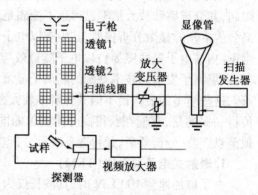

图 8.2 扫描电镜原理图

线管的光束亮度,于是在阴极射线管的荧光屏上构成了一幅经放大的试样表面特征图像,以此来研究试样的形貌、成分及其他信息。

3. 扫描隧道显微镜(STM)和原子力显微镜(AFM)

STM 是 1981 年由 Gerd. Binnig 等发明的一种新型表面分析仪器。STM 结构简单、分辨率高,可在真空、大气或液体环境下应用。用来研究各种金属、半导体、生物样品的形貌,也可研究表面沉积、表面扩散,表面粒子成核和生长、吸附和脱附等物理或化学变化的动态过程。图 8.3 所示为 STM 工作原理,是基于量子力学中的隧道效应。当一个具有原子尺寸

的导体尖针接近样品表面(间距小于 1 nm),使尖针上的电子波函数与样品表面的电子波函数产生交叠时,夹在针尖和样品间的偏压,将使电子穿过他们之间的势垒形成隧道电流。如保持隧道电流恒定,使针尖在样品表面作为光栅式扫描,同步地采集针尖的运动数据,经计算机处理后在屏幕上显示出来,即可获得样品表面的三维图像。

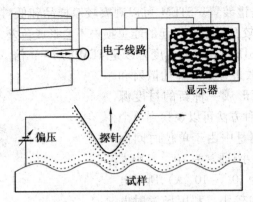

图 8.3　STM 工作原理图

STM 与其他表面分析仪比较,具有以下特点:

①能在原子级分辨率水平上观察样品的三维表面结构。

②可适用于多种探测环境,可在真空、大气、溶液及常温、低温条件下获得分辨率很高的图像。

③体积小,成本低。

STM 也存在局限性:只能用于观察表面,不能探测样品的渗层信息;要求观察的样品必须具有一定的导电性。

为了克服 STM 的缺点,1986 年 Gerd. Binnig 发明了原子力显微镜(AFM)。AFM 不需要加偏压,故适用于所有材料,应用更为广泛。如图 8.4 为 Binnig 提出的 AFM 原理图。指针轮廓仪利用针尖,通过杠杆(或弹性元件)把针尖轻轻压在待测样品表面上,使其作光栅扫描。针尖随着面的凹凸作起伏运动,用光学或电学方法测量起伏位移随位置的变化,获得表面三维轮廓图。

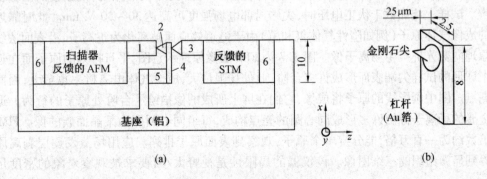

图 8.4 AFM 结构原理图

1—AFM 样品;2—AFM 针尖;3—STM 针尖(Au);4—微杠杆,同时又是 STM 样品;
5—调制用压电晶体;6—氟橡胶

4. 扫描透射电镜(STEM)和分析电子显微镜(AEM)

将扫描电子技术应用到透射电子显微镜形成了扫描透射电子显微镜(STEM),在此基础上结合能量分析和各种能谱仪就构成了分析电子显微镜(AEM)。

如图 8.5 为 STEM 的原理图,是由场发射枪、电子束形成透镜和电子束偏转系统组成,通常带有电子能量损失谱装置。STEM 可以观察较厚样品和低衬度样品。在样品以下设有成像透镜,电子经过较厚样品所引起的能量损失不会形成色差,而得到较高的图像分辨率。当分辨率相仿时,STEM 观察的厚度可以是 TEM 的 2~3 倍。利用样品后接能量分析器,样品厚度可以分别收集和处理弹性散射和非弹性散射电子,从而形成一种新的衬度源(原子序数)衬度,用这种方法可以观察到单个原子。在使用 STEM 测量中由于单位时间内打到样品上的总电流很小,通常为 $10^{-12} \sim 10^{-10}$ A(常规透射电镜中约为 $10^{-7} \sim 10^{-5}$ A),所以电子束引起的辐射损伤也较小。利用场发射电子枪的较高亮度(比发卡形钨丝的亮度高 3~4 个数量级),照射到样品上的电子束直径可减少到 0.3~0.5 nm,因此分辨率可达 0.3~0.5 nm。

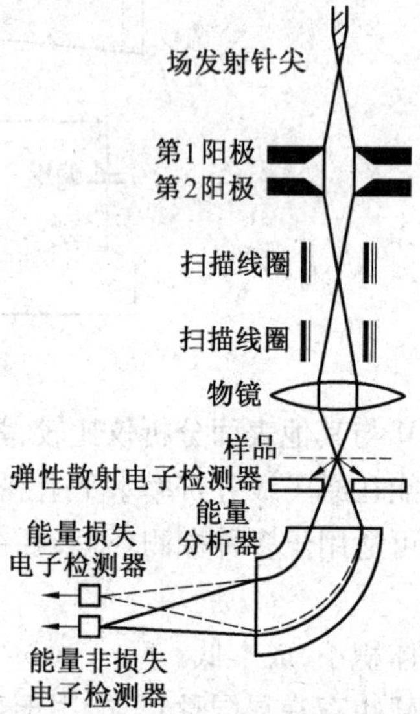

5. 场离子显微镜(FIM)

场离子显微镜的技术基础是场电离,在强电场作用下仅靠金属表面的气体原子通过量子力学隧道效应,失去电子变为正离子的现象称为场电离。

图 8.5 扫描透射电子显微镜的原理图
(带有电子能量损失谱装置)

场离子显微镜的基本结构如图 8.6 所示。由超高真空室、冷却试样液氦致冷头、稳压高压电源、像增强系统、成像气体供给系统等组成。试样为极细针尖(例如用单晶细丝,通过电解抛光等方法得到),尖端曲率半径约为 20~50 nm,并用液氮、液氢或液氦冷却至深低温,以减少原子的热振动,使原子的图像稳定可辨。试样上施加数千伏正电压时,尖端局部电场强度可高达 30~50 V/nm。此时靠近样品的成像气体原子(例如隋性气体氖和氦)由于隧道效应而被离化为正离子,沿表面法线成像原理向荧光屏产生场离子像。图 8.7 为 FIM 成像原理示意图,平行排列的原子面在近似为半球形的试样尖端表面形成许多台阶,此处场强最大,成像气体电离机率也最大,因而形成亮点。图中画影线的原子将成像,它们在屏上所成的像描绘了台阶处原子的行为。退火纯金属的场离子像由许多形成同心圆的亮点构成,每组同心圆即为某晶面族的像。FIM 放大倍数约为一百万倍,能分辨单个原子,观察到表面原子排列。应用场蒸发逐层剥离原子可得到显微组织的三维图像。该仪器的局限性是视野太小,要求被观察对象的密度足够高。

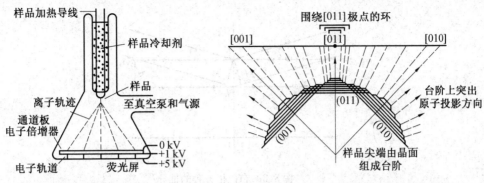

图 8.6 场离子显微镜的结构示意图　　图 8.7 场离子显微镜成像原理示意图

在 FIM 后配置飞行时间质谱仪就构成原子探针,即组成所谓的原子探针场离子显微镜(AP-FIM),用它可以分析样品表面单个原子的化学成分。因此用 FIM 以及 APFIM 可以研究样品表面原子结构和原子运动行为。

8.2.2 衍射分析方法

衍射分析是以结构分析为目的的分析方法。当具有波动性质的电磁辐射(X 射线)或粒子(电子、中子)流与一原子里周期性排列的晶体相互作用时,由于电子的受迫振动而产生相干散射。散射波干涉的结果在某些方向上的波相互叠加形成可以观察到的衍射波。衍射波具有两个基本特征,即衍射线(束)在空间分布的方位(衍射方向)和衍射线的强度。二者都与晶体的结构(原子分布规律)密切相关。常用的衍射方法有 X 射线衍射(XD)、电子衍射(ED)。

1. X 射线衍射(XD)

X 射线在晶体中的衍射条件可用劳厄方程、布拉格方程或厄瓦尔德图解表示。其中布拉格方程是应用非常方便的衍射几何规律的表达式,它是由英国物理学家布拉格父子于 1912 年首先推导出来的,其表达式和推导示意图分别为式(8.1)和图 8.8 所示。

$$2d\sin\theta = n\lambda \tag{8.1}$$

式中　　d——晶面间距;

　　　　λ——入射光波长;

　　　　θ——掠射角(入射线或反射线与反射面的夹角,为半衍射角);

　　　　n——任意整数,称反射级数。

用 X 射线分析已知化学组成物质的晶体结构时,可用 X 射线衍射峰的 θ 值,求出晶面间距,对照 PDF 卡,分析出被测物质的晶体结构。

2. 电子衍射(ED)

电子衍射技术能使 X 射线射入固体较深,一般用于三维晶体和表层结构分析。电子与表面物质相互作用强,而穿入固体的能力较弱,并可用电磁场进行聚焦,因此早在本世纪 20 年代已经提出低能电子衍射法,但当时在一般真空条件下较难得到稳定的结果,直到本世纪 60 年代由于电子技术、超高真空技术和电子衍射加速技术的成熟,使低能电子衍射技术在表面二维结构分析中得到进一步提高。

低能电子衍射(LEED)是用能量很低的入射电子束(通常是 10～500 eV,波长为

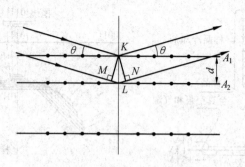

图 8.8 布拉格方程的推导

0.05~0.4 nm)通过弹性散射,电子波间的相互干涉产生衍射图样。由于样品物质与电子的强烈相互作用,常使参与衍射的样品体积只是表面一个原子层,即使稍高能量($\geqslant 100$ eV)的电子,也限于 2~3 层原子,所以 LEED 是目前研究固体表面晶体结构的主要技术之一。

LEED 实际上是一种二维衍射,如果由散射质点构成单位矢量为 a 的一维周期性点列,波长为 λ 的电子波垂直入射,如图 8.9 所示,那么在与入射反方向交成 φ 角的背散射方向上,将得到相互加强的散射波

$$a\sin \varphi = h\lambda \quad (h \text{ 为整数})$$

若考虑二维情况,平移矢量分别为 a 和 b(如图 8.10),则衍射条件还需满足另一个条件,即

$$b\sin \varphi' = K\lambda \quad (K \text{ 为整数})$$

此时衍射方向即为以入射方向为轴,半顶角为 φ 和 φ' 的两个圆锥面的交线,这是二维劳厄条件。LEED 图样是与二维晶体结构相对应的二维倒易点阵的直接投影,故其特别适用于清洁晶体表面和有序吸附层等的结构分析。

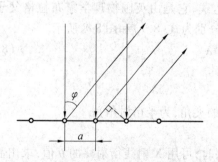
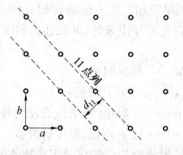

图 8.9 垂直入射的一维点阵的衍射图　　　图 8.10 二维点阵示意图

低能电子衍射仪如图 8.11 所示,主要由超真空室、电子枪、样品架、栅极和荧光屏组成。整个装置保持在 1.33×10^{-8} Pa 的超高真空水平,电子束经三级聚焦和准直(束斑直径为 0.4~1 mm,发散角约为 $1°$)照射到样品表面,形成衍射束的电子在栅极 G_1 和荧光屏前被加速,并以很高的能量作用在接收极(荧光屏)上,从窗口可以观察到衍射荧光亮点并可摄取照片。均为网状的 G_2、G_3 极用来排除试样中产生非弹性散射电子。

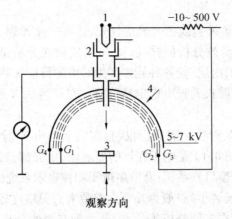

图 8.11 低能电子衍射仪示意图
1—电子枪阴极；2—聚焦杯；3—样品；4—接收极

8.2.3 X 射线光谱仪和电子探针

1. X 射线光谱仪

在 X 射线分析仪器中，除了主要用于晶体结构分析的 X 射线衍射仪之外，还有用于成分分析的 X 射线荧光分析仪（即 X 射线光谱仪）。所谓 X 射线荧光分析就是用 X 射线作为一种外来的能量去打击样品，使试样产生波长大于入射 X 射线的特征 X 射线，而后经分光作定性和定量分析。

图 8.12 是 X 射线荧光光谱仪的原理图。由 X 射线管射出的 X 射线射打在试样上，由试样产生所含元素的二次 X 射线（即 X 射线荧光）向不同方向发射，只有通过准直管的一部分形成一束平行的光投射到分光晶体上。分光晶体是用 LiF 或 NaCl 等制成的，它相当于光栅或棱镜起分光作用，把一束混杂各种波长的二次 X 射线按波长不同的顺序排列起来。改变分光晶体的旋转角 θ，则检测器相应地回转 2θ，投射到检测器上的 X 射线只能为某一种（或几种）波长。由于分光晶体的旋转角 θ 在一定条件下对应于某一定波长，故角 θ 就是定性分析的依据。检测器接收到的 X 射线强度对应于某一波长 X 射线强度，它表示样品中含有该原子的数量，因此是定量分析的依据。

X 射线荧光光谱仪的特点是分析速度快、准确、对样品没有破坏性等，用途甚广。

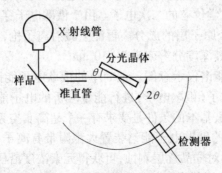

图 8.12 X 射线荧光光谱仪的原理图

2. 电子探针

在 X 射线光谱仪中除 X 射线荧光光谱仪外,还有一种 X 射线发射光谱分析仪,它是用高速运动的电子直接打击被分析的样品,而 X 射线荧光分析是用一次 X 射线打击样品。高速电子轰击能到原子的内层,使各种元素产生对应的特征 X 射线,经过分光,根据波长进行定性分析,对各种特征波长的强度作定量分析。在单纯的 X 射线分析仪器中,主要用在电子探针上。

电子探针又称微区 X 射线光谱分析仪,它实质上是由 X 射线光谱仪和电子显微镜这两种设备组合而成的。图 8.13 是电子探针的原理图,由五部分组成:电子光学系统;X 射线光谱仪部分;光学显微镜目测系统;背散射电子图像显示系统;吸收电子图像显示系统。

电子探针具有分析区域小(一般为几个立方微米),灵敏度较高,可直接观察选区,制样方便,不损坏试样以及可作多种分析等特点,是一种有力的分析工具。电子探针可与扫描电镜结合起来,即在获得高分辨率图像的同时进行微区成分分析。

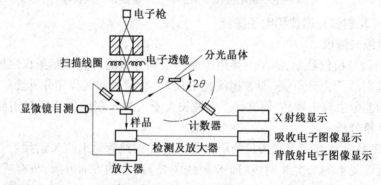

图 8.13 电子探针原理图

8.2.4 电子能谱分析方法

1. 俄歇电子能谱分析仪(AES)

俄歇电子能谱仪主要用于固体表面几个原子层内的成分、几何结构和价态的分析。分析灵敏度高,数据收集速度快,能测出周期表上氦(He)后所有元素,目前已成为表面分析领域中应用最广的工具之一。

高速电子打到材料表面上,除产生 X 射线外,还激发出俄歇电子等。俄歇电子是一种可以表征元素种类及其化学价态的二次电子。由于俄歇电子穿透能力很差,故可用来分析距表面 1 nm 深处,即几个原子层的成分。再配上溅射离子枪,可对试样进行逐层分析,获得成分沿深度的分布图,其深度分辨率为 5~10 nm。

图 8.14 为俄歇电子能谱仪示意图。最简单的俄歇电子能谱仪包括真空系统、激发用电子枪和对发射的二次电子(俄歇电子)进行能量分析的电子能谱仪。因为俄歇电子能谱法对表面非常敏感,所以最基本的条件是要求有一个超高真空系统(10^{-8} Pa)。除了上述这些基本条件外,现在使用的俄歇电子能谱装置大都附带有离子枪,离子枪用来对表面进行剥蚀,这样,通过离子溅射对样品逐层剥蚀,可获得元素浓度沿样品成分分布图。其深度分辨率为 5~10 nm。俄歇电子能谱仪的这一功能是研究多层膜和界面的有力手段。

2. 光电子能谱

以一定能量的 X 射线和光(如紫外光)照射固体表面时,被束缚于原子各种深度的量

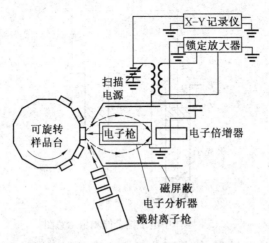

图 8.14 俄歇电子能谱仪示意图

子化能级上的电子被激发而产生光电子发射。所发射电子的动能随电子原所在能级的不同而异,形成所谓光电子能谱,采用光电子能谱可以探测物质内部的各种电子能级,获得关于电子束缚能、原子的结合状态和电荷分布等电子状态信息。

依据激发源的不同,光电子能谱分为 X 射线光电子能谱和紫外光电子能谱。光电子能谱与物质的状态、能级或能带结构,以及电子来自内层轨道或外层轨道等因素有关,因此,光电子能谱也是带有物质成分、结构等信息的特征谱。

(1) 光电子能谱(XPS)。

光电子发射过程及其能量关系。当激发光源与固体物质作用时,若入射 X 光量子的能量超过原子内层电子的束缚能(结合能)时,便会引起光电子发射,发射过程的能量关系如图 8.15 所示。由图可知

$$E_k = h\nu - E_b - \varphi_{SP}$$

式中 E_k——光子动能;

$h\nu$——入射光子能量(h 为普朗克常量,ν 为光波频率);

E_b——光子束缚(结合)能,一般指电子由原子能级(E_i)跃迁到费米能级(E_F)所需的能量($E_b = E_F - E_i$);

φ_{SP}——谱仪的功函数,在实际能谱仪中常用电子学方法进行补偿,因此有

$$E_k = h\nu - E_b$$

若已知 $h\nu$,并由谱仪测得光电子动能 E_k,便可求得光电子的束缚能 E_b。由于每种元素的电子层结构都是独特的,因此通过测定光电子能量分布便可鉴别出元素的种类。

XPS 还可以作定量分析,其依据是测量光电子谱线的强度(在谱线图中谱线峰的面积),即由记录到的谱线强度反映原子的含量或相对强度。

(2) 紫外光电子能谱(UPS)。

紫外光电子能谱是使用紫外能量范围(小于 100 eV)的光子激发样品外层价电子或固体的价带电子而获得的电子能谱。紫外光电子能谱通常以惰性气体的共振线,如 He I 线(21.2 eV)或 He II 线(40.8 eV)作为激发光源,由于光量子能量较低,它只能激发原子外层的价电子。气体放电给出的紫外光其自然线宽较窄,通常约为 0.01 eV 甚至更窄,因此,紫

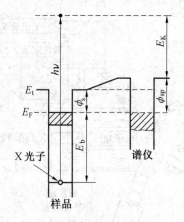

图 8.15 固体中电子结合能测量示意图

外光电子能谱给出较高的分辨率,能分开分子振动能级(约0.05 eV),甚至转动能级(约0.005 eV)等精细结构。

紫外光电子能谱的位置和形状与分子轨道结构及成键情况密切相关,紫外光电子能谱中一些典型的谱带形状如图 8.16 所示。在固体样品中,紫外光电子有最小逸出深度,因而紫外光电子能谱特别适合固体表面状态分析,可应用于表面能带结构分析、表面原子排列与电子结构分析及表面化学研究(如表面吸附性质、表面催化机理研究)等。显然,紫外光电子能谱不适于进行元素定性分析,更由于谱峰强度影响因素太多尚难以准确进行元素定量分析。

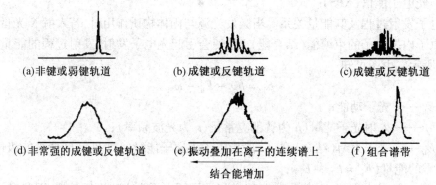

图 8.16 紫外光电子能谱中典型的谱带形状示意图

8.2.5 二次离子质谱分析(SIMS)

当一束加速的离子束轰击真空中的待分析样品表面时,会引起表面的原子或分子溅射,其中的带电离子称为二次离子。将二次离子按质荷比分开并采用探测器将其记录,便得到二次离子强度(丰度)按质量(质荷比)分布的二次离子质谱。二次离子质谱可以鉴别包括氢及其同位素在内的所有元素。并且二次离子来自样品表层($\leqslant 2$ nm),所以是一种用于表面和微区的成分分析。

1. 二次离子质谱仪的基本组成和数据显示模式

二次离子质谱仪的基本组成和数据显示模式如图 8.17 所示。

二次离子质谱仪由四部分组成:一次离子束源及光学系统;样品台;二次离子的收集、

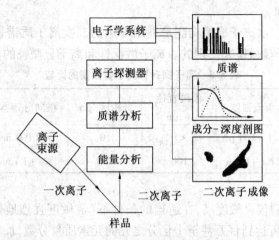

图 8.17 二次离子质谱仪的基本组成及其数据显示模式

能量分析、质谱分析及探测器;电子学及数据处理系统。

二次离子质谱分析数据显示模式有三种:二次离子质谱,即二次离子数对质荷比的函数;成分-深度图,即二次离子数对溅射时间的函数;二次离子成像,即二次离子数在表面的微观横向分布。

2. 二次离子质谱分析方法

为了达到不同的分析目的,分析时采用不同的仪器参数,二次离子质谱可以分为以下几种方法。

(1)静态二次离子质谱。

采用较低的离子能量和离子束流,使溅射率降低到表面单原子层,即分析时深度的变化可以忽略不计。因而它是真正意义上的表面分析(5 nm 以内)。静态二次离子质谱的表面灵敏度很高,可探测面密度为 0.1% 单原子层的元素质量分数。

(2)动态二次离子质谱。

采用较高离子能量和较大离子束流对表面进行快速剥蚀,不断地对新鲜表面进行分析,从而检测到的是体内的成分。动态二次离子质谱可以探测到百万分之几甚至十亿分之几(体积质量分数)的微量。二次离子质谱分析也被称为痕量元素分析。静态和动态二次离子质谱的特点比较见表 8.4。

表 8.4 静态和动态二次离子质谱比较

SIMS 模式	真空度/Pa	束流强度/A	束斑直径	离子能量/keV	研究对象或用途
静 态	<10^{-6}	<10^{-10} ~ 10^{-8}	mm	0.3 ~ 5	痕量分析
动 态	<10^{1}	>10^{-7}	μm ~ 亚微米	5	表面吸附物、有机物

(3)成分-深度分析。

选取二次离子质谱上的一个峰或几个峰,在较高的溅射速率下连续记录其强度随时间的变化,得到近表面层的成分-深度图,也是一种动态二次离子质谱分析。

(4)二次离子成像。

二次离子质谱的二次离子成像功能是利用专用的二次离子质谱仪,即离子微探针(扫描离子显微镜)和离子显微镜来实现的。离子微探针和离子显微镜的比较见表8.5。

表8.5 离子探针和离子显微镜的比较

特 征	束流强度	束斑直径/μm	分析区/μm	横向分辨本领	探测极限/%
离子探针	0.1~100 pA	<1	10	约100 nm	约0.1
离子显微镜	1Na~1 μA	100	150	约1 μm	约10^{-4}

二次离子质谱探测仪灵敏度高,在适当的条件下(灵敏度强烈地依赖于样品的组成和试验条件),探测极限可达到百万甚至十亿分之几的元素质量分数,加上可以分析所有元素(包括所有同位素),构成了二次离子质谱分析方法的优势。二次离子质谱也有缺点,其分析对样品是破坏性的,进行定量分析也十分复杂。

8.2.6 红外吸收光谱和拉曼光谱

红外吸收光谱(IR)和拉曼(Raman)光谱的测定是基于分子振动的振动谱。

1. 红外吸收光谱(IR)

(1)原理和吸收条件。

①原理。分子由原子组成,分子的运动及能态远比原子复杂。一般认为分子总能量(E)由分子中各原子核外电子轨道运动能量(E_e)、原子或原子团相对振动能量(E_v)及整个分子绕其质心转动的能量(E_r)组成,即

$$E = E_e + E_v + E_r$$

由于E_e,E_v,E_r都是量子化的,故分子能级由电子(运动)能级、振动能级和转动能级构成。同一电子能级因振动能量不同又分为若干振动能级;而同一振动能级又因转动能量不同分为若干转动能级。分子振动能级间隔为0.05~1.0 eV,它跃迁所吸收的辐射主要在中红外区。当分子的某一基本振动频率与红外光谱段的某一频率相等时,便吸收了这一频率的光,形成红外吸收光谱。

②条件。分子吸收红外辐射产生振动能级跃迁,这种能量的转移是通过偶极矩的变化来实现的。因此能发生偶极矩变化的分子振动才能引起可观测到的红外吸收光谱带。发生偶极矩变化的分子振动称为红外活性的,反之,如非极性分子振动或极性分子的对称伸缩振动,其偶极矩变化为零则不会产生红外吸收,这种偶极矩变化为零的分子振动称为非红外活性的。

(2)红外光谱的特征。

物质的红外光谱的谱带数目、谱带位置、谱带形状和谱带强度都是随物质分子间链力的变化、基团内甚至基团外环境的改变而改变的。

红外光谱的应用主要在有机化学领域,用于测定分子的链长、键角大小,并可推断分子的立体构型,根据所得的力常数间接获得化学键的强弱,也可从正则振动频率来计算热力学函数等。不过红外吸收光谱用于对物质作定性和定量分析较多。

2. 拉曼光谱(RAMAN)

当频率为 ν_0 的入射光与物质分子相碰时会产生光的散射,其中大部分散射光具有与入射光相同的频率,这种弹性散射称为瑞利散射。另外还有部分散射光为非弹性散射光,由于光子从分子中得到或失去能量,所以其频率会与入射光的频率不一样。这一效应首先由印度物理学家拉曼于1928年在液体中发现,因而被称为拉曼效应,也称联合散射效应。

(1) 非弹性散射中能量交换可能的两种情形。

① 光子与处于基态振动能级的分子相互作用时,将部分能量转移给分子,以激发其振动能级和转动能级 $h\nu_1$,因而散射光子的能量降低为 $h(\nu_0 - \nu_1)$。

② 处于振动激发态的分子由高的振动能级和转动能级跃迁到低能级过程中,使光子获得能量 $h\nu_1$,而散射光的能量上升为 $h(\nu_0 + \nu_1)$。光子得到或失去的能量 $h\nu_1$ 相当于分子的振动能量,具有确定的值,称为拉曼位移。通常把频率低于入射光频率 $(\nu_0 - \nu_1)$ 的散射线称为斯托克斯线;把频率高于入射光频率 $(\nu_0 + \nu_1)$ 的散射称为反斯托克斯线。由波耳兹曼能量分布定律可知,处于振动基态的分子数目比处于激发态的分子数目多,所以斯托克斯线的强度较反斯托克斯线的强度高,通常拉曼光谱记录的是斯托克斯线。

(2) 产生拉曼光谱的条件。

与红外吸收要求偶极矩的变化不同,拉曼散射的产生要求的是分子极化率的变化。按照极化原理,在静电场中的分子由于感应会产生电子云和原子核的位移,形成诱导偶极矩 μ,μ 正比于电场强度 E,有 $\mu = \alpha E$ 的关系,比例常数 α 称为分子的极化率。拉曼散射的产生必须存在 α 的变化时才会实现。这和红外光谱有所不同,因而在红外吸收谱中测不到的谱线可以用拉曼光谱测到。这两种方法都提供分子振动的信息,起到相互补充的作用。采用这两种方法可以获得振动光谱的全貌。

(3) 退偏比。

当一束平面偏振光照射物质时,由于光子与分子作用,散射光的偏振方向可能会发生改变,偏振光的改变和分子振动时电子云形状的变化有关,即与分子构型及分子振动的对称性有关。为此引入用于研究分子结构的参数退偏比 ρ(又称退偏度),它是拉曼光谱的一个重要参数,它可提供有关分子振动的对称性及分子构型的信息。

拉曼光谱只需用到紫外光、可见光或近红外光作激发光源,早期采用的是 435.8 nm 的汞激发线,但单线功率低、连续背景强以及非相干三个弱点,使得经典的拉曼光谱的强度低、背景高,并且难于准确确定退偏度,从而限制了拉曼光谱的应用。激光光源的问世为拉曼光谱提供了极好的光源。激光光源光强度高、光束集中、单色性好并能提供相干辐射。特别是激光的单色性强使得激发出的拉曼谱线比较简单、易于解析。激光光源的使用使拉曼光谱得到许多应用和发展,成为研究分子结构等的有力手段。

8.3 表面性能检测

为了评价表面层的质量,除了对其微观结构和成分进行检测外,还必须对表面层的外观质量、表面层与基体的结合状态、表面层厚度、表面层的力学性能以及表面层的物理性能、化学性能等进行检查和测试。但是表面技术种类繁多,材料表面功能除了装饰、耐磨、耐蚀等外,还有光学、电学、磁学、热学以及功能转换(光-电、电-光、磁-光、光-磁、热-电、电-热等)等方面。本节介绍他们之间的一些常规的产品质量检测方法,主要包括表面外观、覆盖层厚度、结合力或附着力、硬度、孔隙度等的检测。

8.3.1 表面外观质量检测

表面外观质量是最基本和最常用的检验指标,表面外观检测包括表面缺陷、表面粗糙度、表面光泽度、色泽等项检测内容。

1. 表面缺陷检测

由不同工艺制备的改性表面和表面覆盖层各有其缺陷表现形式,其对质量的要求也有不同。表面缺陷主要指裂纹、针孔、麻点、气泡、毛刺、起瘤、斑点、脱皮、漏涂、黏结、擦伤及色差等。表面缺陷的检测方法主要为目测法,有时也用低倍放大镜进行检测。

2. 粗糙度的检测

表面粗糙度是指表面微观不平整高度的算术平均值。表面粗糙度的大小不仅决定着产品表面的外观和产品精度,还影响产品表面的摩擦、磨损性能,甚至影响到设备的工作精度、动力消耗等。在表面技术中,基片的表面粗糙度还在薄膜的制备过程中起着重要的作用,是影响薄膜结构和性能的重要因素。

根据国家标准,表面粗糙度的表征参数有多种,但经常用的有两种。

① 轮廓算术平均偏差 Ra,其定义为在取样长度(l)内轮廓偏距 $y(x)$ 绝对值的算术平均值。

$$Ra = \frac{1}{l}\int_0^l |y(x)|\mathrm{d}x$$

或近似为

$$Ra = (1/n)\sum_{i=1}^n |y_i|$$

式中　　y_i —— 第 i 点的轮廓偏距;

　　　　Ra —— 评定表面粗糙度时用的比较普遍的特征参数。

② 微观不平度十点高度 Rz,其定义为取样长度(l)从平行于轮廓中线任意一条线算起,到被测轮廓的五个最高点(峰)和五个最低点(谷)之间的平均距离

$$Rz = 1/5\left(\sum_{i=1}^5 |y_{pi}| + \sum_{i=1}^5 |y_{vi}|\right)$$

式中　　y_{pi} —— 最大峰的高度;

　　　　y_{vi} —— 最大谷的深度。

通常采用表面粗糙度检测的方法有,比较法、针描法和光学法(光切法、显微干涉法、激光光斑法)及光反射法等。表 8.6 为各种粗糙度测量方法的应用范围。

3. 光亮度检测

表面光亮度是装饰性要求较高的产品必须测量的指标,是指在一定照度和角度的入射光的作用下,表面反射光的比率或强度。反射光的比率或强度越大,表面的光亮度越高。表面光亮度的检验方法主要有以下几种:

(1)目测经验评定法。

检验人员根据在实践中积累的经验,观察表面的反光性强弱以及表面映照出的影像的

清晰程度,来评判表面光亮程度的方法。一般分为 1~4 级,1 级光亮度最高,为镜面光亮度。

表 8.6 各种粗糙度的测量方法及应用范围

测量方法	测量对象	测量范围 $Rz/\mu m$
比较法	外表面	0.8~320
针描法	内、外表面	0.2~20
光切法	平面、外圆表面	0.8~100
显微干涉法	平面、圆柱面	0.05~0.8
激光光斑法	平面、曲面	0.05~1.6
光反射法	抛光、精加工表面	0.05~0.8

(2)样板对照法。

样板对照法是目测法的改进方法,属于目测法中的比较测量法。是与规定的标准光亮度样板进行比较,样板对照法一般分为 4 个级别。1 级光亮度最高,4 级最低。

(3)光度计测量方法。

光度计测量是以一块光亮度极高的标准样板的反光强度(在仪器中是转化为光电流进行测量的)定为 100%,被测表面在相同的条件下测得的反光强度对标准样板表面反光强度的比率,即为被测试表面的光亮度。值得注意的是,表面颜色对光亮度测定有直接影响,对同一光亮度的表面,由于其颜色的差异将会得到不同的光亮度值,测试时要选用适当的滤波器以消除颜色带来的影响。此外,试样表面的曲率也会干扰反光性,因而采用光度计测量表面光亮度时,以平板状试样为宜。

8.3.2 覆盖层厚度的测量

覆盖层厚度对产品的使用性能和使用寿命影响极大,因而对覆盖层厚度的控制对所有经表面技术制备的产品都是需要的。更为重要的是覆盖层的厚度还是覆盖层内在质量的保证,它直接影响产品的耐腐蚀性、应力、导电性以及使用寿命等。此外在对一些工艺进行研究和评估时,如探明工艺过程的沉积速率等,也往往是通过厚度测量来评定的。

覆盖层厚度的测量方法,根据其原理可分为机械法(如千分尺测量法、球磨法)、物理法(如电磁法、涡流法)、化学法(如溶解法、称重法、分析法)、电化学法(如库仑法)、射线法(如 X 射线法、β 射线反向散射法)、光学法(如金相法、干涉法、光切法)以及触针式轮廓仪法等。按照被测覆层是否损坏又可分为有损测厚和无损测厚法。

有损测厚法有,阳极溶解库仑法、光学法(如显微镜测量、干涉法测量、偏振光测量、扫描电镜测量)、化学溶解法(如点滴法、液流法、称重法)、轮廓仪法等。无损测厚法有,磁性法、涡流法、射线法(如 β 射线反向散射法、荧光 X 射线法等)、电容法、微波法、热电势法、光学法(如光电法、光切法及双光束干涉法)等。

各种测量仪器可测厚度范围列入表 8.7 中,其中以磁性法、涡流法、库仑法、显微镜法、X 射线荧光测厚法等应用最为普遍,其他方法视具体条件和要求选用。

表 8.7 覆盖层厚度测量仪器可测厚度范围

仪器类型	厚度范围/μm（测量误差小于10%）	仪器类型	厚度范围/μm（测量误差小于10%）
磁性仪（用于钢的非磁性覆盖）	5~7 500	光切显微镜	5~数百
磁性仪（用于镍覆盖层）	1~125	库仑仪	0.25~100
涡流仪	5~2 000	金相显微镜	8~数百
X射线光谱仪	0.25~65	轮廓仪	0.01~100
β射线反向散射仪	0.1~100		

1. 库仑法测量

覆盖层厚度测量的阳极库仑法简称库仑法，主要利用电解装置将作为阳极的覆盖层从基体上溶解出来，测量溶解过程所消耗的电量。根据法拉第定律求覆盖层的局部平均厚度 d 为

$$d = 1\,000kQE/(A\rho)$$

式中　k——溶解过程的电流效率，当电流效率为100%时，$k=1$；
　　　E——测试条件下覆盖层金属的电化学当量，g/C；
　　　A——覆盖层被溶解的面积，cm^3；
　　　ρ——覆盖层的密度，g/cm^3；
　　　Q——溶解覆盖层耗用的电量，C。

库仑法不仅可测量单层和多层金属覆层的厚度，还可测三层及三层以上覆层（如多层镍）的分层厚度和一些合金覆层（如铅锡合金）的厚度。库仑法测厚仪操作简单、测量速度快与范围广，人为操作影响小、测量结果准确、可靠。测量范围为 0.1~100 μm，在 1~30 μm 的误差为±10%以内，可作为 8 μm 覆层厚度测量的仲裁方法，应用广泛。

2. 磁性法测厚

磁性法主要用于测量磁性基体上的各种非磁性覆盖层的厚度（包括釉瓷和搪瓷层），也可测定非磁性基体上的磁性覆盖层厚度。夹在磁性测厚仪的磁体和磁性基体之间的非磁性覆盖层，会造成测厚仪磁体和磁性基体相互磁引力的变化或磁路磁场的变化，这种变化与夹在其间的非磁性覆盖层的厚度存在一定的函数关系，由此设计出直接指示覆盖层厚度的磁性厚度测量仪。测定方法的精确度受许多因素的影响，其中包括覆盖层及基体的厚度、磁性及剩磁、表面粗糙度、表面附着物及边缘效应等。因此，要求在仪器校准和测量操作过程中尽量避免或减少这些因素的影响。

3. 涡流法测厚

涡流法也叫电涡流法，属于电磁法，是利用交流磁场在被测导电物体中感应产生的涡流效应进行厚度测量的一种方法。测量时，涡流测厚仪的测头装置所产生的高频电磁场使置于测头下面的导体产生涡流，其振幅和相位是导体与测头之间的非导电覆盖层厚度的函数。本方法主要用于非磁性金属上非导电覆盖层，以及非导体上单层金属覆盖层的厚度测定。本法普遍用于铝阳极氧化膜厚度的测定，铝、铜及其合金上的有机涂层或其他导电覆

盖层厚度的测定,以及非导电基体上的铜箔厚度的测量。

涡流法测厚仪轻巧便于携带,操作简单容易掌握,测量快而准确,价格也较低廉,是非磁性基体上覆层厚度测量较为普遍的方法。

4. X 射线光谱法

当一束高能 X 射线束与固体物质作用时,若其能量超过了该物质的激发限,便会激发出该物质的特征 X 射线(又称荧光 X 射线或二次 X 射线)。特征 X 射线的波长与该物质的原子结构有关,而其强度则与被激发的物质量有关。此外,当 X 射线照射固体物质时会被该物质吸收,导致其强度衰减,强度衰减的程度与 X 射线在固体内通过的路程(厚度)有关。利用 X 射线的上述特性便构成了 X 射线测量覆盖层厚度的各种方法。如通过测定覆盖层物质特征 X 射线辐射强度来确定覆盖层厚度的发射方法;通过测量基体物质的特征 X 射线穿过覆盖层后辐射强度减弱的程度确定覆盖层厚度的吸收方法等。

5. β 射线反向散射法

由放射件同位素释放出来的 β 射线照射被测覆盖层时,被覆盖层物质散射的反向散射线的强度是被测覆盖层物质的种类和厚度的函数。当被测覆盖层和基体材料的原子序数差足够大时(一般两者原子序数差应大于5),便可从测得的 β 射线强度测得单位面积上覆盖层的质量,进而求得被测覆盖层的平均厚度。该法特别适用于对各种贵金属覆层厚度的测量;可测量金属或非金属基体上的非金属薄层(2.5 μm 以下)厚度。也可用于连续涂覆自动生产线涂层厚度的自动监控。但是该法只有在覆层材料与基体材料的原子序数明显不同时才能使用。测厚时需要利用相应的放射源,它对人的健康有害,故必须严格按规程操作,需要采取防护措施。

6. 轮廓仪测量法

轮廓仪长期以来是作为测量表面粗糙度用的仪器,但也可用作覆盖层厚度测量。前提是必须露出基体表面,造成覆盖层表面与基体表面的高度差。通常轮廓仪测厚度的范围为 $0.01 \sim 1\,000\,\mu m$,当厚度小于 $0.01\,\mu m$ 时,对工件表面平直度和平滑度要求很高,厚度测量较困难。轮廓仪测量厚度的优点是可进行直接测量,操作简便迅速。由于本法属于触针式测量方法,故在测定中要注意避免触针对覆盖层的划伤。

7. 光切显微镜法

光切显微镜法又称分光束显微法,采用光切显微镜测定覆盖层厚度时,对于不透明的覆盖层必须露出基体表面,制造出覆盖层表面与基体表面的高度差,其测量方法与测量表面粗糙度相同。对于透明的覆盖层,则要求覆盖层表面和基体表面都具有一定反射光的能力,可以在显微镜中观察到由覆盖层表面和基体表面反射的两条平行的光带。由于覆盖层的折射率与空气的折射率不同,其厚度计算也有所不同。图 8.18 为光切法测量透明膜厚度的原理图。

覆盖层厚度的计算公式如下

$$e = e'2n^2 - 1$$

8.3.3 覆盖层结合力测量

覆盖层的结合力是指层与基体(或中间层)之间的黏结强度,即单位表面积的覆层从基体(或中间层)上剥离下来所需要的力,单位面积上的结合力称为结合强度。该覆盖层与基

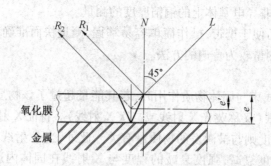

图 8.18 光切法测量覆盖层厚度的原理图

体材料表面附着(结合)的强弱,是评价覆盖层质量的重要指标。

覆盖层附着(结合)力的评价有定性和定量两种方法,定性方法是以覆盖层受力后是否起泡或从基体表面剥离来判定其质量合格与否;定量法或是测量覆盖层从基体上连续剥离所需的最小载荷(如划痕法);或是测量单位面积覆盖层从基体表面剥离所需的力,并称该数值为覆盖层的结合强度(如拉伸法)。

依据剥离覆盖层方式的不同,测量覆盖层附着(结合)力的试验方法可分为机械方法和非机械方法两类。机械测量方法是生产上用得十分普遍的方法,其中有使覆盖层变形的方法,加摩擦法、划痕法、划格法、压陷法、变形法(拉伸、杯突)等;有使用黏结剂粘接的方法,如牵引法、拉伸法、压带法、剥离法等。非机械测量方法是利用非机械力如电磁力、超声波、激光脉冲等使覆盖层剥离,以获得覆盖层结合力强弱的信息。

由于覆盖层类别不同(薄膜、镀层或涂层等),其制备工艺各异、附着(结合)机理不同、厚度差异也很大。在对其进行附着(结合)力测量时,应根据测试原理和待测对象的特点合理地选择测试方法,以获得能真实反映被测对象附着(结合)情况的信息。

1. 覆盖层附着力的定性测试方法

①摩擦抛光检测。在工件表面约 6 cm² 的面积上,用光滑的摩擦抛光工具(如铲刃倒圆的玛瑙刮刀)迅速而平稳地摩擦 15 s,施加的压力应在每一进程中足以擦光金属覆盖层而又不削掉覆盖层。在放大 8 倍或 4 倍并具有照明的观察器下检查覆盖层是否起泡、剥离。本法适合于厚度小于 40 μm、结合强度非常差的镀层的检测。

②划线、划格检测。用一刃口磨成 30°的硬质钢划刀,划两条相距 2 mm 的平行线(或边长为 1 mm 的正方格)。划线时应施以足够的压力,使划刀一次能划破覆盖层达到基体。如果两条划线之间(或格子内)的覆盖层有任何部分脱离基体,则认为覆盖层附着强度不好。

③弯曲、缠绕、深引(杯突)检测。这类方法主要是使覆盖层产生变形,然后观察覆盖层在基体上碎裂或剥离的情况判断覆盖层附着的程度。

④锉、磨、锯检测。采用这类工具,从基体至覆盖层的方向锉、磨、锯覆盖层,力图使覆盖层与基体剥离,并观察覆盖层从基体剥离的情况。

⑤剥离检测。剥离检测又称胶带检测,是将一种纤维胶带的粘胶面黏附在覆盖层上,用一个固定质量的滚筒在上面仔细滚动,以除去所有的空气泡。10 s 后以一稳定的垂直于覆盖层表面的拉力将胶带剥去。若覆盖层没有剥离现象,则表明附着强度好。检测面积应

不少于 30 mm²。

⑥热震法。利用覆盖层和基体材料热膨胀系数的差别,将带有覆盖层的试样放在炉中于规定温度下加热(对某些易氧化的材料应在惰性气氛或还原气氛中加热)。然后将试样放入室温水中骤冷。覆盖层不应出现起泡、片状剥落等现象。

⑦阴极试验。将覆层的试件在溶液中作为阴极,在阴极上仅有氢析出,由于氢气通过一定覆盖层进行扩散时,在覆层与基体之间的任何不连续处积累产生压力,致使覆层发生鼓泡。

2. 覆盖层附着力的定量测试方法

(1)拉伸检测法。

拉伸法是测量热喷涂涂层结合强度的常用方法,拉伸试样黏结及连接如图 8.19 所示,在规定尺寸(按国家标准和 ASTM 标准直径分别为 25.4 mm 和 40 mm)的圆柱形试样 A 的端面上制备涂层,在涂层表面和相同尺寸的对偶试样 B 的端面上也涂上薄薄的一层粘胶。将 A、B 两试样涂胶面粘合并加上一定的压力使其充分黏结。待粘胶固化后,将试样在可满足静态拉伸的试验机上进行拉伸,直至涂层从基体界面全部剥离。此时涂层单位面积上所承受的载荷即为涂层的拉伸结合强度,单位为 N/mm²。

(2)划痕检测法。

划痕法是最常用的测硬质薄膜附着力的标准方法,是以具有小曲率半径端头的硬质针状压头(如金刚石压头),以一定速度划过被测试样表面,其间并在压头上自动连续地加上垂直载荷(L),直至压头划透薄膜并使之与基体连续剥离。能划透薄膜并使之与基体连续剥离的最小载荷称为薄膜－基体界面黏附失效的临界载荷。试验过程中薄膜与基体是否剥离,采用声发射技术和摩擦力测定进行判断,同时自动记录的声发射强度(K)与摩擦力(F)随垂直载荷(L)的变化曲线分别示于图 8.20 中。图 8.20 中 A 点和 C 点所对应的垂直载荷 L_{CK}^* 和 L_{CF}^* 为薄膜内聚失效的临界载荷;B 点和 D 点所对应的垂直载荷 L_{CK} 和 L_{CF} 为界面失效的临界载荷。

3. 剪切试验法

当从涂层截面加力使涂层以剪切变形的方式与基体从界面上剥离时,涂层单位面积上所受的力即为涂层的剪切强度,单位为 N/mm²。它反映了涂层在受到剪切应力时的抗力。

8.3.4 覆盖层硬度测试

硬度是材料力学性能试验中最常用的一种性能指标,同时也是衡量覆盖层质量的重要性能指标之一,是表征材料(或覆盖层)在表面局部体积内抵抗变形或破坏的能力。硬度试验结果能敏感地反映材料在化学成分、组织结构和处理工艺上的差异,因而被广泛地应用于产品的质量检验和工艺过程研究中。

一般来说,材料的硬度是材料在一定条件下抵抗另一本身不发生变形的物体压力的能力,是对外来载荷作用下局部永久变形阻力的量度。"硬度"本身不是一个物理常数,而是一种不仅决定于被测材料本身微观与宏观条件(如晶体结构类型、原子间键合类型、晶体缺陷以及变形程度和存在应力等),而且也决定于测量条件的量。因此可以说,硬度是被测材料在一定的压头和力的作用下的弹性、塑性、塑性变形强化率、强度、韧性以及抗摩擦性能等的综合性能的体现。

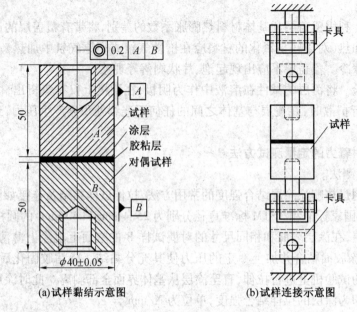

(a)试样黏结示意图　　　　　(b)试样连接示意图

图 8.19　拉伸试验示意图

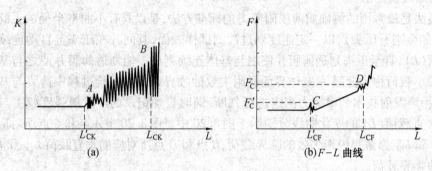

图 8.20　划痕法试样结果示意图

硬度测试方法有很多种,如布氏硬度、洛氏硬度、维氏硬度、显微硬度及肖氏硬度等,测试方法不同其硬度值的物理含义也不同。对于表面覆盖层而言,由于其厚度的限制,采用极浅压痕的维氏和努氏显微硬度试验方法、纳米压痕硬度测试法以及表面洛氏硬度试验方法。

1. 显微硬度测试

(1)显微硬度测试原理。

显微硬度测试是在显微镜下进行的低负荷(<200 g)压入式的硬度试验方法。显微硬度根据所使用压头的不同有维氏显微硬度和努氏显微硬度等。表 8.8 为显微硬度压头的比较。

显微硬度测试时,以规定的试验力将角锥四面体金刚石压头以适当的速度压入被测试样表面(或截面平面),保持规定的时间后卸除负荷,测量所压印痕对角线的长度,并将对角线的长度代入相应硬度计算公式,求得维氏或努氏显微硬度值。事实上,硬度值一般无需计算,可在显示屏上直接显示(数显式硬度计)。

表 8.8　显微硬度用维氏和努氏压头的比较

维氏硬度	努氏硬度
金刚石角锥压头	金刚石菱形压头
相对面夹角 136°	长边夹角 172°30′
相对变夹角 148°6′20″	短边夹角 130°
压痕深度 $t \approx d/7$	压痕深度 $t \approx L/30$

(2) 显微硬度计算公式。

显微硬度的符号、单位和计算公式见表 8.9。在显微硬度测量试验时,要依据被测试样的硬度和厚度合理选择试验力,当在覆盖层表面进行硬度试验时,所采用的试验力应当使压痕的深度小于覆盖层厚度的十分之一,即维氏硬度测量时,覆盖层的厚度至少为对角线平均长度的 1.4 倍;努氏硬度测量时,覆盖层的厚度至少为长对角线长度的 0.35 倍。图 8.21 为维氏压头的最大可用试验力与覆盖层厚度的关系。

表 8.9　显微硬度的符号、单位和计算公式

符号	测量单位	说明 维氏	说明 努氏
F	N	试验力/N	试验力/N
D	μm	压痕两对角线长度和的算术平均值 $d=(d'+d'')/2$	压痕对角线长度
HV		$1.02F \times A_V = 1.854 \times 10^6 \times (1.02 \times F)/d^2$	—
HK	—		$1.02F \times A_K = 14.299 \times 10^6 \times (1.02 \times F)/d^2$

注:A_V 为压痕倾斜表面的面积,A_K 为压痕投影的面积,单位均为 mm^2

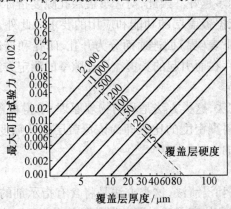

图 8.21　维氏显微压头的最大可用试验力与覆盖层厚度的关系

随着科学技术的发展,要求对极薄的器件薄膜或特殊的微区位置进行纳米级硬度测量。纳米压痕技术(又称连续记录压痕,超低负荷压痕技术)是采用高分辨率的仪器,连续

控制和监测薄膜的硬度和弹性模量的技术。目前纳米压痕系统装置,最小载荷为 1 nN,可测的位移为 0.1 nm。

2. 洛氏硬度测试

洛氏硬度试验法采用金刚石圆锥或规定尺寸的淬火钢球作为压头,先施加 98.07 N (10 kg)的初负荷(p_0)压入试样,然后根据需要选择主载荷(p_1)490.33 N、882.60 N 或 1 372.92 N,将压头压入试样并保持一定时间。在卸除主载荷保留预载荷的条件下,测量压头压入试样表面的深度,根据洛氏硬度的原理经运算便可获得洛氏硬度值。

表面洛氏硬度的原理与洛氏硬度完全相同,不同的是预、主载荷减轻,其预载荷为 29.42 N(3 kg),总负荷为 147.10 N(15 kg)、294.20 N(30 kg)和 441.30 N(45 kg)。因而表面洛氏硬度适宜于薄材、表面覆盖层以及表面处理层硬度的测试。一般用于测量化学热处理渗层、表面硬化层与硬薄钢板等的硬度。具有压痕较小、操作简单、测量迅速、立即得出数值、生产率高等优点,适用于大量生产中的产品检验。

3. 维氏硬度测试

维氏硬度测量原理和布氏硬度、显微硬度测量相同,是根据单位压痕陷凹面积上承受的试验力,即应力值作为硬度值的计算指标。维氏硬度采用锥面夹角为 136°的金刚石四方锥体。由于压入角恒定不变,使得试验力改变时,压痕的几何形状相似,因此,在维氏硬度试验中,一般视野里可以任意选择,而所得硬度值相同,这是维氏硬度试验的最大优点。此外,采用金刚石四方锥,压痕为一具有轮廓清晰的正方形,在测量对角线长度时误差小。

8.3.5 覆盖层孔隙率的检测

孔隙率意指试样中孔隙体积所占的比率,可通过某物体的视密度与其真密度的比值求得,它是试验物体致密程度的量度。覆盖层孔隙度小意味着覆盖层致密,一般来说,这对覆盖层的强度、硬度、耐磨性、耐蚀性以及加工后表面的光洁度等都有好的影响。但是,对某些应用则要求有一定的孔隙度,如对于润滑减磨应用,要求具有一定的孔隙以便储存润滑油;对于绝热涂层,孔隙能提高其隔热效能;而对一些具有催化功能的表面,则是在满足其强度要求的基础上,孔隙越多越好。因此,对于覆盖层孔隙度指标好坏的评价,不是简单地依据其数值的大小,而是依据覆盖层的功能和应用的要求。此外,根据孔隙是否开口于表面或是封闭于层内还是上下表(界)面连通而分为开孔、闭孔和连通孔。显然,造成基体腐蚀的应该是由于连通孔的存在而引起的。覆盖层孔隙率的测定方法有:

(1)物理方法。

包括浮力法、直接称重法,这类方法是利用物理原理,求得覆盖层的视密度($d=\omega/v$),覆盖层视密度与覆盖层材料真密度的比值即为该覆盖层的孔隙度。由本法所测得的孔隙度与孔隙度的概念是一致的。

(2)化学法。

包括贴滤纸法、涂膏法和浸渍法,这类方法是将含有指示剂的试验溶液通过覆盖层的孔隙将基体腐蚀,腐蚀后产生的离子透过覆盖层孔隙并由指示剂在覆盖层表面(滤纸上、涂膏层上或覆盖层表面)显色指示,然后以单位面积(cm^2)中显示的孔隙点数作为覆盖层孔隙度的量度。由本法测得的孔隙度只是覆盖层中连通孔隙的密度(单位表面积上孔隙的个数)的量度。贴滤纸法用各类试验液成分和涂膏法试验用膏剂成分分别列于表 8.10 和

8.11中。

(3)电解显像法。

该法是在相应的电解溶液中将试样作为阳极进行电解。当通以直流电后,试样基体或底层金属产生阳极溶解,被溶解的金属离子通过镀层上的孔隙,电泳迁移到贴于镀层表面的滤纸上,并与滤纸上的显色指示剂发生反应,形成相应的特征颜色斑点,然后以与化学法相同的方法评价覆盖层的孔隙度。本法适用于检验各种阴极性覆盖层的孔隙率。

表8.10 贴滤纸法用各类试验液成分及应用范围

序号	基体或中间镀层金属	镀层种类	溶液种类	浓度/(g·L^{-1})	滤纸粘贴时间/min	斑点特征
1	钢	铬 镍-铬 铜-镍-铬	铁氰化钾 氯化铵 氯化钠	10 30 60	10	蓝色点:孔隙直径至钢基体 红褐色点:孔隙直径至镀铜层 黄色点:孔隙直径至镀镍层
	铜及铝合金	铬 铬-镍	铁氰化钾 氯化铵 氯化钠	10 30 60	10	红褐色点:孔隙直径至镀铜层 黄色点:孔隙直径至镀镍层
2	钢、铜及铝合金	镍	铁氰化钾 氯化钠	10 20	钢件5 铜件10	蓝色点:孔隙直径至钢基体 红褐色点:孔隙直至铜基体
	钢	铜-镍 镍-铜-铬	铁氰化钾 氯化钠	10 20	10	蓝色点:孔隙直至钢基体 红褐色点:孔隙直至镀铜层 黄色点:孔隙直至镍底层
	钢	铜	铁氰化钾 氯化钠	10 20	20	蓝色点:孔隙直至钢基体
3	钢	锡	铁氰化钾 氯化钠	10 5	60	蓝色点:孔隙直至钢基体

表8.11 涂膏法试验用膏剂成分和应用范围

编号	基体金属	镀层	膏剂成分	斑点颜色
1	钢	所有镀层	α-α联苯或邻菲罗啉,盐酸,二氧化钛	红色
2	铜及合金	除锌、镉以外的镀层	二苯基对二氨基脲,醋酸,过硫酸铵,甘油,二氧化钛	红-棕色
3			镉试剂Ⅱ,过硫酸铵,氨水,二氧化钛	红色
4	锌及合金	所有镀层	二苯基硫代对二氨基脲,氢氧化钠,酒精,二氧化钛	玫瑰-淡紫色
5	铝及合金	所有镀层	铝试剂,过氧化氢,二氧化钛	玫瑰红色

(4)显微镜法。

将覆盖层表面(或截面)按照金相观察的要求,研磨、抛光成光滑镜面,放在显微镜下观察和测量试样的孔隙度。利用定量金相技术(图像分析技术和计算机技术的结合),可以自动而快速地获得孔隙大小及孔径分布的定量分析数据。

参考文献

[1] 郦振声,杨明安. 现代表面工程技术[M]. 北京:机械工业出版社,2007.
[2] 钱苗根,姚寿山,张少宗. 现代表面技术[M]. 北京:机械工业出版社,2006.
[3] 姚寿山,李戈杨,胡文彬. 表面科学与技术[M]. 北京:机械工业出版社,2005.
[4] 戴达煌,周克崧,袁镇海. 现代材料表面技术科学[M]. 北京:冶金工业出版社,2004.
[5] 朱元右,姜银方,戈晓岚. 现代表面工程技术[M]. 北京:化学工业出版社,2006.
[6] 陈红菊. 鞠振福. 李清健. 表面技术在电站锅炉"四管"防蚀、防磨中的应用[J]. 电力建设,1998(7):39-42.
[7] 潘邻. 表面改性热处理技术与应用[M]. 北京:机械工业出版社,2006.
[8] 钱苗根. 材料表面技术及其应用手册[M]. 北京:机械工业出版社,1998.
[9] 《功能材料及其应用手册》编写组. 功能材料及其应用手册[M]. 北京:机械工业出版社,1991.
[10] 朱履冰. 表面与界面物理[M]. 天津:天津大学出版社,1992.
[11] 恽正中. 表面与界面物理[M]. 成都:电子科技大学出版社,1993.
[12] 朱维翰. 金属材料表面强化技术的新进展[M]. 北京:兵器工业出版社,1992.
[13] 林春华,葛祥荣. 简明表面处理工手册[M]. 北京:机械工业出版社,1999.
[14] 陆家和,陈长彦. 表面分析技术[M]. 北京:电子工业出版社,1987.
[15] 熊欣,宋常立,仲玉林. 表面物理[M]. 沈阳:辽宁科学技术出版社,1985.

"十二五"国家重点图书出版规划项目

材料科学研究与工程技术系列(应用型院校用书)

材料基础实验教程	徐家文
热处理设备	王淑花
材料表面工程技术	王振廷
材料物理性能	王振廷
摩擦磨损与耐磨材料	王振廷
焊接工程实践	郑光海
金属材料工程实践教程	李学伟
铸造工程实践教程	毛新宇
焊接检验	鲍爱莲
金相分析	陈洪玉
材料科学与工程导论	刘爱莲
材料成型 CAD 设计基础	刘万辉
复合材料	刘万辉
压力焊方法与设备	王永东
铸造合金及其熔炼	王振玲
材料工程测量及控制基础	徐家文
钎焊	朱　艳
材料化学	赵志凤
混凝土学	张巨松